书托邦

点亮思想微光

真相

Blur How to Know What's True in the Age of Information Overload

信息超载时代如何知道该相信什么

【美】比尔·科瓦奇（Bill Kovach） 汤姆·罗森斯蒂尔（Tom Rosenstiel）/著
陆佳怡 孙志刚/译 刘海龙/校

中国人民大学出版社
·北京·

谣言止于智者。普通人怎么办?

6步质疑法,扫除信息雾霾

推荐者序

树立全民"新闻素养"理念

陈力丹

新闻学是应用学科,新闻理论不能做成哲学。面对每时每刻在时空隧道中流动的巨量新闻信息,不论是新闻的发布者还是接收者,都无暇追问"本质非本质"、"绝对相对"等等问题,但需要很实在的新闻理论来指导新闻的选择、观察的视角、梳理的规则、制作的方法。然而目前我国的新闻理论,政治套话还是多了些,有的说得玄了些。

两年前读科瓦奇和罗森斯蒂尔的《新闻的十大基本原则》,不觉产生一种感悟:这不就是新闻理论吗?"新闻真实"作为新闻学的一种职业理念,就是一句大白话,然而实现它则需要关于判别事实、表现事实、利弊权衡等诸多原则的运用。这些原则产生于新闻实践并且必须在最新的新闻实践中不断检验和修正。用中国式的话语叙说,即两位作者关于新闻真实的论证,做到了理论与实践相结合。

现在看到两位作者的新著《真相》,更是眼前一亮,这正是眼下最需要加以论证的与现实新闻生产变局相关的新闻理论,因为当前的新闻生产发生了转折,人人可以是新闻发布者,专业记者掉进了全民记者的海洋里。

约一个世纪前沃尔特·李普曼曾谈到报纸编辑部的工作:"到达报社编辑部的当日新闻是事实、宣传、谣言、怀疑、线索、希望和恐惧的混合体,其杂乱无章令人难以置信"。专业新闻工作者的工作就是理性地筛选与排列新闻,通过他们这一带有神圣性质的工作,记录社会生活,让新闻成为人民行为的依据。(《自由与新闻》,1920年)其实媒体的筛选和排列并没有李普曼说的那样理想和神圣,但毕竟人们只能通过媒体了解外部世界。

为监督媒体切实服务于社会，学界提出了民众的"媒介素养"问题，即教育民众要有一些关于媒体运作的知识，例如20世纪30年代戈公振就提出："若使现在每一个国民，都能知道报纸从什么需要而来，报纸有何种力量，报纸受何种影响。那么，他才可以对报纸有理解和正确的态度……所以我敢说，新闻学是无条件一切国民的必修课"（《新闻学》，1940年）。因为普通民众没有机会接触媒体，媒体具有了一些神秘色彩，成了某种膜拜的对象。其实，这种情形在19世纪的欧洲也是这样。德国工人领袖奥·倍倍尔就曾说："一般说来群众相信，凡是报纸上发表的东西都是唯一正确的东西。"（《关于德国社会民主工党党纲和组织章程的报告》，1869年）因此，"媒介素养"是指让民众了解：大众传播作为社会的信息系统，是组织的产物，有自身的利益诉求，媒体建构的世界与真实世界是有差距的；对媒体要有清醒的认识并持一定的质疑态度。而媒介素养工作者，则致力于揭示媒体的政治、商业宣传手段和公关技巧。

打开《真相》第一页，现代新闻传播的情形就展现在眼前：一件危及所有人生命安全的核事故发生了，各种渠道关于这一事件的新闻即刻潮水般涌来："传统新闻网站关于此事的新闻报道呈现碎片状，而且常常自相矛盾。各类消息混杂在一起，很难区分。在不同的网站得到的讯息完全不同，甚至如果在不同的时间访问同一网站，也会得出完全不同的印象。"现在是新闻最多的时代，也是新闻最差的时代。我们比以往更多地获得新闻，同时也更容易困惑；我们似乎更容易看见"真相"，但追究真相更难。我们已经生活在一个全民新闻时代了，人人都可以发布新闻，但事实的真相反而难以辨别了。

看起来，民众似乎掌握着前所未有的新闻控制权，但这也意味着民众自身必须拥有把握这种控制权的能力。否则，仍然会被强权操控，而且比以往更深度地被操控，因为传播技术的最大控制者永远是最高权力的拥有者。

现在的信息鸿沟不是网民和非网民之间的差距，差距在有能力创造知识的人和习惯于先入为主、故步自封的人之间。为了辨别真相，也是为了避免被操纵,"新闻素养"就应该成为公民素养的一部分,全民都要掌握必要的新闻知识。这种素养不同于以往所说的"媒介素养",那是审视传统大众媒体的,现在是公民自己如何面对奔涌到眼前的新闻信息,包括如何发布新闻。原来仅仅为专业新闻工作者掌握的职业知识,至少部分地要转变为全民知识,这叫"自觉的新闻消费与新闻评价"。两位作者就此写道:"这就好比,即便我们不会人人成为数学家、化学家或英语教授,上学时我们也都学习了代数、化学和英语,因为这些知识有助于把握生活方向。"

于是,两位作者向所有人提出了六项生活在现在这个世界上而必须具备的"新闻素养":

1. 我碰到的是什么内容?
2. 信息完整吗?假如不完整,缺少了什么?
3. 信源是谁/什么?我为什么要相信他们?
4. 提供了什么证据?是怎样检验或核实的?
5. 其他可能性解释或理解是什么?
6. 我有必要知道这些信息吗?

这些基本上是传统媒体的工作要领,显然它们不会随着新闻发布者扩大到全民而发生根本改变,但是它们变得更重要而迫切了,民众需要通过这样的应用新闻理论来辨别新闻的真假。《真相》这本书用无数生动的新闻传播实例,告诉你在复杂的情形中如何回答以上六大问题。每个问题的论述都很好看,新闻理论用这样的方式讲述,学生至少不会打瞌睡,可能兴趣盎然。

阅读了关于这六大问题的生动讲述后,我们就具备了新闻素养了吗?知道了,是具备新闻素养的前提,但并不等同于你就具备了新闻素养,还要养成客观观察事物的习惯。每个人都会固守一定的信念或认识,但在发布或分析新闻时,若不对自己客观一些,便会自觉不自觉地拒绝上面提供的理念或知识,无视学过的新闻理论。

例如2011年利比亚战争初期,我国电视台被要求多报道联军的反面事实,于是利比亚反对派游行示威中阿拉伯语横幅"法兰西万岁"被翻译成

"法国滚出去";政府军攻打反对派的电视新闻画面下,打出了"胜利在望"的字幕。2012年,美国某搞笑新闻网站宣布金正恩获选当年全球最性感男子,说他英俊无敌,圆圆的脸庞,有孩子般迷人的魅力,而且体格强健,这个平壤男人是每个女性梦寐以求的男人。我国某机关报网站看到美国媒体赞扬朝鲜领袖,立刻转载,并配上55张金正恩的图片。2013年,我国几乎所有官方网站和部分机关报发布"普京下令若西方攻叙利亚,俄将打击沙特"的新闻;当天俄国官方便否认这一消息,并指出新闻源是经常发布假新闻的一家网站。为什么在新闻发布上会出现如此低级的错误?就在于我们的媒体没有在信仰与事实之间固守基本的新闻操守,让希望的事实统领了大脑。

普通网民也是一样,面对事实,要克制一下自己既有的信仰或认识,勇于接受与原有看法不同的事实,即回答两位作者的提问:"我们只愿意倾听那些与我们道德观相吻合的断言吗?我们是将新闻看成是客观证据,还是根据自己的主观愿望去新闻中寻找证明?""换句话说,我们对自己未知的可能性究竟有多开放?什么是事实、什么是信仰?从法国和西班牙洞穴壁画中提出的问题开始,在事实和信仰居于两端的知识的光谱里,我们处在什么位置?"如果不能正确回答这样的问题,恐怕很难谈得上"新闻素养"了。

从新闻工作者的角度看,上面的六方面知识属于自身的专业领域,现在正在变成全民知识。专业新闻工作不需要了吗?"业余"将取代"专业"吗?曾经以"每一个公民都是记者"的口号扬名的OhmyNews(韩国公民记者网站),一度进入全球浏览排名前100名,但到2013年5月已跌落到无足轻重的第17 341名。其衰落原因在于完全依赖民众参与,而难以让民众长期保持对新闻实践的兴趣,专业新闻工作者回应了公民新闻则是更主要的原因。

这本书的最后一章是专门写给专业新闻工作者的,从宏观到微观,同样很好看。专业新闻工作者仍然是未来不可或缺的,虽然有违人们当下的直觉。看了两位作者的《真相》可以确信:新闻工作没有过时,只是正在变得更为复杂。其复杂性在于：以前的新闻是由专业新闻工作者决定的；而如今在新闻生产的过程中，民众扮演着重要的角色，因而专业新闻不能只是向受众讲授，而要将这一专业变成一种内容丰富的关于新闻的对话。通过与民众对话，专业新闻工作向民众提供八方面的服务：

1. 媒体帮助民众证明哪些事实是真实和可信的。
2. 新闻工作者适当扮演"释义者"的角色。
3. 新闻工作者继续发挥作为公共调查者的功能。
4. 媒体帮助民众见证一切，付出专门的努力采编一般人采访不到的新闻。
5. 媒体是向民众传授获取新的知晓方法的中介。
6. 媒体成为聪明的网络信息的聚合者。
7. 由新闻工作者创建便于民众交流的公共论坛。
8. 媒体成为监督权力者、公民记者学习的榜样。

概述到这里，我不禁想改动一下歌德"理论是灰色的，而生活之树常青"这句名言：新闻理论应该永远是绿色的，因为生活之树常青。

译者前言

不确定的真相

刘海龙

用时下流行语来说，《真相》的两位作者真是当之无愧的"预言帝"。

比尔·科瓦奇和汤姆·罗森斯蒂尔在《真相》的开头讲了一个惊心动魄的故事。核电厂发生事故，附近居民由于不知道真相，变得无所适从。传统媒体受削减预算的影响，人手短缺，要等到很晚甚至第二天才能发布专业的报道。这个真空期为大量真伪莫辨、相互矛盾的信息提供了机会。它们有的来自原始的口耳相传，有的来自社交媒体上模糊的甚至匿名的信源，只负责"聚合"、不负责筛选的视频网站和门户网站上充斥着未被加工过的碎片化的信息，广播和电视上各路"专家"（或"砖家"）正根据不确定的消息发表推测和个人观点。信息论的提出者香农曾把信息定义为"不确定性的消除"，但是在这个特定情境下，恰恰是信息增加了不确定性。最后，处于恐慌中的民众只能根据不完整的信息，盲目地做出决策。

本书英文原版书出版于2010年，居然生动地预测了一年后（2011年3月11日）日本福岛核电站事故后出现的许多场景。相信不少人对日本海啸引发的核事故以及中国人的反应记忆犹新。我们通过各路媒介收到大量信息，但是却没有办法确定这个事故会有多大的危害、中国是否会受到影响。遗憾的是，媒体只是在不断地重复视觉冲击力极强的画面，让人徒增恐惧。社交媒体上转载的各国专家（其实多数人并不知道他们是谁，是否具有权威性）的意见人言人殊，甚至截然相反。恐慌之中的民众觉得与其消极等待，不如做点什么。于是在流言的影响下，担心核辐射会污染海盐的居民开始抢购囤积食盐，不少地方食盐脱销，价格上涨十几倍。想想看，这起发生在日本的核事故尚且引起了如此的恐慌，如果类似的灾难发生在中国，又会引起怎样的混乱场面？本书的开头就引起我们深思。因此本书虽然写的是美国，但讨论的问题对于中国更加重要。

当然，两位作者无意做预言家。他们只不过运用合理想象，把发生在1979年3月28日美国宾夕法尼亚州的三哩岛（Three Mile Island）核事故放在了互联网时代，以提出他们要讨论的问题。

三哩岛事故发生时，美国尚处于大众媒体时代，三大电视网及以《纽约时报》、《华盛顿邮报》为首的大报正处于"新闻专业主义"的黄金时期。[1]那时信息发布渠道单一，把关严格，可以做到井然有序。更重要的是专业媒体、记者和主持人的公信力很高。但是如果这样的核危机发生在今天，结果会怎样？《真相》开头提到的那个场景是作者假想的结果，而巧合的是，时隔一年后的日本核危机在中国引起的恐慌证实了这一判断。

在一个风险与不确定性剧增，渠道多样，信息过载的时代，如何摆脱上述困境？除了优化信息环境外，恐怕更现实的是提高信息接收者的辨别能力和责任意识。科瓦奇和罗森斯蒂尔为新闻工作者写了一本如何坚守新闻工作核心理念的《新闻的十大基本原则》[2]后，再接再厉，又为普通公众写了一本《真相》，目的就是为社交媒体时代迷失在信息海洋中的公民提供一套切实的行动指南。

明眼人或许会看出点端倪：这两位作者不是既卖矛又卖盾么？其实从长远来看，培养口味更习的新闻消费者，有助于促进新闻生产者提高新闻质量，从而改善整个社会的信息环境。

新闻素养和怀疑的认知方法

提高受众对新闻在内的媒体信息的辨别能力并不是一个新话题。媒介素养（media literacy）概念在20世纪初就已经提出[3]，在信息时代，批判性地解读和使用媒体信息是文明社会成员必备的基本技能。如果对媒体的信息生产过程和特点缺乏理性的认识，就和印刷时代的不具读写能力的文盲一样寸步难行。

然而科瓦奇和罗森斯蒂尔认为，他们所说的"新闻素养"作为公民素养的一个组成部分，不同于通常意义上的"媒介素养"。"后者主要基于左派观点，它教授各种形式的媒介如何代表商业和既有利益操纵我们。我们所说的'新闻素养'是指如何'阅读'新闻报道的技能，即怀疑的认知方法。"[4]

这里所说的"怀疑的认知方法"是"新闻素养"的核心内容。两位作者认为有一些职业专门和经验的事实打交道，比如新闻、法律、情报、科学和医学。在长期实践中，这些行业形成了一整套公认的概念和技能，以及一种可识别的思维准则。这些技能和准则共同构成了被称之为积极的怀疑主义的行业技能（a tradecraft of active skepticism）。

为什么要特地强调"新闻素养"？原因有二。一是新闻是帮助公民进行自治的必要信息，和其他出于私人利益或兴趣而获得的信息不同，它关乎社群的公共利益，最终会影响私人生活。这个问题在两位作者之前写的《新闻的十大基本原则》中有比较详细的阐发。

本书重点关注的是第二个原因，即随着信息技术的发展、商业文化的入侵、新闻发布门槛的降低，新闻与其他种类信息的边界正日益模糊。这和大众媒体时代形成鲜明对比。在那个时代从业者联合起来形成了一套所谓的"专业主义"的文化或传统。关于这套标准真实的动机和现实的功能是什么，学术界看法不一。但是不管怎样，由于信息渠道有限，这套标准在当时可以得到很好的贯彻。但是随着频道增加、24小时直播新闻的兴起，一路走来到如今的社交媒体，新闻与评论、娱乐、宣传的界线不再像从前那样清晰，中间样态的"准新闻"甚至"伪新闻"层出不穷。

两位作者将《新闻的十大基本原则》中提到的新闻分类进一步完善，让我们注意到打着"新闻"招牌的信息其实有许多本质的差异。他们将新闻分成四种类型[5]：

1. **确证式新闻**。强调准确和语境的传统模式，也是理想的新闻形式。

2. **断言式新闻**。从 CNN 等 24 小时有线电视新闻频道开始，采取有闻必录的原则，强调即时性和显著性的新模式，新闻工作者只起到被动的速记和通道的作用。它的一个明显标志就是允许新闻制造者背诵事先准备好的观点却不加质疑。

3. 肯定式新闻。通过肯定受众的信念而不是依靠准确、完整或核实来构筑忠诚度的新型政治媒体,为了实现这一目标而刻意拣选信息。肯定式新闻与之前的观点新闻(评论或专栏)不同,前者以追求中立为目标,而后者则以追求真相为目标。肯定式新闻的另一个标志是辩论文化让位于答案文化。肯定式新闻试图提供一个井然有序的世界,希望一举解决受众的困惑,为其提供安全感和便利性。

4. 利益集团式新闻。包括针对特定目标受众的网站和新闻,经常从事调查报道。它们通常由特定利益集团而非媒体机构资助,内容包装得像新闻。它的明显特征有两个:一是没有做到彻底公开资金来源;二是报道的倾向性一致,或重复同一个结论。

这些划分尽管是根据美国新闻业的现状做出的,但是在中国也能依稀看到类似的新闻形态。比如以新浪网为代表的门户新闻网站具有断言式新闻的特征,而《环球时报》则具有肯定式新闻的某些特点,博客、社交媒体等网站上的新闻则是上述四种新闻的混合物。

分辨这四种形式的新闻并不只是制造了四个新概念,而是让受众对不同信息有不同的期待并设置不同的警惕值。这样我们才能成为一个明智的新闻消费者。为了将上述看法操作化,两位作者以自己熟悉的新闻行业为中心,总结出了怀疑性认知的六条原则[6]:

1. 我碰到的是什么内容?
2. 信息完整吗?假如不完整,缺少了什么?
3. 信源是谁/什么?我为什么要相信他们?
4. 提供了什么证据?是怎样检验或核实的?
5. 其他可能性解释或理解是什么?
6. 我有必要知道这些信息吗?

这六条原则化繁就简,方便易行。本书通过大量案例,说明这些原则在不同场合如何灵活运用。这些原则的核心就是处理事实与信仰之间的分歧，而后者常常以"常识"的形象出现。

警惕"常识"

按照我的理解，新闻素养应包含两个层次：能力及意志。作者在前一个问题上着墨较多，上面讨论的四种新闻类型和怀疑性认知的六原则都属于这个层次。但是在掌握了这些能力后，公众是否愿意或有意识地运用这些能力并敢于承担其后果，则是更重要的问题。

古希腊人对事实和观点做了区分。他们认为前者是客观不变的，后者则因人而异，缺乏稳定性。[7] 从那时起事实与观点（价值）的区分便成为一个传统，到怀疑经验主义者那里，这种区分被明确地表达出来。[8] 当然，近年来哲学家们对这个问题有了不同看法，甚至提出这种二分法面临崩溃。[9] 但是最原始的新闻所涉及的对象大部分是比较表层的经验事实，它在本质上是一种操作性的事实概念。换句话来说，传统意义上的新闻（事件报道为主）所说的事实都是可以通过一定程序进行操作性验证的事实，比如某人是否在某个时间出现在某个空间内、某个事件是在什么时间发生的，等等，这和法庭断案时所说的事实基本在一个层面。简言之，新闻中所说的事实的最基本元素必须通过公认的经验程序加以验证。

这里尤其有必要提到近年来围绕"常识"所形成的文化霸权。因为对之前宣传中充斥假大空和谎言的厌恶，一些知识分子提出要恢复常识。这个建议本身很好，但是我们也要认识到，"常识"并不是事实，它是基于过去经验事实的推断，它帮助我们迅速做出认知，提高判断效率，在生活中必不可少，可是这种知识同时也具有局限性，我们应保持一种开放心态。正如本书在第五条原则里提出的那样，要保持克制的谦逊，不要过度推断，并随时思考：是否还有其他可能的解释？如果把"常识"推上神坛，就会走向主观先行和反智主义的极端。

2013年12月2日上午，各大网站和社交媒体纷纷把一则"大妈讹老外"的图片新闻推上首页，引起网民关注。图片显示一位倒在地上的中年女性拉扯着一位骑摩托车的外国青年。由于之前媒体上有不少老人当街摔倒后反讹扶助者、外国青年大胆扶摔倒老人、救落水者的报道，不少网民便根据"常识"谴责这位"碰瓷"的"大妈"，替"外国小伙"鸣不平，甚至还有人把问题上升到了国家形象的层面。但是到了中午，事情突然出现逆转。一段网友拍摄的视频显示，这位外国青年对着不放他走的中年女性操着中文破口大骂。第二天警方的调查结果显示，这位外国人无证驾驶，确实撞倒了这位中年女性。后者也并不是人们所推测的"职业"碰瓷者，而是有正当职业和退休金。

值得注意的是，这些照片的拍摄者是一位通讯社的签约摄影师，他当时并没有对事情的来龙去脉做全面调查，便先入为主地认定这是一起"碰瓷"：

> 我当时恰好开车路过，看到有个大妈躺在人行道上，边上有个老外一直在拉她，却死活扶不起来。当时老外想把她拉到路边，态度挺好，但她就躺在地上夸张地表演，感觉想讹钱，当时老外都蒙了。我把照片传到网上，是想鞭笞一下这种丑恶，传达一下正义。[10]

信息发布者和信息接收者都对自己所持的"常识"不加反思，从而使这一普通的交通事故变成了一出戏剧性的新闻"反转剧"。许多受众在没有对报道的信源、证据、完整性、其他可能性解释等进行批判性认知后便匆忙套用"常识"，过度解读这一事件的意义，形成武断的观点。这不能不说是一个很好的教训。

这一事件中还有一个值得探讨之处，那就是新闻记者和编辑们的用词暗示性过强，缺乏专业性。使用"大妈"、"小伙"这样的口语词，其初衷是破除"党八股"，拉近与受众的距离，但是在这个特定语境中，新闻工作者却忽略了这些词汇中隐含微妙的感情色彩，极易引发新闻接收者头脑中的基模和刻板印象，将它们与不相干的经验和感情联系在一起。《真相》一书也专门对于"说辞"（talking points）进行了讨论。所谓说辞是指传播专家为了操纵公众认识，防止出现计划、概念、信仰或产品的冲突性描述而事先设计好的短语和政治营销中使用的流行语（buzzword）。[11] 除了这类有意识的说辞外，像"官二代"、"富二代"、"大妈"这类概念都极易引起联想，如果不加警惕，便会犯刚才那个例子中出现的错误。

对于受众的责任，《真相》抱有比较乐观的看法。书中理所当然地认为所有受众都是愿意看到真相的，他们欠缺的是能力。然而具体到中国的情况，可能还会有相当的人首先欠缺的是面对真相的意志。如果说旧时代的中国大众在接收新闻上是缺乏自由的话，那么作为新时代的信息消费者，他们更多的是被诱惑，把有限的时间投入到关注体育、社会和娱乐新闻中。而最危险的则是在被压迫和诱惑中养成的对真相无所谓的犬儒主义态度。美国传教士明恩浦（Arthur H. Smith）在19世纪末就观察到中国人好面子，喜欢做戏。受他影响，鲁迅在谈到宣传时说到中国人因为好面子，对宣传的态度是不拆穿，并配合着继续演出。[12] 到今天这一现象仍未改观，要么是"你知道了真相又能怎样"的极端，要么是"根本没有真相，一切都是阴谋"的另一个极端。前者导致老于世故地配合做戏，后者导致愤世嫉俗、拒绝相信一切。做戏发展到极致，还会出现一种美国哲学家法兰克福称之为"扯淡"（bullshit）的荒谬现象。扯谎虽然在歪曲真相，但至少承认真相的存在，并努力掩盖它。而扯淡则根本不知道也不在乎真相，对自己一无所知的事情也能假大空地胡扯一通，对听众敷衍塞责。[13] 比如许多广告中根本看不见产品是什么，7·23列车相撞事故后时任铁道部发言人王勇平在说"不管你信不信，反正我信了"时表现出的对真相的漠不关心。而这种传播之所以在今天大行其道，受众的配合以及同样对真相的漠视，也难辞其咎。

如果接收者不承担伦理责任，反过来也会导致传播者漫不经心或任意妄为。就如作者所说："21世纪真正的信息鸿沟不是接入互联网的和没有接入互联网的人群之间的差距。它是有能力创造知识的人和只会肯定先入之见、故步自封、不再学习的人之间的差距。这是理性与迷信之间的新鸿沟。"[14]

说到这里，可以回到作者对于媒介素养的理解上。在我看来，社交媒体时代仅仅强调受众的新闻解读能力（新闻素养）其实是不够的。受众同时也具有了越来越强的生产能力，因此还要提高受众参与新闻生产的能力。其实《真相》一书已经涉及这个主题，只不过因为作者对新闻素养理解得比较狭隘，把这个重要的主题湮没在其他材料中了。

我们可以注意到，作者虽然认为怀疑性认知技巧来自于新闻、法律、情报、科学和医学，但是他们主要还是从新闻生产的角度来总结其规律。了解新闻生产的过程除了有助于受众更好地解读新闻外，还可以从中学习新闻工作者如何进行专业自律，从而提高自己所发布的信息的质量。正如作者所言，下一代新闻业绝不是新闻工作者的独白，而是传受双方的对话，我相信这对于未来的新闻业可能更有价值。

作为知识的新闻与下一代新闻业

科瓦奇和罗森斯蒂尔的《新闻的十大基本原则》是以新闻工作者为主要对象的，这本《真相》则是以新闻消费者为主要对象。但是在阅读过程中我们可以发现，出于职业习惯，他们不自主地又会把目光投向专业的新闻生产者。受众的新闻素养不断提高的同时，也对新闻工作者提出了更高的要求。

两位作者将当下的新闻消费者形象地称之为"新闻游牧者"，他们以自我需求为中心，在多个平台（屏幕）之间切换，找到需要的新闻。[15]这种主动寻找新闻的方式已经不再是悠闲的"向后靠"（lean back）的欣赏——那是一种被动地跷起双腿等着新闻主播告诉我们发生了什么的状态，目前的新闻消费者追求的是一种主动出击的体验，是"向前倾"（lean forward）的接收状态，他们积极查询信息，甚至参与新闻生产。[16]

两位作者号召新闻工作者超越传统的把关人的隐喻："在20世纪，新闻是由新闻工作者们决定的。今天在决定何为新闻的过程中，公众扮演着更重要的角色。下一代新闻业必须欢迎并且为更具参与性的公民服务。正是从这个意义上说，新闻不再是讲授，它更多的是一种内容更加丰富的对话。"[17]

当然，这是个更大的话题，本书并没有充分展开。这一转变表面上看是记者或编辑生产方式的变化，实质却是整个思维模式和经营模式的变化，甚至是新闻定义的根本变革。

限于篇幅，这里仅以新闻记者在社交媒体上的规则困境为例说明上述观点。现有的新闻生产以媒体组织为基本单位,记者以雇员身份参与其中。这是在大众传播时代形成的规则。随着创办新闻媒体的门槛提高,记者如果不借助媒体的巨大资本,根本无法对社会产生真正影响。在这一前提下,记者放弃了自由发布信息的权利,或者说即使行使这个权利,只要得不到媒体把关人的放行,依然无法对社会产生实质的影响。这一潜在冲突便被"专业主义"话语掩盖过去。

但是到了社交媒体时代,当新闻工作者可以不经过自己的媒体组织,而是通过自己的信息发布渠道对现实产生影响时,上述被掩盖的矛盾便凸显出来。于是为了维护媒体组织的利益,各媒体机构纷纷制订了社交媒体的使用指南。最早被引进中国并且影响最大的是路透社的规则。其中严格规定了记者在社交媒体上开设账号必须使用实名,不得随意发布自己采写的新闻,发布新闻时只能转载官方网站的新闻,在社交媒体上不得随意发表评论,甚至不能随意"关注"其他用户……这些政策的基本出发点是维护媒体组织的整体品牌乃至经济利益,将公众利益放在了第二位。这背后的思维方式和经营模式是大公司制的,将新闻工作者看作企业雇员。但是如果将媒体工作者视为主体,把新闻媒体看成是为新闻工作者提供服务的"经纪公司"而不是新闻工作者劳动收益的垄断者的话,这些规则的荒谬性便暴露无遗。[18]所以要实现新闻媒体角色的变化,必须要对整个专业理念和经营体制进行根本性变革,这一过程会遭遇到的阻力可想而知。

《真相》中提出的第二个观念上的改变是重新定义新闻。目前通行的新闻定义大多围绕着新闻的本质而制定。但是《真相》提出要从功能的角度进行定义——给出一个知识社会学的定义。

把新闻与知识社会学联系在一起,是芝加哥学派代表人物罗伯特·帕克开创的传统。1940年,帕克写了一篇对于新闻研究来说十分重要的文章——《作为一种知识形式的新闻:知识社会学的一章》[19]。他沿袭了美国哲学家和心理学家威廉·詹姆士在《心理学原理》中对知识的分类,将其分为关于某事的知识(knowledge about)和对某事的了解(acquaintance with)两类。前者是正式的、理性的、系统的知识,包括:(1)哲学与逻辑学,关于思想观念的知识;(2)历史,关于事件的知识;(3)自然的或分类科学,关于物的知识。它们有一定的检验方法,可沟通,可积累。而后一类知识则是通过个人对周围世界的直接接触而获得的知识。可能是个人的,也可能是群体适应环境积累下来的。它是非正式的,通过无意识获得的,难以言传。

在以这两种知识为两极构成的知识光谱中,新闻居于二者之间。它为社群提供日常所需的信息,建构着我们对现实的想象。这种知识会引起传播与讨论,形成公众意见,有时还会诱发行动。从这个角度来看,新闻采集组织应该把自己定位为积累和综合有关社群的知识的地方,并且还要采用各种方法使这种知识具有可用性和互动性。这里所说的社群既可以是以地域为基础的社群,也可以是拥有共同话题和兴趣的社群。[20]

未来的新闻生产的目标不只是单纯提供产品,而且要进行内容管理。内容管理本身就是一种知识(Curation is knowledge)。"宏观地看,未来新闻实践必须从原先提供一个产品——一家媒体组织的新闻或报道议程——转向以解答受众问题并向他们提供各种资源和工具为主的服务。就此而言,新闻工作必须从告诉公众应该了解什么的单一的传道授业转变成公共对话,由新闻从业人员提供信息,并且帮助和促进公众讨论。"[21]

这意味着在告别新闻机构的"信我"(trust me)时代,进入新闻受众要求的"秀我"(show me)时代后,专业的新闻机构要承认在风险社会之中,存在着知识的不确定性,承认包括专业新闻工作者在内的任何个人认知的局限性——任何真相只是暂时的。同时开放新闻生产过程,增加新闻机构的透明性。无论在《新闻的十大基本原则》还是《真相》中,作者都举了大量这样的例子。提高公众对于新闻的解读能力,也可以进一步促进新闻机构像麦当劳一样"开放厨房",吸引"集体智慧"核查新闻的选题是否有意义,证据、推理是否严格,并且提供新的证据和专业的分析。也只有如此,新闻业才能够在大众媒体衰落后仍然有继续存在下去的理由。

注释：

［1］参见［美］达洛尔·M·韦斯特：《美国传媒体制的兴衰》，董立译，北京，北京大学出版社，2010。［美］哈伯斯塔姆：《媒介与权势》，尹向泽译，北京，国际文化出版公司，2006。

［2］［美］比尔·科瓦奇、汤姆·罗森斯蒂尔：《新闻的十大基本原则》，刘海龙、连晓东译，北京，北京大学出版社，2011。

［3］参见刘海龙：《宣传：观念、话语及其正当化》，82~86页，北京，中国大百科全书出版社，2013。

［4］见本书208页。

［5］参见本书36~37页。

［6］见本书34页。

［7］参见［英］柯林武德：《历史的观念》，何兆武译，52页，北京，商务印书馆，1997。

［8］参见［英］休谟：《人性论》，关文运译，北京，商务印书馆，1980。

［9］参见［美］希拉里·普特南：《事实与价值二分法的崩溃》，应奇译，北京，东方出版社，2006。

［10］《外籍男子无证驾驶撞倒大妈》，载《新京报》，2013-12-04。

［11］参见本书92页。

［12］参见刘海龙：《宣传：观念、话语及其正当化》，73~74页。

［13］参见［美］哈里·G·法兰克福：《论扯淡》，南方朔译，南京，译林出版社，2008。

［14］见本书207页。

［15］参见本书179页。

［16］参见本书179~180页。

［17］见本书178页。

［18］详见刘海龙：《新闻工作者微博使用困境及其根源》，载《新闻记者》，2012（9）。

［19］Park, Robert E. "News as a Form of Knowledge: A Chapter in the Sociology of Knowledge." *American Journal of Sociology* 45.5（1940）: 669-686.

［20］参见本书195页。

［21］见本书180页。

给 Lynne——比尔·科瓦奇

献给我的母亲和父亲,一如既往——汤姆·罗森斯蒂尔

目录 CONTENTS

第一章
如何知道该相信什么

001

与之前依赖新闻媒体等其他社会权威机构过滤信息不同，我们越来越多地需要自己从一大批相互竞争的信源中过滤信息。我们正成为自己的编辑、自己的把关人和自己的新闻聚合器。

第二章
我们曾经历过

013

在人类文明的历史长河中，我们先后经历过八次具有划时代转折意义的传播革命：从洞穴壁画到口语，从文字到印刷机，从电报到无线电广播，从广播电视到有线电视。这些变革所产生的影响的复杂性与变革性毫不逊色于当前互联网所带来的变化。

第三章
怀疑性认知方法：确证技术
027

你必须学会分辨内容，知道它属于哪一类新闻，发现其潜在的准则和动机。这是知道该相信什么的第一步，也是关键性一步。

第四章
完整性：有什么，少什么？
059

所有新闻报道都要解释谁（who）、什么（what）、何时（when）、何地（where）、为什么（why）和如何（how），即5W1H的概念，以及再加一个Q：受众有关新闻事件的问题，在报道中提及了吗？

第五章
信源：这是从哪儿来的？
077

我们不可能要求新闻中所援引的信源，甚至匿名信源都不偏不倚，而是应该要求记者或新闻提供者把信源可能存在的任何偏见都告诉我们，让我们知道为什么存在偏见信息，但新闻仍然可靠。

第六章
证据与确证式新闻

97

新闻报道中的任何断言都要有理有据，而且要尽可能地核实每一条证据。新闻既要告知人们事实的字面意义，还要提供内涵和诠释性意义。我们还要寻找讨论过替代性意义和零假设的迹象。

第七章
断言，肯定：证据何在？

123

证据的作用不仅限于揭示新闻报道中的微妙之处或者证明一个事实。弄清楚一家新闻媒体如何处理证据也是辨别你遇到的新闻属于哪一类的最有用的方法之一，它是判定新闻可信度的第一步。

第八章
如何找到真正重要的新闻

149

在新闻碎片化为许多不同的信息包时，我们必须更加依靠自己来决定新闻的重要性。想要有效地找到真正重要的新闻，关键的一步是发现那些自始至终工作出色的媒体和记者。

第九章
我们需要什么样的下一代新闻业

(175)

新闻业的未来取决于媒体在人们生活中发挥的作用，而不是 20 世纪编辑部的技巧和实践。为确保传统新闻基本原则永存，新闻工作者必须调整自己，以适应新的技术所导致的新闻的分配方式和内容组织方式的不可逆的改变。

尾　声
新的认知方法

(203)

必须将公民素养和新闻素养再次引入中学课程。公民素养是一门告诉我们如何成为社群中合格公民的课程，超越了公民学范畴，更强调参与性、苏格拉底式的求知方式和个性化。而新闻素养不同于媒介素养，是指如何阅读新闻报道的技能，即怀疑的认知方法。

后　记

(209)

我们身处用户主导的媒体时代，受众掌握着前所未有的控制权，这意味着公民自身必须拥有发现正确方向的能力。

附　录　216
致　谢　219
注　释　221
索　引　227
译后记　236

第一章 | 如何知道该相信什么

最根本的变化在于,辨别真假的责任更多地落到了我们每个人的肩上。

梅拉妮·莫耶去医院接父亲时，才第一次感觉到大事不妙。

她在护士站无意中听见一位医生正跟周围人说，他已经将妻子和孩子送到了北部的新英格兰地区。"一旦我们开始收治各种各样的人，我就不用牵挂家人了。"他说道。[1]

梅拉妮很好奇：他们要收治从哪里来的人？

"我钻进汽车打开收音机，才知道附近的核电厂'出事了'。"她后来回忆道。

在小镇的另一端，莫琳·多尔蒂最初是从电视新闻中得知此事的。"我记得当时的想法就是自己死定了，"她后来说道。[2]

随着消息的口口相传，核电厂的工作人员开始联系家人和朋友，警告他们发生了严重的事故。很多工作人员与莫耶遇见的那位医生一样，建议家人和朋友做好最坏的打算并采取相应的行动。

收到消息的家人和朋友又开始给其他人发邮件，说他们想逃走。模糊不清的手机照片、救援车辆的视频、焦虑的官员和惊慌失措的核电厂员工陆续出现在当地无线和有线电视新闻中。一些与该事件无关但据称在行的专家们被邀请到节目中，预测核反应堆熔毁的可能性。电视上播放着电影《中国综合征》（*The China Syndrome*）① 的视频片段，这些片段在 YouTube 上快速传播开来。

消息时而危言耸听，时而又措辞谨慎。核心内容是核电厂的反应堆芯

---

① 《中国综合征》由詹姆斯·布里奇斯执导，简·方达、杰克·莱蒙和迈克尔·道格拉斯出演。影片讲述了一位记者和一位摄影师如何揭发一场重大核电站事故的故事。该片于1979年上映。该片内容与中国并无关系，片名的来历是由于电影中的台词："核反应堆的冷却液如果烧干，可能会发生很可怕的事，会把地球烧穿，而地球上美国的另一面是中国。"——译者注

本书脚注均为译者注，以下不再一一注明。

出现了问题，有可能喷射出放射性颗粒进入大气层，使一个地方性电厂变成一场国际性核灾难。如果那样的话，美国的整个中大西洋地区都将身处险境，将近三分之一的美国人口将遭受核污染。

与电视新闻和 YouTube 相比，博客圈（blogosophere）的消息传播进展得更快。顷刻间，知名博主们开始大谈核电安全。新的博客很快出现并被其他博客转发，其中一些出自前核电厂员工之手。不到数小时，观点相反的博客纷纷出现。有些为核电的作用辩护，有些还包含内部信息。核电厂的所有者也开设了博客。接下来出现了三个网站，它们均以独立信息提供者自居，实际上却被政治团体所控制，比如其中一个就被核电行业掌控着。开设这些网站的目的在于抵制不利于自身的观点。其幕后支持者花费好几十万美元的关键词搜索费，以保证自己的网站在谷歌或雅虎搜索引擎中最易被美国人看到。

传统新闻网站关于此事的新闻报道呈现碎片状，而且常常自相矛盾。各类消息混杂在一起，很难区分。在不同的网站得到的讯息完全不同，甚至如果在不同的时间访问同一网站，也会得出完全不同的印象。

在当天下午交通高峰时间的广播脱口秀节目中，虽然核事件仍然只是一个可能出现的灾难，但在左右两派主持人的口水战中却变成了一个关乎权力、环境和联邦政策的争议性政治议题。类似风格的观点也出现在了当天晚上黄金时间的有线电视脱口秀节目中。有线电视新闻频道发布的消息令观众尤为困惑。一个频道倾向于认为政府正在掩盖事件的严重性。作为竞争对手的另一个频道虽然与前者一样难以证实信息的准确性，但却以毋庸置疑的语气推断根本就没有发生什么核事件，整个事件可能只是一个旨在再次破坏美国核电行业的谣言。人们对核电安全曾产生误解并言过其实，经过一代人之后美国核电行业才最终得以重建。第三个频道则在前两种观点之间游移，邀请观众熟悉的政治名人和很少露脸的各行业专家，让他们就这一处于发展中的事件的意义进行辩论。

报纸印刷版（其员工数量比十年前大约减少了30%）和电视网新闻节目（其新闻采集费用削减得更厉害）提供谨慎的报道但缺乏时效性，慢了一拍——公众通常得在当天晚些时候或第二天早上才能看到。

居住在核电厂周围的人身处另一个世界。各种电子或人际传播的谣言充斥其中，并随机形成了分散的信息社群。有些人坚信一场核灾难就在眼前，有些人认为只是发生了一个微不足道的事件。还有一些人急切地想弄清楚，那些自相矛盾的消息孰是孰非；他们想要离开，但又担心假如大规模地撤离，道路会被堵死，并最终演变成集体性的歇斯底里，这一后果比核威胁本身更可怕。

欢迎来到互联网时代的三哩岛（Three Mile Island）核事故现场。

上述故事是虚构的。1979年，位于美国宾夕法尼亚州赫尔希附近的核电厂的确发生了核反应堆堆芯熔毁事件，但当时的信息环境与上述情形完全不同。

梅拉妮·莫耶是一个真实人物，她最初的确是在医院听说该事件，然后跑回汽车收听车载广播。莫琳·多尔蒂也是一个真实人物，她最初通过当地的电视新闻得知此事。当莫耶和多尔蒂与全国各地的观众等待并关注事件进展时，主流新闻媒体几乎提供了所有的信息。当时的美国主流新闻媒体可能享有史上最高的美誉度、公信力和影响力。在电视领域，几个男主播就自己所知的新闻向全国观众进行播报。他们所属的电视网并不指望新闻节目或新闻部盈利，因此他们不必为了收视率而夸大其词。在报纸行业，大多数报纸在击败对手、垄断市场后资金充足，它们为了弄清楚当天上报的一则信息的准确性不惜派记者专门调查。当时的新闻业是一个受到严格控制、严肃履行社会责任、几乎意识不到自身缺点的行业。正因为如此，媒体倾向于用一种权威肯定式语气对公众讲话，通常不会为了吸引公众注意力而大喊大叫，甚至不必提高自己的声音便可达到目标。

> 当时对三哩岛事件的报道体现了公共知识的把关人如何在报纸出版或节目播出之前核实新闻，如何用事实来平复全国公众的惶恐之心。

当时的新闻媒体没有想到，三哩岛事件会成为有线电视新闻时代来临前他们所做的最后的大型国内突发事件报道之一。除了没有有线电视新闻外，当时也没有"今日独家新闻"（message of the day）① 的概念，"信息操纵"一词也还不具有今天的意义，"主流媒体"的概念也还不具有负面意义。当时对三哩岛事件的报道体现了公共知识的把关人如何在报纸出版或节目播出之前核实新闻，如何用事实来平复全国公众的惶恐之心。

三哩岛事件发生于1979年3月28日星期三凌晨4点左右。核电厂冷却系统的一个阀门在开启状态下卡壳了，使得用于冷却反应堆的冷却液泄漏。没有了冷却液，反应堆堆芯温度过热，核燃料芯块逐渐熔化。上午9点15分，事故被通报到白宫。11点，工厂领导命令所有非核心工作人员撤离厂区。至此，"出事"一词逐渐从厂区扩散到周围社区。工厂员工开始给家人、朋友和邻居打电话，告诉他们核电厂发生了事故。信息以小道消息形式散布开来，在不断重述中加深了人们的不祥之感。中午，人们看见工厂所有者——通用公共设施核电公司（General Public Utilities Nuclear）雇来的直升机和美国能源部派出的直升机盘旋于工厂上空，提取空气中的放射性物质样本。

据目击者回忆，当时他们面临的最大问题就是无法了解事件真相。谣言和困惑引起了人们的恐慌。相较于远离工厂的人来说，身处工厂附近的人更加惊慌。"情况每时每刻都在发生变化，"莫琳·多尔蒂说道，"我家距离事发地点宾夕法尼亚州的赫尔希3英里，撤离路线正好经过我家门口，"但是，知道往哪里撤离毫无用处，"因为加油站没油了，高速公路上挤满了想要逃跑的人。"

眼看逃不了，多尔蒂只能寻求自我安慰。她说："我当时非常害怕，但只能接受现状。我不想因辐射中毒而死，但又感到为时已晚，因为核辐射已经发生。我记得当时拿白床单遮住窗户——我不知道为什么那么做。"[3]

当晚，最受全国观众喜爱的哥伦比亚广播公司（CBS）新闻主播沃尔

---

① 译者在翻译这个概念时请教了两位作者。作者认为，在互联网和新媒体出现之前，传统媒体习惯把自己每日刊登或每日播放的新闻看作是今日独家新闻（message of the day），受众几乎没有选择权。在新媒体环境下，受众不再满足于独家新闻报道，他们希望听到更多体现不同视角和观点的声音。

特·克朗凯特（Walter Cronkite）用严肃而不失沉稳的语气开始了晚间新闻播报。"核灾难刚刚开始。据我们得到的最新消息，情况没有恶化，"他说道，"但是据一位政府官员透露，今天宾夕法尼亚州原子能发电厂发生的故障可能是到目前为止最严重的核事故。"

节目回放了由简·方达、杰克·莱蒙和迈克尔·道格拉斯出演的热门电影《中国综合征》中的悲惨画面。这部电影11天前刚刚在全美公映。人们从电影中了解到核电厂堆芯熔毁可能产生的后果：高温熔化的堆芯物质会灼毁密闭容器，流入萨斯奎哈纳河①，产生的蒸汽云会在其所覆盖区域产生放射尘。诡异的是，《中国综合征》中甚至有一个场面表现控制室的测量工具显示反应堆芯水位逐渐上升，这和正在发生的新闻事件完全吻合。

尽管播放了这些情节，但主流新闻媒体在接下来两天的报道中还是极力克制，告知公众只是发生了一场意外事故而非灾难。反应堆没有熔毁。工厂所在区域也没有疏散人群。"我们不会离开这里，"已有两个孩子并正怀着第三个孩子的苏·肖沃克尔（Sue Showalker）告诉记者，"他们不会让我们腐烂在太阳底下的。"[4]

3月30日星期五早晨，工厂的操作人员将一座附属建筑中的大量辐射物排出。这一做法等于赌博：它释放了压力，保证冷却液持续流向反应堆芯。但是，排出的氢气也有可能燃烧甚至爆炸，导致压力容器破裂。如果那样的话，就会发生一场名副其实的核灾难。正值任期第一年的宾夕法尼亚州州长理查德·L·索恩伯勒就如何疏散厂区周围群众的问题咨询了核能管理委员会，最后，决定撤离那些最易受核辐射威胁的人群——厂区5英里半径范围内的孕妇和学龄前儿童。

在事件发生地，谣言满天飞。一天晚上9点左右，小镇上所有的灯都熄灭了。"我们后来才发现是一辆汽车撞坏了电线杆而导致停电，但当时谁也不知道真相，"一位目击者告诉《华盛顿邮报》的记者，"几分钟内，我的很多邻居就已经把预先打好包的箱子装上车，准备离开。那天晚上充满了

---

① 萨斯奎哈纳河（Susquehanna River）位于美国东北部，全长747公里，是美国东海岸最长、全美第16大河流。

让人难以置信的恐惧和不确定感。"

尽管如此，新闻媒体依旧保持谨慎。"各大电视网召开会议，讨论是用事故、事件还是灾难一词，"有关当时媒体行为的解释性文件记载道，"美国广播公司（ABC）表示，绝不采用未被官方使用的形容词。各地的美国人接收到了关于核能和核辐射的权威信息。《纽约每日新闻》（New York Daily News）'非常谨慎地'向公众提供了一些有用的信息包括核词汇、辐射对人类产生何种影响的医学报道、针对孕妇的忠告、有关附近核反应堆的报道、低辐射研究分析，甚至还有一篇关于如何清除反应堆有害物质的报道。"[5]

4月1日星期日，专家们最终认定反应堆内部的氢气泡不会燃烧或爆炸，因为压力容器中不存在使其燃烧或爆炸的氧气。之后，公共事业公司设法缩小了氢气泡。总统吉米·卡特为了向公众证明危机已经解除，在电视摄像机和记者的陪同下亲自访问了核电厂，并故作轻松地走过事件的发生地——核电厂控制室。

经过4个令人恐惧的日夜之后，电台和电视台停止了24小时新闻实时报道，恢复了正常的节目播出时间。这无疑是向美国人传递了一个信号：生活基本恢复正常。报纸头条重新开始关注国际时事。三哩岛周围的人们重拾往昔生活。

一代人之后，三哩岛事件会如何展开？我们之前所虚构的场景是否过于牵强？无论人们对技术带来的变化持何种观点，都很难想象信息传播会像当年那样井然有序且整齐划一。人们更易想到的是混乱无比的场景。现在的问题是，作为消费者和公民，我们每个人该如何在下一场危机的信息中获得真相。我们该如何理解日益增多的日常事件？如何确定相信什么信息、什么信源？以及，传统新闻媒体将扮演什么角色？换句话说，真相何去何从，作为公民，我们又该如何甄别？

这就是本书所要讲述的内容。

一些静观当今媒体格局的人想知道真相是否依

> 现在的问题是，作为消费者和公民，我们每个人该如何在下一场危机的信息中获得真相。我们该如何理解日益增多的日常事件？如何确定相信什么信息、什么信源？真相何去何从，作为公民，我们又该如何甄别？

> 真正的变化不是大众媒体的终结和新的"自媒体"文化的出现,而是二者融合,共同迈向一种新的认知方式。
>
> 辨别真假的责任更多地落在了我们每个人的肩上。我们正成为自己的编辑、自己的把关人和自己的新闻聚合器。

然重要。他们或许推测,在新的信息时代中,现实取决于信念,与是否客观、是否确证无关。现在,真相有红蓝之分,媒体有红蓝之别。① 沃尔特·克朗凯特这样的把关人已被比尔·奥赖利(Bill O'Reilly)② 和基思·奥尔伯曼③(Keith Olbermann)这样的拉拉队员所取代。后者不再试图弄清到底发生了什么,他们早已有先入之见。某种程度而言,我们也许已经从信息时代(the age of information)进入了肯定时代(the age of affirmation)。

实际情况并非如此。因为大部分人还没有退缩到凭意识形态来选择信息的角落。至少到目前为止,新世纪的第一个十年已经过去,老牌新闻机构及其所代表的传统新闻准则依旧在新信息生态系统中占主导地位。这些机构所面临的问题是互联网瓜分了其广告份额。如今,广告主——包括通过Craigslist④这类广告网站建立联系的个人——不再需要依托新闻影响消费者。对于传统新闻业来说,主要问题在于技术革新造成的收入损失而非受众流失。

最根本的变化在于,辨别真假的责任更多地落到了我们每个人的肩上。过去有一种观念认为,社会把关人网络(network of social gatekeepers)可以告诉我们哪些事是确定的或哪些事已经被证明,目前这一观念正在消失。公民拥有更多发言权,但与此同时,那些为了政治目的或利益而操纵公众的大公司或政府也获得了更多直接接触公众的机会。

因此,空想主义者宣告新闻业走向了终结,信息由精英群体垄断时代走向了终结,并将实时自我修正的公民媒体文化视为纯粹的信息民主。反对者则认为,在一个没有编辑把关、充满倾向性报道的新闻界,谁的嗓门

---

① 美国素有"红""蓝"州之分,"红"州较支持共和党,"蓝"州较支持民主党。在媒体界,也有"红""蓝"媒体之分,分别支持共和党与民主党。两类媒体各自提供带有政治倾向性的新闻,久而久之形成了各自为政的"红""蓝"事实。
② 比尔·奥赖利是美国福克斯新闻频道知名主持人。
③ 基思·奥尔伯曼是美国全国广播公司知名主持人。
④ Craigslist是一个美国免费分类广告网站。

大，谁的声音甜美，谁就可以获胜，首先被牺牲的是真相。

我们认为以上两种观点都有些偏激。真正的变化不是大众媒体的终结和新的"自媒体"文化的出现，而是二者融合，共同迈向一种新的认知方式。

这种新的认知方式不再像是聆听专业权威人士的讲座，更像是对话，它的长处和不足都很明显。这是一种伙伴关系，一方是新闻和信息的消费者，另一方是我们曾依赖其确证和审查信息真实性的把关人。

这是一个巨变。某种程度上它重新界定了公民权的观念。在过去的300年间，公民权是指公民周期性地参与公共事务。他们或是在大选中投票，或是出席偶尔举行的市政会议，抑或是通过其他中介机构选举领导人和监督政府。如今，这一传统定义已过时。与之前依赖新闻媒体、国会、委员会及其他社会权威机构过滤信息不同，公民越来越多地需要自己从一大批相互竞争的信源中过滤信息。虽然我们对如何甄别还知之甚少，但是我们都假定，对于无法直接接触的世界，我们将拥有更多信息掌控权。辨别真假的责任更多地落在了我们每个人的肩上。我们正成为自己的编辑、自己的把关人和自己的新闻聚合器。

然而作为公民我们需要承担什么责任，这个问题还有待解决。新公民的实际作用是什么？新公民概念传递了什么样的责任观？我们需要掌握什么技能才能成为自己的编辑？新的认知方式给我们提出了什么要求？

这些问题没有现成的标准答案。好公民的评判标准无法用数学方程式来计算。无论需要哪些技能，其中大部分技能是我们所忽略的，或是感兴趣但没有学过，甚至还从未被人仔细研究过。对于一个社会来说，我们都知道使公众拥有知情权的优点。经营媒体的公司宣称捍卫其所从事的事业。政府和许多杰出思想家为技术发展给予人们更多参与新闻事业的工具而叫好。遗憾的是，我们的文化在传授这些所需技能方面少有建树。我们的教育制度基本没有考虑过这些技能，很多新闻学院在教自己的学生时也很难列出检验新闻真实性的标准来。不过，尽管如此，我们还是可以识别这些技能。看看那些信奉经验主义的行业，比如新闻、法律、情报、科学和医学,经过几代人的努力,它们各自形成了一整套公认的概念和技能,产生了一种可识别的思维准则。这些技能和准则共同构成了一种被称为积极的怀疑主义的行业技能。本书试图提炼出这种行业技能的精华。在借鉴专家如何在公共生活中辨别真相的基础上,本书归纳出一套适于公民自己动手的方法,让他们能够在信息超载的世界里鉴别真相。这种方法主要用于评价来自于新闻媒体和其他信源的信息,以便让公众成为新信息时代的参与者而非受害者。

首先,我们必须明白,当今颠覆性的技术变革过去也曾经出现过。在历史长河中,改变传播和人类学习方式的重大技术进步,我们可以找出半打来。每一次技术进步都或多或少地重新界定了公民角色,同时每次变革都会重复出现某些模式,这些模式我们今天也能看到。比如破坏社会秩序、产生新权威,以及了解外部世界的两种主要路径之间不断扩大的分歧再次出现。

如今,当这些模式再次出现,我们会有些许混沌感;或者更糟,认为真相正变得无关紧要,真相有可能成为偏见、响亮或简单修辞、巧妙的营销和倾向性报道的牺牲品。知道如何应对以上问题至关重要。因此,我们提出名为"怀疑性认知方式"的六步法,这是一个具有识别能力的公民所必需的训练与技能。

第一步,识别自己所接触的是什么内容。在当今道德观念相异甚至相悖的文化语境下,存在几种各不相同的新闻生产模式。很多新的传播形式,比如社交网络、博客和公民新闻有可能采取其中的任何一种模式进行生产。作为信息消费者,我们必须首先认清我们看的是什么内容。

第二步,识别一篇新闻报道是否完整。

第三步,评估信源。即便是记者,很多人也模糊地处理这一问题。但敏锐的信息消费者通常会意识到这一点,并质疑记者的做法。其他在经验性知识领域工作的人士,比如律师、医生、警察和社会科学家,他们对消息来源通常会有更深刻的认识。一些优秀记者借鉴了他们的方法。

第四步,评估证据。本书将解释观察与理解之间的区别、推断与证据之间的区别。

第五步，我们将探讨最新的新闻模式如何利用证据或干扰证据，这一因素将成为判断你所看到的新闻属于何种类型的关键。

第六步，我们将概括性地探讨是否从新闻中获得了需要的信息。记者们在怀疑所接触的信息时会采用几种检验方法，通过某些警示信号做出判断。这些不为众人所知的行业技能可以成为发现并创造杰作的关键之举。

最后，我们还必须问一问，记者和新闻媒体应该走向何方？20世纪，作为把关人的新闻媒体是新闻业的主导隐喻。如今，新闻媒体只是连接新闻制造者与公众的诸多渠道之一，这一隐喻已不再适用。我们需要一个新的描述性隐喻。是什么呢？新闻业在21世纪将发挥什么作用？新记者与新公民如何合作？我们将提出我们称之为"下一代新闻业"（next journalism）的概念，描述公民对记者的要求，提出新闻编辑室必须如何改变才能提供下一代新闻。我们还将给新闻在社群中的作用下一个更新颖、更广泛的定义，为新的商业模式开辟一个窗口，为新闻业的商业化再造提供一种路径。

我们提出的公民如何成为自己的更严谨、更睿智的编辑的六步法并非一个呆板的公式。相反，我们旨在描述一些观念，开启一种思考信息的方法。我们希望借此帮助人们——包括记者与非记者——踏上一条更自觉的新闻消费与新闻评价之路。这就好比，即便我们不会人人成为数学家、化学家或英语教授，上学时我们也都学习了代数、化学和英语，因为这些知识有助于把握生活方向。对新闻如何产生有着清醒认识的人将会发现，他们会冲电视机顶嘴，会停顿在文章的某一段落并重读，会在朋友面前评论新闻报道的质量和内容。我们为这些看似古怪的行为喝彩。

兹事体大。知识的未来是新世纪的首要问题，因为我们将再次挣扎于现代主义与中世纪精神、信息与信念、经验主义与信仰之间。这些不同的力量终将共存。

它们曾共同存在过。人类最终对世界有了更加准确的认识。这一路走来，我们曾跌跌撞撞，常常违背威权的利益。有时，真相会进两步退一步，有

> 对新闻如何产生有着清醒认识的人将会发现，他们会冲电视机顶嘴，会停顿在文章的某一段落并重读，会在朋友面前评论新闻报道的质量和内容。我们为这些看似古怪的行为喝彩。

些人会面临牢狱之灾甚至死亡。历经磨难，我们终于知道地球绕着太阳转，懂得原子的秘密，明白人类可以自治而不再相信君权神授。

在这一过程中，献身于不同知识领域的专业人士发挥了关键作用。他们是一群训练有素、懂得某种方法与技巧、致力于自身学科和不断探知真相的人。在医学领域，他们是与疾病殊死搏斗的医生。在观星领域，他们是研究宇宙如何形成的天体物理学家。在生物学领域，他们是探寻生命构造的遗传学者。他们研究、犯错、分享和辩论，追求一种他们称之为科学方法的客观性探求。当理论成为世人所接受的现实时，他们的知识也被更广泛的大众所接受。

认识我们周围的世界是一个不断累积的过程。每一代人都在前人建立的信息基础上开启新一轮的知识爆炸。这一进程势不可挡。21世纪之初，就有人预言，新世纪头三年所产生的新信息会超过过去30万年所累积的信息总和。[6]

在新世纪里，我们所面临的问题是这一进程将如何运行？作为公民，我们如何学会分辨什么是真实的？在一个公民自成专家、权力为每个人分享的时代，我们如何分辨哪些信息可以相信？

第二章 | 我们曾经历过

　　文字传播的持久性、复杂性和移动性给人类社会带来了深刻变化，使人类从原始部落的狩猎采集文化过渡到了以农耕生活为基础的有组织的社群文化。

　　新闻业的诞生还带来了其他变化，几个世纪以来被视为普通或粗俗的概念——公众意见变成了一个受人尊敬的理念。

数字令人吃惊。21世纪的第一个十年，报纸广告收入蒸发了近一半，新闻编辑室职位减少了近三分之一。电视网新闻节目的观众和收入比20年前少了一半以上。新闻采集费用以每年20多亿美元的速度在递减。

尽管信息革命来势凶猛，改变了原来的信息环境，但我们对此并不陌生，因为同样的状况曾经出现过。在人类文明的历史长河中，我们先后经历过八次具有划时代转折意义的传播革命：从洞穴壁画到口语，从文字到印刷机，从电报到无线电广播，从广播电视到有线电视。这些变革所产生的影响的复杂性与变革性毫不逊色于当前互联网所带来的变化。

在历次信息革命中，一些关键模式不断重复，一些矛盾延续至今。新的传播方式简化了信息交换过程，使其结构更复杂，意义更丰富。拥有共同知识体系和好奇心的人们聚集到一起，形成了以共同认知方式为基础的大型社群。传播形式与效率的每一次提升都带来民主化效果：随着知识水平的提高，人们更有能力去怀疑自己所处的世界、公众行为和日常生活中的各项制度。认识水平的提高继而导致权力的更迭——颠覆或改变旧权威、产生新权威。我们经历了从萨满到部落首领、从部落首领到国王和城邦、从城邦到民族国家的演变过程。在每次变化中，现有权力精英都不得不利用信息传播来重组和引导草根阶层所释放的民主力量。

随着社会秩序的重组，大众传播技术的每一次变革都会引发两股知识流或两种认识世界的方法——基于观察和经验的知识，与基于信仰和信念的知识——之间重新产生分歧。简言之，就是事实与信仰之间的矛盾。

> 随着越来越多的权力让渡于个人，作为公民，我们所面临的挑战是理解并学会如何使用权力而不为其所挫败。

21世纪的技术革命见证了上述这些模式——大型新社群的形成（社群与民主化），旧权威的颠覆与新权威的产生（重组），经验主义与信仰之间的分歧（矛盾）不断加剧。哪怕是新世纪才出现的博客、有线电视中的煽动性言论、公民新闻网站和民粹主义政治运动，在之前的技术与社会经济变革中都可以找到对应物。如今，随着越来越多的权力让渡于个人，作为公民，我们所面临的挑战是理解并学会如何使用权力而不为其所挫败。

文　字

最早的有记载的传播——试图把信息传送到无法面对面交流的人那里——是出现于公元前 15 000 年左右的洞穴壁画。西班牙阿尔塔米拉（Altamira）洞穴壁画和法国拉斯考克斯（Lascaux）洞穴壁画是迄今所知的最早的两个洞穴壁画。它们拥有两个显著的共同点：以狩猎图为主，还有一些更具试验性的绘画，描绘暗示某种精神交流的星团图，探索人类在宇宙中的位置。换句话说，它们传递了两种知识：一种是世俗的经验性的，另一种建立在不能证明的信念之上。

口语可能出现得更早一些，大概出现于 30 000 到 10 000 年前。据人类学家的考证，第三次传播革命，即文字的出现可以追溯到公元前 5 000 年。书面语言最初以数字符号形式出现，主要用于测量、记录和分配个人积累的财富。很快，口语就被编码整理成书写符号。文字传播和口语传播的不同之处在于，经口语传播的知识可能会在每次复述中被遗忘或修改，文字传播却可以保存知识。文字符号是固定的，它的持久性使其更可靠、更精确。有了文字符号，传播变得更加深入与复杂，更强调经验性。此外，文字具有移动性。人们可以把文字记录资料从一个地方运到另一个地方，保存起来待数月或数年之后查阅。通过阅读，人们可以感知一个未曾谋面的陌生人的思考与言论。

文字传播的持久性、复杂性和移动性给人类社会带来了深刻变化，使人类从原始部落的狩猎采集文化过渡到了以农耕生活为基础的有组织的社群文化。对历史和行为进行编码使人们能够栽培植物、驯化动物，以更大规模的社群形式定居下来，同时社群之间还能进行远距离传播。在目前所知的最早用文字记载的故事中，有关乌鲁克国王（the king of Uruk）吉尔伽美什（Gilgamesh）①的故事反映了上述变化。这些故事详细讲述了建造城墙的步骤、社群的组织结构、政治讨论，以及人们对人类在宇宙中位置的思考——与一万年前洞穴壁画的主题一样。

文字传播在古希腊时期达到了一个新的先进程度，这加剧了事实与信仰之间的矛盾。苏格拉底以对话方式开启了一种拷问世界的经验性规范方法。这一方法认为，每个人都可以通过观察与推理去挑战他人的断言或信仰。人们在对话过程中将推理与亲身体验相结合，将断言与观察到的现实作比较，由此形成知识。这种当时最规范的方法用现在的话来表述就是经验主义与共识。

苏格拉底的学生柏拉图将对话进一步推进，但他不相信感性经验本身。他在"洞穴寓言"中提出，我们所认为的真实世界只是理想现实的影子和幻觉。他认为这些影子可以帮助我们理解世界，但由此形成的知识不足以成为道德生活的基础。如果必须在道德真实与经验真实之间进行选择，他认为前者更重要。

柏拉图提出了将信仰与理性相结合的方法，对两种认识方法接下来的冲突造成深刻影响。比如，他的思想启发了圣·奥古斯丁（Saint Augustine），奥古斯丁对知识史的总结为教堂与国家间长达几个世纪的合作扫清了道路。然而认识方法间的冲突仍在中世纪占据了主导地位，并在宗教法庭上表现为暴力压迫，直到1 000年后新的传播革命出现，两者关系才得到了根本性缓和。

印刷机

如果说前三次传播革命依次是艺术、语言和文字，那么第四次具有划

---

① 《吉尔伽美什史诗》（*The Epic of Gilgamesh*）讲述了古代美索不达米亚地区乌鲁克国王吉尔伽美什一生的传奇故事。据考证，该史诗用楔形文字写成，是目前已知的世界最古老的英雄史诗。

时代意义的变革是 15 世纪欧洲一个名叫约翰尼斯·古登堡（Johannes Gutenberg）的工匠改进的活字印刷机。古登堡的印刷机实现了书籍和小册子的大量快速复制。1450 年，即古登堡研发印刷机的那个年代，一个修道士手抄完成一本《圣经》大约需要一年的时间，而古登堡印刷机在投入生产的第一年就印制了 180 本《圣经》。印刷机的发明推动了欧洲的转型、文艺复兴和宗教改革。在印刷机出现之前，牛津大学的藏书量为 122 本，每本书的价值相当于一个农场或葡萄园。[1] 至 1501 年，即印刷机发明 50 年后，在欧洲大约有 2.7 万至 3.5 万本书被复制印刷，总量超过 1 000 万份。[2] 独立于宗教教派的新式大学开始出现，识字的人数量开始缓慢增长。

> "事实"一词最早在英语中出现是 16 世纪，当时它的定义是："真正发生或真实存在的事物；因此，与纯粹的推断相反，它是一种经过实际观察或可靠证据证明的特殊的真相。"
>
> 新闻业的诞生带来了其他变化。几个世纪以来被视为普通或粗俗的概念——公众意见变成了一个受人尊敬的理念。

写作和阅读人群的骤增激发了经验主义思想。学者们逐渐意识到物质世界比中世纪权威所声称的更重要。识字率的增长导致了新观念的出现，即通过观察和制造可供实验的环境来检验一般性结论。[3] 根据《牛津英语词典》的记载，"事实"一词最早在英语中出现是 16 世纪，也就是古登堡发明印刷机 100 年之后。当时它的定义是："真正发生或真实存在的事物；因此，与纯粹的推断相反，它是一种经过实际观察或可靠证据证明的特殊的真相。"

与此同时，用古登堡印刷机复制的《圣经》动摇了教权阶层在占有和阐释宗教文献方面的垄断地位。当公众可以自己阅读《圣经》并找到自己的救赎之路时，他们就不再需要仰仗教义阐释者了。马丁·路德新教改革的一个关键原则就是所有基督徒都应具备读写能力，这样的话，他们年满 10 岁后就能每天阅读福音书。同一模式再次出现：语言和写作造成了社群、民主化和社会的重组。

新闻业的诞生也是上述模式的一部分。在古登堡发明印刷机后不到 100 年，一次记录一件当前事件的"新闻书"开始出现。1604 年前后，德国、法国和英格兰开始出现第一批报纸。尽管面临审查、镇压和被投入监狱，同时政府经常控制其日常管理，新兴的新闻媒体依旧成长起来。信息共享让人们怀疑、挑战并修正权威机构提供的信息。由此，皇权无法再垄断信息，也无法控制人们对公共事务的看法。久而久之，一种观点不可避免地出现了：哪怕是社区中最卑微的人也拥有在政府议会上陈述自己观点的权利。至18世纪，在政府反对者的资助下，新兴的政治新闻媒体开始采用新的语言形式甚至政治隐喻来逃避审查，挑战皇权。其大胆和新颖引发了轰动效应，正如现在毫无顾忌发表见解的博客、流行的YouTube和便捷的Twitter产生的效果一样。社会评论家塞缪尔·约翰逊（Samuel Johnson）认为，这些新兴政治记者的作品比同时期任何其他出版物都更受欢迎。

新闻业的诞生还带来了其他变化。几个世纪以来被视为普通或粗俗的概念——公众意见（public opinion）变成了一个受人尊敬的理念。自希腊和罗马文明衰落后一度消失的公众意见概念重现于17世纪英格兰哲学家约翰·洛克（John Locke）的著作中，随即被广泛运用于议会演讲和政治论文之中。随着信息的扩散，一个更具力量的概念——人民自治诞生了。民主，这一西方文明的最大成果，本身就是传播发展的产物。

电报和新闻的诞生

印刷机在17和18世纪导致作为政治反对和辩论喉舌的报纸的产生，促进了政党的形成。19世纪出现的另一项发明创造了我们今天所定义的新闻。1844年，约翰·莫尔斯（John Morse）使用点和划这两个电子信号构成语言，并通过电线加以传输。电报的发明使人类首次实现了在第一时间获得来自远方的信息。电报技术创造了一个过去未曾有过的事物——新闻，这个独立于观察者文字之外的事实性产品。不到两年时间，多家报纸联合成立了名为联合通讯社（Associated Press）的非营利性合作体，利用电报提供新闻。发自联合通讯社的新闻报道必须适合所有成员报纸发表。几乎与此同时，诞生了一种新的传播语言。新闻写作的语气变得更为中立，不再受作者个人写作风格的影响。由于电报传输按字计费，新闻也变得更加简明扼要。由此产生了一种新的组织新闻内容的技巧——将最重要的事实放在最前面，也就是所谓的倒金字塔结构。[4]在倒金字塔结构出现之前，新闻叙述更为主观，新闻报道通常按时间顺序组织，将最富戏剧效果的事实放在最后。偏个人化的新闻报道经常以个人来信的方式见报，类似于今天的博客帖子。

随着填充报纸版面的新闻的增加，大量人口涌入城市后受众数量的增多，以及新闻纸价格以每十年降低一半的速度下滑，美国的新闻媒体在内战之后的几年间逐渐摆脱政党而独立。美国的工业化发展推动了商业广告市场的繁荣，这也为新闻界的独立提供了动力。政治独立让一些报纸形成了期望改革的进步主义哲学。西奥多·罗斯福（Theodore Roosevelt）这样的新生代改革派政治家对此表示认可并加以利用。20世纪初，揭黑运动和报纸的经济独立进一步提升了新闻工作者对职业化的追求。

广播，慰藉和破坏

下一次传播革命并不遥远。如果说19世纪40年代电报的发明使人们可以在几分钟或数小时内获知远方的新闻事件的话，那么20世纪20年代广播的出现则让人们可以亲自聆听一些新闻事件。新社群形成、政治重组，以及事实与信仰间持续冲突：同样的模式再次出现。工业革命带来的巨大变革导致全国人口碎片化，广播将这些分散的公众联系在一起，这是地方性报纸无法做到的。顷刻间，每一个人都在收听一样的全国性广播新闻，这与印刷时代阅读地方报纸完全不同。阅读能力也不再是获知新闻的必要条件。新媒介的出现还导致了印刷新闻业的巨大变化。对于报纸来说，仅报道新闻已远远不够。报纸必须更具分析性，因为人们在阅读报纸前很可能已经从广播中获知了新闻事实。作为应对之策，一些报纸开始利用不断完善的照片印刷技术，让新闻图片更具戏剧效果，新闻报道变得耸人听闻，"小报"时代由此来临。

广播对政治的影响依然重要。富兰克林·罗斯福（Franklin Roosevelt）总统认为，广播这种亲密的新媒介可以凝聚民众，实现社会民主化。罗斯福的广播演讲和"炉边谈话",仿佛是与普通美国人一起坐在客厅聊天。他绕过新闻界通过广播直接对公众讲话,用安慰的口吻和深入浅出的方式向公众解释大萧条的复杂性,以及后来战争的必要性。

事实与信仰之间的冲突在广播中依然存在。就在罗斯福总统利用广播缓解公众对大萧条的担忧时,以福音布道形式抚慰公众心灵的新一批广播员出现了。他们的听众数量甚至可与罗斯福相匹敌。其中,天主教牧师库格林(Father Charles Edward Coughlin)最具号召力,每周大约有3 000万听众收听他的节目。与现在有线新闻频道主持人出书一样,他的广播演说第一版于1933年出版,并成为全国畅销书。他因此也被认为是美国当时仅次于总统的第二大最具号召力人物。

电视、报纸和政治全国化

广播让人们能够收听新闻。仅仅过了20年,一项更强大的新技术——电视出现了。电视将收听和收看新闻合二为一。电视新闻深受广播新闻中立、权威风格的影响,与具有浓重加工色彩的新闻纪录片完全不同。后者每周在电影院播出,以一种夸张的近乎卡通的方式叙事,几乎没有同期声。此外,新兴的电视网新闻部每天晚上都会把充满视听效果的新闻事件直接送至千家万户。一些早期电视新闻节目的名字也推广了一种公众自己看新闻的理念,比如《面对面》(Person to Person)①、《你在那儿》(You Are There)② 和《现在请看》(See It Now)。[5]20世纪50年代,电视因从头到尾地连续报道全国性政党大会而名声大振。公众被总统选举过程所吸引。一批默默无闻的电视网新闻记者,比如切特·亨特利(Chet Huntley)、戴维·

---

① 《面对面》:美国哥伦比亚广播公司于1953年推出的一档电视节目,第一任主持人是爱德华·默罗。

② 《你在那儿》:前身为名为《CBS在那儿》(CBS Is There)的广播节目,开播于1947年。1950年改名为《你在那儿》。1953年2月1日,《你在那儿》以电视节目形式播出,第一任固定主持人是沃尔特·克朗凯特。

布林克利（David Brinkley）①和沃尔特·克朗凯特（Walter Cronkite），因为承担了看似难以完成的政党大会的解说工作而被推上主播台。1963年9月，电视网晚间新闻节目从原来的15分钟延长至30分钟。不到一年时间，美国人已经将电视作为自己获取新闻的主要媒介。

熟悉的模式再次重演——更加民主的大型社群出现，政治与社会重组，事实与信仰的冲突再现。报纸给予了读者根据自己的兴趣选择性阅读、忽略无趣文章的权利。广播拉近了新闻与听众之间的距离，更注重全国性新闻而非地方新闻。电视则统一了新闻。当时，大部分美国人每天晚上收看的是全国广播公司（NBC）和哥伦比亚广播公司（CBS）的新闻节目，美国广播公司（ABC）的收视率远远低于前两者。晚饭时间，70%的开机电视（有时观众数会超过全美总人口的四分之一）都会调至三大电视网的新闻节目。与报纸读者不同，电视观众不能根据自己的兴趣选择节目。他们要么观看编排好的节目，要么就只能关掉电视，这增加了社会学家称之为的"偶然的新闻获取"——人们对并不感兴趣的事有所了解。美国人消费相同的电视网新闻，因此社会共识高涨，都把苏联视为共同的敌人。看上去人们都在根据自己的需要自由选择新闻，但其实在很大程度上看的又是相同内容，这一现象对政治影响巨大。

电视实现了空前的政治全国化。自NBC主播戴维·布林克利从华盛顿发回每日报道起，一代白宫记者引发了公众对政治新闻的追捧。各大报纸纷纷扩大华盛顿分社的规模，对政府权力的新一轮攻击和质疑与对越南战争的疑虑交织在一起。美国政府对政治议题和政治行动的观点频繁见诸媒体，体现和强化了政府的权威性。对于美国总统这唯一通过全国选举产生的政府官员来说，更加需要通过媒体来证明自己的权威性。电视表现力成为总统的一种有力领导工具。电视出现之前，有些美国人用地方思维来看

---

① 切特·亨特利和戴维·布林克利都是美国知名的新闻主播。两人于1956年10月共同担任美国全国广播公司晚间新闻节目《亨特利—布林克利报道》（*Huntley-Brinkley Report*）的主播，亨特利在纽约进行播报，布林克利在华盛顿进行播报。该节目连续播出了14年，是美国全国广播公司里程碑式的晚间新闻节目。

> 看上去人们都在根据自己的需要自由选择新闻，但其实在很大程度上看的又是相同内容。

待新闻，因为他们所接触的新闻大都来自于地方报纸、电台或电视台。现在，这些人也开始关注全国性的机构和政治人物。民权运动时期，美国南部一些公众和警察野蛮压制和平抗议者的画面每天充斥着美国家庭的电视荧屏，这使得美国政府不能继续对黑人要求平等权利的呼声置之不理。电视对戏剧性新闻事件的报道，加之人们感觉到电视新闻更加直接和真实，也给予了普通公民影响政治进程的权利。电视福音布道者、反战人士和女权运动成员从新的传播形式中获取政治权利，他们开始改变美国政治辩论的本质。

反过来，政治与社会重组也引起了传播秩序的变化。电视新闻崛起后第一个受害的印刷媒体是晚报。这类报纸的主要读者是蓝领，因为他们上班比较早，通常在一天工作结束之后买报纸看新闻。但大部分电视新闻也都在下午播出，其快速叙述当天重要新闻的做法与晚报简短轻松的风格相近，因此两者目标受众一样，形成竞争之势。幸存下来的报纸开始转变策略，强化深度解读和分析能力，将目标受众转向富裕阶层和受过良好教育的公众。早报和星期日报进入黄金时期。精英阶层导向也对广告主产生了更大影响。早报的广告收入超过预期，这种垄断状态令其十分惬意。坦率地说，早期的广告生意很容易做，收益丰厚。因此，大部分报纸反应迟缓，未对报纸内容进行创新性思考，直到后来因电视业的排挤而不得不寻找利基位置（niche position）时才有所醒悟。广播业也曾面临类似窘境。当这些报纸开始寻找应对良策时，它们对这一挑战的本质并无清晰认识，这表现在它们采取了两种截然相反的创新模式。创刊于1981年的《今日美国》借鉴了电视业吸引观众的一些招数，比如提供更多文字简短而俏皮的彩页，将路边的自动售报盒弄成电视机模样。另一方面，像《纽约时报》这种公认的全国性大报则采用了全新的深度分析的风格，将硬新闻与记者的亲身经历、观察和结论等分析性元素相结合。《洛杉矶时报》采用了一种几乎自相矛盾的方法，它提出每日杂志的概念，但如此深入的报道与写作已经超出了一家日报的能力极限。

有线新闻和连续新闻

距电视网第一次播出 30 分钟的晚间新闻仅 17 年，又一次传播革命降临了——有线电视新闻诞生。在福克斯广播公司（Fox）和微软全国广播公司（MSNBC）改变电视新闻准则之前，1980 年创办的有线电视新闻网（CNN）瓦解了电视网与地方附属台之间的从属关系。在 CNN 出现之前，三大电视网牢牢控制着国内和国际新闻，甚至只在自己新闻节目首播后才将画面分享给附属台。1986 年，三大电视网每天向附属台提供的节目（与地方台共享的画面总量）只有 30 分钟。

特德·特纳（Ted Turner）的 CNN 打破了这种垄断局面，给新闻带来了深远的影响。为了获得更多的电视画面素材，特纳开始与地方电视台谈判，并开出前所未有的优厚条件：假如地方电视台愿意与 CNN 分享它们的节目，那么特纳也可以把 CNN 的节目与它们分享。特纳与地方电视台的合作有效瓦解了三大电视网对国内和国际新闻的垄断。在此情境之下，两面受压的电视网附属台开始向东家施压，要求它们提供更多节目素材。至 1990 年，三大电视网每天向附属台提供的节目素材增加至 8 小时。这一变化立即对电视网新闻观众产生影响。他们不仅多了有线电视这一新选择，而且即便没有安装有线电视或不看 CNN，他们也可以从每天下午 4 点、5 点和 6 点的整点新闻报道中获知重要的国内和国际新闻。

数字技术和消费者选择

新闻开始变得随手可得。久而久之，人们开始习惯于拥有新闻选择权。从某种程度而言，有线电视新闻的发展预示着互联网的出现。

多米诺骨牌开始加速。1994 年，雅虎公司（Yahoo）建立，路透社决定提供免费网络新闻。1995 年，美国在线（America Online）开始提供互联网接入服务，类似实时音频的服务出现，美国有 50% 的学校接入互联网。1996 年，微软公司与微软全国广播公司（MSNBC）推出 MSNBC.com 网站。

> 根本问题不在于受众的流失。技术进步给传统新闻业带来的危机主要还是与收入有关。新技术分流了传统新闻媒体从新闻中获取的广告收入。

2000 年，MSNBC 总编梅里尔·布朗（Merrill Brown）这样的互联网领军人物已经开始讨论在线新闻消费模式的变化。互联网出现之前，除了有线电视和某些新闻广播台会偶尔播发突发新闻外，人们主要是在早餐桌上、傍晚到晚餐时段、外加深夜获取新闻。互联网改变了这一局面。一些网站开始记录人们一天的新闻消费情况，发现午饭和深夜时间段受众量明显增加。

从 2000 年到 2008 年，互联网使用快速增长：

- 2000 年，仅有 46% 的美国成年人使用互联网。2008 年，这一数字上升到了 74%。
- 2000 年，仅有 5% 的美国家庭接入高速互联网。2008 年，这一数字提高到了 58%。
- 2000 年，仅有 50% 的美国人拥有手机。2008 年，82% 的美国人拥有手机。
- 2000 年，美国还没有无线接入互联网服务。2008 年，62% 的美国人享有无线接入服务。

在不到十年时间里，我们进入了一个几乎可以随时随地获取新闻和信息的时代。有人猜想，这会导致受众被分散到数以百万计新的新闻渠道上，包括公民记者的博客和文章，同时传统的新闻价值观有可能被抛弃，比如作为独立中间人的记者必须核实所发表的新闻、提供多种观点的新闻客观性原则。有关新闻寡头将被终结的猜想甚至出现在"长尾"① 等一些简单理论中。该理论由《连线》（Wired）杂志主编克里斯·安德森（Chris Anderson）推广开来。他认为信息与基于网站、博客、社交网络以及移动媒体等多种独立渠道的利基（细分）商品市场将最终取代经由大众媒体传递的信息和市场。安德森认为，20 世纪出现的大众媒体文化是当时占主导地位的

---

① "长尾"概念最早由克里斯·安德森在其 2004 年 10 月发表的一篇名为《长尾》（The Long Tail）的文章中提出，用来描述诸如亚马逊（Amazon）之类网站的商业模式。"长尾"是指那些原来不受重视的销量小但种类多的产品或服务由于销售总量大，累积起来的总收益超过主流产品的一种现象。

新媒介——电视与广播制造的特定产物。互联网让消费者更容易地根据个人兴趣及其所处的精确地理位置定制新闻、信息、商品和服务。[6]

然而，安德森的预言与新闻业的实际状况并不完全相符。就新闻而言，至少到目前为止，现实情况远比他所预言的复杂。传统在线新闻网站的规模在扩大而不是缩小。比如，2007年，排名前10位的报纸占报纸总销量的19%，但其网站受众量占报纸网站受众总量的29%。2008年，排名前700位的新闻信息网站的流量增加了7%。其中，前50名提高了27%，这些网站几乎都是由传统报纸或电视台经营的。[7]也就是说，长尾的前端在互联网时代正变得更强大。长尾的尾部也是如此。真正痛苦的是长尾的中间段。[8]

那么，为什么还说传统新闻的未来仍不明朗呢？

根本问题不在于受众的流失。假如把新旧平台上的受众数量相加，很多传统媒体的受众总量是增加的。技术进步给传统新闻业带来的危机主要还是与收入有关。新技术分流了传统新闻媒体从新闻中获取的广告收入。很多广告主不再需要借助新闻来到达目标受众，大零售商可以使用自己的网站，个人可以在Craigslist上发布公寓出租的广告或自行车出售广告。20世纪，展示性广告为传统新闻的采集提供资金支持，但是事实证明互联网上的展示性广告效果却很差。20世纪的新闻生产模式得益于一个巧合，即用商业体系（广告）来补贴公共商品（专业新闻）。从目前来看，这一体系即将终结。假如还有什么不确定的话，那就是它会被何种体系所取代，抑或在何种程度上被取代。

假如我们想要在新世界找到方向，最重要的就是丢掉天真的想法。我们应该深吸一口气，回顾历史，展望未来。传播发展史告诉我们，无论未来的新闻业结构如何，旧技术都不会消失。但是，旧技术会发生变化，变得越来越微不足道，发挥完全不同的作用。传播发展史还告诉我们，新技术改变不了人性。新技术让我们实现了自我表达，用不同方式满足了我们对无法直接触及的世界的好奇心，仅此而已。如今，当网络空间的字节信息以

> 传播发展史告诉我们，无论未来的新闻业结构如何，旧技术都不会消失。传播发展史还告诉我们，新技术改变不了人性。新技术让我们实现了自我表达，用不同方式满足了我们对无法直接触及的世界的好奇心，仅此而已。

十亿分之一秒的速度流动,当身处世界偏远角落的公民淹没于信息海洋中时,人们很难想象 400 年前信息流动是何等缓慢。清晰的历史回音再次响起,文字和印刷机也曾像互联网一样引发巨大的传播变革。17、18 世纪的新兴报纸好比是 21 世纪新兴的博客、社交网站、视频分享平台和其他用于公民交谈的在线论坛。当时的新兴报业对欧洲和北美的民主化进程产生了政治性影响,正如疯狂传播的视频带来的政治效果一样——2008 年推动了巴拉克·奥巴马的事业发展,2009 年挑战了他所提出的医疗计划。质言之,报纸把原本只属于少部分人的信息传递给了更多人。18 世纪 30 年代,尽管报刊读者不多,但曾经仅限于宫廷传播的信息突然以戏剧性的和复杂的方式传播开来。一个世纪以后,美国商业报刊的崛起加快了信息传播的速度,让原本边缘化的公民参与到公共事务之中。美国商业报刊在挑战美国社会现有秩序,在内战后的废奴运动中发挥了主要作用。经济大萧条和罗斯福新政时期库格林这样的广播福音布道者的出现十分类似于 21 世纪格伦·贝克(Glenn Beck)① 等有线电视风云人物的崛起。

　　三种模式在这些回音中再现。传播技术的每一次进步都让我们更加容易地了解自己所处的世界并参与其中,我们继而挑战甚至打败那些曾经控制信息流动的旧权威,创造新权威。我们正见证着旧权威的灭亡,同时也必须意识到新权威终将出现,并取而代之。一头是令人困惑、强调归纳经验的观察和科学,一头是给人安慰、强调综合力量的信仰和信念,二者之间由来已久的矛盾仍未解决,当双方寻求平衡时,会发现新的表现形式和混乱局面。

　　传播技术发展的最终效果是公民掌握了更多信息。在 21 世纪,获取信息的途径达到了新的历史高度。我们现在所面临的问题是接下来该如何做:掌握新工具和选择权后,我们该如何辨别哪些信息值得信赖?

---

① 格伦·贝克:美国保守派政治评论家、知名的电视和广播节目主持人。他是《纽约时报》畅销书排行榜的常驻作家、多媒体帝国水星广播艺术公司(Mercury Radio Arts)的创始人兼 CEO。

第三章 | 怀疑性认知方法：确证技术

纵观历史，去伪存真、获得准确信息是传统新闻业一贯追求的目标。

我们必须懂得如何鉴别新闻报道的好坏，辨别什么是随身携带的无知，什么是办事员风格，把新闻报道与空话区别开来。

1961年12月，霍默·比加特（Homer Bigart）抵达越南。

比加特是一名资深记者，曾报道过第二次世界大战和朝鲜战争。他此行不仅带来了深厚的战地报道经验，还有一种非同寻常的调查报道方法。这位《纽约时报》记者曾凭借这一方法两夺普利策奖，成为新闻界的传奇人物。

比加特到达西贡①时正值美国大规模扩张其在越南的兵力。政治方面，美国政府开始实施针对越南农村地区的援助计划，目的是赢得当地民众的信任。军事方面，南越军队显然不能遏制北越在农村地区的兵力，为此美国刚刚派遣了一个直升机舰队。随着美方行动的扩大，人力物力支出明显增加。肯尼迪政府和前线将领绞尽脑汁地美化越南战况，以继续获得公众对战争的支持。

在美国国内，摆在报纸编辑面前的是两个版本的战况报道。华盛顿和西贡的官员称南越战况正在好转，他们的前方记者却发回了有关腐败和战败的新闻。编辑们经常不知道该如何处理这些相互矛盾的报道，大部分情况下倾向于采取官方的观点。毕竟政府官员应该比记者知道得多。他们是权威人士。

比加特把这种不加批判地接受官方叙事版本的行为称之为办事员作风。他认为，记者不只是个速记员。记者有责任查明事实和找到实际证据，而不是接受他人的二手信息。在比加特的记者生涯中，他把自己追求事实的激情发展成了一种报道方法。他超越了办事员作风，不靠猜测写稿。在相对短暂

> 记者不只是个速记员。记者有责任查明事实和找到实际证据，而不是接受他人的二手信息。

---

① 现越南胡志明市。

的越南岁月里，他影响了戴维·哈伯斯塔姆（David Halberstam）①、尼尔·希恩（Neil Sheehan）②、马尔科姆·布朗（Malcolm Brown）③和皮特·阿内特（Peter Arnett）④等新生代记者，同时对战地报道的变化起到了一定作用。越战记者给公众提供了大量有关战场的新闻，这是之前任何战地报道所无法企及的。年轻的战地记者威廉·普罗克诺（William Prochnau）模仿比加特口吃的样子，回忆道："'事实和谎言怎—怎—怎—怎么可能都正确呢？我们不应该加以选择吗？'一段意味深长的停顿后，他自己回答道：'应该。'"

比加特选择相信哪个版本的方法就是从不想当然，他几乎不把任何人的话当真。比加特从一张白纸开始，在开始报道之前，他好像一无所知。他不做假设，要求每个人对所说的话或所下的断言提供证据。后来抵达越南的《纽约时报》年轻记者哈伯斯塔姆将比加特的报道方法形容为"随身携带的无知"（portable ignorance）。这种"无知"，再加上他科伦坡⑤式的举止和口吃，往往使人们低估了他。

"他刚开始显得一无所知，最后发现了一切。"普罗克诺说。[1]

---

① 戴维·哈伯斯塔姆（1934—2007），美国著名记者、作家和历史学家。1964 年，他与马尔科姆·布朗因对越战的独立报道一起获得了普利策国际报道奖。记者生涯后期专攻体育报道。他曾出版多本反思 20 世纪美国民权运动、政治发展、外交政策和国际战略的专著。2007 年 4 月在采访途中遇车祸不幸去世。其译成中文的名作有《媒介与权势》（The Powers That Be，旧译为《掌权者》）。

② 尼尔·希恩（1936— ），美国著名记者。1971 年，他根据从美国国防部顾问丹尼尔·埃尔斯博格（Daniel Ellsberg）那里获得的五角大楼文件写成了关于美国政府为何卷入越南战争的系列报道，并陆续发表于《纽约时报》。因涉及机密，报道引发了社会轰动，并导致美国政府与《纽约时报》等媒体之间的一系列官司。尼尔·希恩也因此成名。1989 年，他凭借《一个华丽的谎言：约翰·保罗·范恩和美国在越南》（A Bright Shining Lie: John Paul Vann and America in Vietnam）一书获得普利策非小说类奖。

③ 马尔科姆·布朗（1931—2012），美国著名记者、摄影师。他因 1963 年在越南西贡拍摄的一张僧侣自焚照片而闻名，该照片获得当年的荷赛奖。1964 年，他与大卫·哈伯斯塔姆一起分享了普利策国际报道奖。

④ 皮特·阿内特（1934— ），美国著名战地记者，先后经历越南战争、海湾战争、阿富汗战争、伊拉克战争等。1966 年因越战报道获得普利策国际报道奖，1991 年因直播海湾战争而家喻户晓。他曾独家采访过萨达姆和本·拉登。2007 年曾到汕头大学长江新闻与传播学院举办战争新闻与国际报道系列讲座。

⑤ 科伦坡（Columbo），来源于美国经典电视电影《科伦坡》中的男主角弗兰克·科伦坡（Frank Columbo）。他看似不修边幅，却总能凭借敏锐的推断能力侦破各种案件。

尼尔·希恩当时还是合众国际社（United Press International）的一名年轻记者，当他和比加特一起参加完美方组织的深入南越战场的报道任务后，很快理解了什么是随身携带的无知。几周以来，美方军事顾问一直在吹嘘他们与越南共和国南越军队（ARVN）的联合行动不断成功，他们正在实施一项旨在从越共游击队手中夺取村庄的"战略村"（strategic hamlet）计划。他们声称，这些战略村的村干部们将提供更准确的情报，同时他们又获得了战斗直升机部队的协助。在比加特的强烈要求下，军方决定带一些记者前往战略村，向他们证明该计划正在发挥作用。

大多数记者只等着出发，而比加特却不是。"进入战场前，霍默就开始事无巨细地向美方顾问提问，"希恩回忆道，"他会问：'你们希望发现什么？这个区域有什么部队？都是什么兵种？'问题一个接着一个。"[2]

希恩等其他记者都没有提问。一则因为他们都迫不及待地想要前往战区。此前，美国国防部一直拒绝让记者去战区，假如没有比加特的强烈要求，恐怕还是不能成行。二则，很多记者认为，事先问这么多问题会让自己在专业军官面前显得迟钝或愚蠢；毕竟他们还要与这些军官保持接触。很明显，比加特的问题考验了军官们的耐心，但这正是他提问的方法。通过提问，他建立起标准，知道应该关注什么。这样，他就可以把战场上发生的实际情况与军官的期望进行对比，从而证明究竟是计划奏效，还是原本就是一场公关秀。战场归来，经历战场压力和稻田长途跋涉的记者们筋疲力尽。比加特却不知疲倦，又开始向军官提问："你们发现了什么部队？对此感到惊讶吗？你们说过这支部队会在这里，实际情况如此吗？消灭了多少人？发现了多少具尸体？"比加特根据实际结果一点一点地分析他们对交战的预期。

事实证明，战场远没有军方讲得那样战果斐然。直升机突袭给越共来了个措手不及，但美方协助的南越军队反应迟钝，延误了大好战机。

"军方的行动有限，但我们还是一直累死累活地找新闻，"希恩回忆道，"极度疲劳的两天后，我在回西贡的路上开始抱怨：'天哪，霍默，我们在稻田里走了两天，却连一条新闻也没有。'霍默看着我，说道：'你不明白，孩子。他们办不到，计划没用。'"

回到西贡，参加美军司令通气会的特派记者们完全轻信了军方的信息。他们发回报道，称越共士兵遭到了精神振奋、配备最新战斗直升机的南越军队的突袭，溃败于村庄隐蔽处，死了几十个人。

美联社3月9日发自西贡的电讯：

> 越南歼击轰炸机今天在湄公河三角洲地区连续进攻。与此同时，地面部队在南中国海附近的沼泽区域前进，搜寻游击队……
>
> 军方消息称，周四在美军直升机的协助下，越南军队在最南部安川省（An Xuyen）的一次行动中击毙33名游击队员，抓获4人。

比加特的报道不同。他根据自己的亲眼目睹和那些生死存亡取决于战争结果的军官提供的事实，一点一滴地组织报道内容。和其他人从西贡发回的新闻相比，他提供了更有说服力的背景信息。他还能根据直升机突袭成败的次数预测新战术——原本会成为美军在越南的主导性策略——最终会失败。

比加特有关军事行动的报道，部分如下：

> 然而，与往常一样，敌人主力逃跑了。尽管空中袭击在垂直包围村庄过程中出色完成了突袭任务，但是敌军还是溜出了包围圈……
>
> （南越）政府部队没能充分利用越共的休克状态。在美方顾问怒气冲冲地大喊道"让我们前进"之前，他们一直挤在椰子树下的排水沟里畏葸不前。
>
> 直到傍晚，战争才最终结束。据估计，村里有200个越共分子，大部分都逃走了。[3]

以上内容都是一手资料。比加特目睹了一切，并全部记录在案。他的报道清楚证明西贡的信息通报官夸大其词，遗漏或掩盖了南越军队没有能力充分利用美军战术和技术这一要点。

"这就是我认识的霍默，"希恩说，"从不轻信任何人。"[4]

即便是50年后的今天，比加特的这篇目击报道仍然发人深省。文章基本没有解释他是如何知道一切,也没有对自己亲历袭击的过程浓墨重彩。整篇报道的语气惊人的平实。比加特充当了读者的眼睛和耳朵。假如他说这件事发生了,那就真的发生了,因为这都是他亲眼所见。

现如今,当越来越多的新闻出自二手或三手信息,当记者因公关经理的存在而日益远离原始消息源的时候,消费者成为了自己的编辑,有时还得充当记者。那么,我们如何辨别新闻是否真实?如何区分霍默·比加特的经验主义和他那些回西贡后轻信官方信息的同侪的办事员作风?简而言之,作为消费者,我们如何形成和采用自己的随身携带的无知?

其中一个困难是,构成这种怀疑式调查的大部分技巧都无法用一个简单的公式来表示,并不存在普遍适用的等式。大量怀疑式调查方法和技巧通常都由职业记者在工作中私底下经过试错提炼而成。优秀记者会从工作中碰到的良师那里学习技巧,正如希恩从比加特身上学到采访方法一样。然而,并非每个记者都是良师。"职业新闻界"不仅有比加特这样不屈不挠、受过良好训练的经验主义者,还有很多容易上当受骗的办事员。而这些办事员因为结交了身居高位的朋友,通常会比那些寻求证据的怀疑论者更容易获得新闻。

为了找出好的新闻报道,作为消费者,我们必须学习一些新闻职业技能——作为有见识的公共生活观察者所必须具备的常识,学会记者和政治局内人分辨假冒、炒作和杜撰新闻的方法。我们必须懂得如何鉴别新闻报道的好坏,辨别什么是随身携带的无知,什么是办事员风格,把新闻报道与空话区别开来。

像比加特这样的优秀记者思想独立,知道如何克服自己的情感倾向,实践我们所说的"怀疑性认知方法"。

> 当越来越多的新闻出自二手或三手信息,当记者日益远离原始消息源的时候,消费者成为了自己的编辑,有时还得充当记者。那么,我们如何辨别新闻是否真实?

信息消费者可以采用这种新闻技能,也可以使用自己的怀疑性认知方法。当然,这需要训练。运用这种技能就意味着要采用一种开放式的经验性思维方法。它会加深学习的难度,使人更容易起疑心,不易获得慰藉感。但是,这种技能可以帮助人们避免掉进错觉和安全陷阱，教会人们应该关注什么，从而迅速地预见未来，不会因为各种变化而手足无措。

> 为了做出好的新闻报道，我们必须懂得辨别什么是随身携带的无知，什么是办事员风格，把新闻报道与空话区别开来。我们对于新闻的理解必须建立在事实——对事件的准确理解——的基础上。

无论如何，新闻学都不是一门硬科学，人们不可能用数学公式来破译公共事件。而且，正如我们接下来将要谈到的，我们在与新闻打交道方面通常经验不足，远不如在其他生活领域那般经验丰富。当我们想要获取公共事件的意义时，往往会把自己对事实的理解和对事实意义的主观信念混为一谈。总统说的是好是坏？积极还是消极？我们很难将对世界的看法、推论、恐惧和偏见从这些问题的答案中剥离开来。但是，我们可以学会如何以一种更仔细、更富技巧和更规范的方式来获取意义。我们对于新闻的理解必须建立在事实——对事件的准确理解——的基础上。从理解到赋予意义，这一过程应当按部就班地完成。正如在诊所，我们首先聊症状，然后诊断，最后才讨论处方或疗程。理解公共事务的健康同样需要花心思——可以采用类似常识性的澄清和技巧。

然而，到目前为止，在很大程度上我们并不需要进行基本的"症状讨论"，对事件中的事实作基础性的筛选。我们依赖权威的中介——新闻媒体——为我们做这项工作。新闻媒体做得如何不是本书讨论的重点。如今，相互矛盾的新闻渠道和片面报道比比皆是，我们必须采用一些诊断技巧，这样起码可以分清什么是好新闻，什么是坏新闻。不过，我们可以开始多承担一些工作：成为自己的编辑和信息聚合者。

这是新技术语境下新公民所必须具备的能力。

怀疑性认知方法

从根本上来讲，怀疑性认知方法是指知道如何提出并回答一系列的问题。这些问题，及知道如何解答它们，构成了确证新闻的规则。不仅新闻工作者，其他经验主义领域的专业人士也都会问这些问题，尽管并不总是刻意为之，也很少会开出这样一份详细的问题单。其他人可能会用不同的措辞来表达这些问题，或者将其拆分成若干个小问题。为了清晰和简明，我们对这些问题进行了改进。这些问题来源于我们担任记者、编辑、媒介批评家和研究者时，从记者口中了解到的他们对工作的看法，以及对媒体内容和本质的系统分析。这一认知过程包括以下问题：

1. 我碰到的是什么内容？
2. 信息完整吗？假如不完整，缺少了什么？
3. 信源是谁/什么？我为什么要相信他们？
4. 提供了什么证据？是怎样检验或核实的？
5. 其他可能性解释或理解是什么？
6. 我有必要知道这些信息吗？

本书后面的大部分篇幅将针对不同类型的新闻和信息具体研究如何回答这些问题，同时讨论一些新闻佳作和我们认为尚待完善的作品。

毫无疑问，这些问题存在重合之处。评估报道的证据与援引信源的数量及其专业性有关。对这些信源的判断又会影响我们对报道完整性的感知。不过，先从单个问题入手再有意识地将它们联系起来可能会更有帮助。尽管我们会更加连贯地思考而不是机械地一步一步地提问，但以上的问题排列顺序还是有一定逻辑性的。我们通常会在判断报道是否可信之前弄清楚它是否完整，在检查证据之前考虑信源。

一个概念指导着寻找真相之路。科学家、执法人员、情报专家和记者对"真相"有着基本的共识。他们认为，真相是暂时的，同时又是经验性的：

真相是相对于现有证据来说的一种最具可能性的陈述。[5]

因此，在新证据面前，真相会逐步发展。公共生活领域的真相会随着时间的推移而愈发清晰。科学领域也是如此，比如，冥王星曾被认为是一颗行星，但是2006年，科学家宣布冥王星是一颗矮行星，因为它并不像真的行星那样主导轨道周围区域。指导怀疑性认知方法的原则，即证明新闻报道可靠的标志，是看记者或主持人花了多大功夫来梳理信源和证据，在多大程度上采用了开放和怀疑的思维。

总之，我们对于记者掌握的信源和证据及其获取过程应该了解更多。过去，记者很少透露有关信源的信息。事实上，只要公众信赖的新闻机构认为该信源值得引用，就可以了。"哎呀，假如报纸或电视网认为这个家伙在撒谎，怎么还会引用呢，不是吗？"我们往往这么认为。比如沃尔特·克朗凯特，这位在20世纪70年代的民意测验中被公认的"美国最值得信任的人"，他习惯于在新闻播报结束时加一句标志性的结束语："事实就是如此。"我们也的确把沃尔特的话当真了。

过去的那个时代或许可以被称为是新闻的"信我"（trust me）时代。

> 真相是相对于现有证据来说的一种最具可能性的陈述。
>
> 过去的那个时代或许可以被称为是新闻的"信我"时代。我们今天所处的是新闻的"秀我"（show me）时代。在这两个短语中，"我"发生了变化。"信我"中的"我"是指新闻工作者，而"秀我"中的"我"是指受众，即新闻消费者。这一变化体现了数字时代的权力更迭，作为把关人的记者将权力交给了自己充当编辑的消费者或公民。这种变化赋予了消费者更大的责任，他们必须采用和完善怀疑性认知方法。

如今，当新闻来源于各种信息渠道，呈现出各种文体和体裁，出自记者和非记者之手时，我们需要了解更多，要弄清楚为什么应该相信某些信源所提供的事实或评论。现在我们应该这样想："给我足够的信息，让我自己来判断这个信源是否可信。"

换句话说，我们今天所处的是新闻的"秀我"（show me）时代。

注意在这两个短语中，"我"发生了变化。"信我"中的"我"是指新闻工作者，而"秀我"中的"我"是指受众，即新闻消费者。这一变化体现了数字时代的权力更迭，作为把关人的记者将权力交给了自己充当编辑的消费者或公民。这种变化赋予了消费者更大的责任，他们必须采用和完善怀疑性认知方法。

本书及其所概括的怀疑性认知技能也许可以当作"秀我"时代公民和公共生活的消费者准则。

这是什么内容？

第一步定位：明确你看到的是什么内容？在开放而复杂的媒体文化荒

> 首先要分辨看到或听到的是新闻、宣传、广告、公关、娱乐，还是原始信息。

野里，信息标签往往是用来骗人而不是启发人的。尽管出现在公共媒体上的信息都自称新闻，但并不完全如此。即便是新闻，形式也各不相同。确切说来，如今 CNN 或 NBC 新闻这样的机构也不能担保使用同一套准则、价值观或质量标准。

哪怕是同一个新闻频道或网站，甚至是在同一个电视节目中，我们也能发现互相冲突的新闻表达方式和不同的潜在价值观。

这对于那些想要搞清楚该相信什么的人来说无疑是种挑战，但它同时开启了怀疑性认知方法的提问过程。

我碰到的是什么内容？

在纽约州立大学石溪分校为学生开设的一堂新闻素养课上，曾担任过报纸编辑的豪伊·施耐德（Howie Schneider）将这个问题称为"认识你的邻居"。施耐德告诉学生，首先要分辨看到或听到的是新闻、宣传、广告、公关、娱乐，还是原始信息。

这些媒体类型之间的界线日益模糊。广告可以通过植入方式在电影中播出。公关可以植入新闻节目的名人访谈中，以达到兜售电影或书籍的目的。新闻生态系统正分裂成若干新闻模式，各自拥有不同的价值观和目标。作为消费者，我们必须能够加以辨别。

我们列出四种新闻模式：

- 确证式新闻（Journalism of Verification），强调准确和语境的传统模式。
- 断言式新闻（Journalism of Assertion），强调即时性和声音大小的新模式，一种趋向被动的信息渠道。
- 肯定式新闻（Journalism of Affirmation），通过肯定受众的信念而不是依靠准确、完整或确证来构筑忠诚度的新型政治媒体，为了实现这一目标而刻意拣选（cherry-pick）[①] 信息。

[①] 来源于采樱桃谬误（Cherry Picking Fallacy），指刻意挑选支持论点的资料报道，而将重要但不支持论点的资料忽略不计。此处译为"拣选"。

- 利益集团式新闻（Interest-group Journalism），包括针对特定目标受众的网站和新闻，经常从事调查报道。它们通常由专门的利益集团而非媒体机构资助，设计得像新闻。

有些人可能会纳闷：聚合、博客、社交网站、微博和短信这些新媒体形式怎么分类？这里我们也一并讨论。它们只是传播*形式*或活动，不是内容模式。由于这些形式和活动在互联网上迅速传播信息，所以它们有可能包括以上所有四种模式。

现在，无论是从哪里看到的新闻，它们都有可能来自于以上模式。比如，电台在传统新闻提要之后会播出政治脱口秀主持人播报的党派肯定式新闻。又如，我们在一条看似可靠的电视新闻报道之后可能会看到一段类似于新闻报道的政治宣传片。一些媒体不只提供一种模式的新闻。因此，作为消费者，我们的任务是评估每一篇报道或每一个采访片段；不过，我们评价一个新闻频道、一个节目或者一个出版物还得依据其内容的整体情况。当然，新媒体存在混合形态，比如，将党派新闻和传统电讯稿结合起来的综合性网站。

由于存在这些模式，知道如何辨别不同内容就变得尤为重要。信息的品牌和质量正逐渐取决于每一条新闻本身，我们不能再完全根据新闻机构的名字来判断什么内容值得信任。只有理解并分清了这些模式，我们才能知道自己看的是什么，这是理解、解构和发现我们可以相信什么的关键性第一步。

有时，迫于新技术、受众、创新和经济压力，甚至连新闻内容生产者自己也没有注意自己使用的是哪种新闻模式。

原因在于没有媒体规则可循，没有任何法律要求为内容贴上标签。美国宪法第一修正案保护了所有人享有自由写作或报道的权利。但是，在目前的媒体文化中，我们需要面对的是信息自由流动所产生的一种后果，以及一个因严重分裂而导致共同准则荡然无存的受众市场。在这个市场中，当我们从能接触到的有线电视、互联网和邮箱等渠道挑选新闻时，我们每个人都在创建自己的新闻包。几乎其中的每条新闻都声称自己是真实的。

有些人可能会认为，弄清新闻类别无关紧要。有用的信息随时随地都存在，种类和标签概念很古怪且已经过时。谁还会在意新闻从何而来，新闻如何报道？只要有用，就有价值。

这个观点乍一看很吸引人。重新界定一下讨论范围，瞧，问题不存在了。

然而在现实世界，语境很重要。假如信息以事实和中立的形式呈现，那么你会有一套期望值；假如信息以分析或辩论的形式出现，你又会有另一套期望值。如果是一篇新闻报道，你会希望它客观描述发生了什么事情，以一种大家都认可的方式提供基本事实。假如报道中存在争议，你希望得到一个关于各种观点的基本概述。如果是分析或辩论，你可能会降低对全面描述客观事实的期望，但会希望它能更全面地概括辩论过程，提供更多背景证据，或者根据受众有可能产生的异议给予回应。

接下来，让我们仔细看一下这几种新闻模式，迅速了解如何评估信息价值及其可信性。

确证式新闻

通常认为的新闻或传统新闻就是我们所说的确证式新闻。这一新闻模式起源于 17 世纪的早期职业新闻，19 世纪后期逐渐成熟，20 世纪日臻完善。它强调获得正确的事实而不是观点。

芝加哥城市新闻局[①]是全美第一个报道地方新闻的合作通讯社（Cooperative News Agency），或许它传授给那些心怀新闻理想的年轻记者的技能最能诠释确证式新闻的核心理念，凡经它培训的记者生怕获得错误的事实。这个机构之所以闻名于世，是因为一句充分体现其资深导师们怀疑精神的格言。他们认为凡事不能看表面，并教导每个学生，即便是最有可能成立的断言也要去证实和确认："孩子，即使你母亲说她爱你，你也要去核实一下。"

---

① 19 世纪后期，芝加哥各家报纸联合成立芝加哥城市新闻局（City News Bureau of Chicago），一方面共享地方新闻和突发新闻，另一方面培训新记者。它对新记者的培训非常严格，分布于不同报道口的记者全年全天候工作，他们所写的报道会由专门的职业记者进行修改，一旦发现新闻事实不全或不正确，会被要求重新采访。经过芝加哥城市新闻局培训的记者后来大都进入地方和全国性报纸，或者从事文字工作。

对真实性的承诺是现代媒体伴随民主政府一起成长的一个标志。世界上第一份明确的报纸出版于17世纪的英格兰，它承诺"依靠最佳的和最确定的情报"。[6] 在英吉利海峡的另一端，法国第一份报纸的编辑承诺尽全力获得"真相"，"不屈服于任何人"。[7] 19世纪，当美国新闻界开始脱离政党，为了建立自己的受众群，它们有时会利用煽情主义。尽管约瑟夫·普利策和威廉·伦道夫·赫斯特的"黄色新闻"常常提供给读者更多关于现实的印象而非现实本身，但他们仍然向受众承诺做到准确。[8] 21世纪初，当新闻业因信息分段技术的出现和公信力的下降而遭受信任危机时，准确和确凿重新成为新闻从业人员的奋斗目标。2000年，热心新闻工作者委员会问记者工作中什么价值观最重要时，百分之百的回答是："获得正确的事实"。纵观历史，去伪存真、获得准确信息是传统新闻业一贯追求的目标，因此当我们在《新闻的十大基本原则》① 一书中整理专业价值观时，我们把记者要对真实性负责列为第一原则。[9]

> 证明新闻经过核实的标志有：信息来源多种多样，记者对信源提供的信息持怀疑态度，记者不停留在信息的表面而是深入挖掘真相。

危险关头，追求确证式新闻的媒体更得小心谨慎地耐心解释确证过程。比如，1939年，当第二次世界大战席卷欧洲时，《纽约时报》向读者解释为什么该报每天刊登的大量国外新消息值得信任。《泰晤士报》在国外新闻版刊登整版广告，解释自己怎样获得和编辑国外报纸，并附上了样本。

20世纪后期，当新闻业的理论基础日渐清晰，准确性概念也更加完善。只刊登事实已不能满足读者的需求。语境——事实造成的印象和事实的新闻呈现——也必须准确。大部分情况下，人们接触新闻就是想获得这种确证式新闻。他们想要的是讲述新鲜事的最简单的新闻形式。

因此，确证式新闻强调完整性：回答事实所暗示的问题，并努力将事实放在完整的语境中，使它们能如实地被理解。确证式新闻旨在满足1947

---

① *The Elements of Journalism: What Newspeople Should Know and the Public Should Expect*，由 Crown Publishers 于2001年出版。该书由刘海龙、连晓东翻译成《新闻的十大基本原则：新闻从业者须知和公众的期待》，由北京大学出版社于2011年出版。

年新闻自由委员会，即哈钦斯委员会对新闻提出的首要条件："在赋予当日事件意义的语境中提供真实、全面和智慧的报道。"该委员会报告还指出："首要条件是媒体必须进行准确报道，不能撒谎。"事实应该以一种"让人可以理解的方式"呈现。"现在，真实地报道*事实*已经远远不够，必须报道*关于事实的真相*（the truth about the fact）。"（斜体字为原文所有。）

人们如何识别这种传统的确证式新闻？最基本的做法就是寻找确证的痕迹。证明新闻经过核实的标志有：信息来源多种多样，记者对信源提供的信息持怀疑态度，记者不停留在信息的表面而是深入挖掘真相。

假如碰到的是证据不够可靠的猜测性报道，那就找一下报道本身是否明确传递给受众以下信号：没有声称掌握所有答案，明确表示有些信息还不知道，事实与基于事实分析而得出的意义之间存在明显界限。换句话说，就是要寻找经验主义和谦逊的痕迹。

总之，确证式新闻给我们依循怀疑性认知方法所提出的一系列问题提供了最完整的答案。

断言式新闻

20 世纪八九十年代，在世纪初日臻完善的确证式新闻，在以几乎令人难以察觉到的方式逐渐让位于另一种新闻模式。

一种以直播和即时、高度机动性的新闻采集为基础的连续新闻文化开始出现。毫无疑问，这种 24 小时全年无休的新闻文化把获取远方信息、尽快传送放在首位。它体现了技术的竞争优势。然而，这种优势同时也弱化了发布信息前的核实工作。核实和过滤环节的放松，导致新闻信源更容易随心所欲地妄下断言。

断言式新闻这一新模式始于佐治亚州亚特兰大市那家最初默默无闻的有线电视频道。颇具讽刺意味的是，美国有线电视新闻网（CNN）最初的梦想是创建一个具有像 CBS 这样的老牌电视网新闻风格和运作方式的电视新闻网。不管是否出于有意，CNN 发明了别的东西。

技术和速度是导致新闻模式变化的一个原因。CNN 连续不断地直播，每天需要播出 1 440 分钟，这意味着他们核实新闻的时间变少了，和每天 22

分钟的电视网晚间新闻相比更是如此。经济是第二个原因。随着新闻发布渠道的增多和平台的扩展，人力资源愈发捉襟见肘，没有足够的人手来核实新闻事实。还有一个原因，那就是CNN在创立早期［通常被嘲讽为"鸡汤面新闻（Chicken Noodle News）"］有一种强烈的感觉：技术是明星，而新闻主播或记者不是。或许，新闻从业者摆弄连续直播技术就是想看看这种技术能做什么。在新闻控制室，主管鲍勃·弗纳德喜欢播出不同来源的影像，很多素材未经检查就直接播出了。

CNN创始人之一特德·特纳的目标是创建一个专门连续、实时播出国际新闻的电视频道。从理论上讲，他的这一想法有很多优点。比如，受众不必等到晚间新闻或第二天拿到报纸才能获取新闻。记者可以在听到消息后马上告诉观众，每一个新采访到的、每一个未经核实的事实都有可能成为独家新闻。截稿时间每隔几分钟就出现一次。这是肾上腺素激发症。新闻成了有机产品。另一位创始人里斯·舍恩菲尔德（Reese Schonfeld）称自己是CNN的"新闻专家"，他回忆起那种理念："在CNN出现之前，直播新闻根本不存在，谁也不知道该怎么做。（但是）直播是我们的专长。假如我们知道该把摄像机架在哪儿，假如我们猜对了，那么全世界都会看我们的节目。"[10] 换句话说，技术不只是工具，更是制度。

1990年，特德·特纳曾说："CNN的驻外记者可能会冲着摄像机镜头说，'我们在这儿，现在没有事情发生。'我们是唯一一个会这么干的电视网。"[11]

这些开拓者完全没有意识到自己改变了新闻价值观和范式，或许刚开始的时候这种改变并不大。当他们名气越来越大，越来越为世人认可时，他们无疑做得更好。但是，一味强调获取和传递信息就意味着降低了对核实信息、获得正确信息的要求。

大部分有线电视新闻采用的都是直播形式。卓越新闻项目也发现，大约有60%的有线电视新闻节目是没有文字稿的。相反，只有不到10%的电视网晚间新闻是"直播"或即时播出，92%是编辑后播出。两种播出形式的区别很大。对于经录制和编辑过的新闻节目而言，记者可以检查和核实

> 直播产生了深刻影响。在断言式新闻中，曾经的新闻原始素材——谣言、暗讽、指控、指责、控告、猜测和假设被直接传递给了受众。原料变成了产品。慢慢地，即时、有趣和刺激成为了卖点。

新闻事实，让图像和解说文字相一致，传递明确的意义。特派记者和编辑可以检查同期声的解说是否传递了正确的意思。在有线电视新闻中，上述工作不但不多见，而且在大部分播出时间中根本不存在。稿子在播出前要经过核实，图像要与文字及其所传递的意思相协调，这曾被视为电视新闻的重要原则。然而，即便在倾向性很强的脱口秀时代来临之前，有线电视就差不多已经把这些原则抛诸脑后了。[12]

直播产生了深刻影响。在断言式新闻中，曾经的新闻原始素材——谣言、暗讽、指控、指责、控告、猜测和假设被直接传递给了受众。原料变成了产品。慢慢地，即时、有趣和刺激成为了卖点。

我们如何辨别断言式新闻？标志很明显。这类新闻基本采用速记手法。断言式新闻中的记者只充当渠道角色，是信源和新闻制造者的助手，他们认为这才是新闻的核心任务。断言式新闻存在固有的被动性。

在电视、印刷或网络媒体上，断言式新闻的一个明显标志就是允许新闻制造者背诵事先准备好的观点却不加质疑。

比如，2009年秋天，亚利桑那州参议员乔恩·凯尔（Jon Kyl）在CNN上说，奥巴马的医疗改革"会削减5万亿美元的联邦医疗保险①"。这是真的吗？主持人约翰·金（John King）没有追问，因为CNN要进入下一个环节②。"我们今天的时间到了。"他说。

又比如，当嘉宾激动地想要说服对方，并最终引发令人困惑的舌战时，主持人只能无助地看着。在NBC的《会见新闻界》（*Meet the Press*）节目中，两位嘉宾——自由派脱口秀主持人雷切尔·马多（Rachel Maddow）和前共和党领导的众议院多数党领袖迪克·阿米（Dick Armey）——就自由派

---

① 联邦医疗保险（Medicare）是美国专为年龄达到或超过65岁、某些身体有残障和患有末期肾病的美国公民提供的一项重要健康保健计划。
② 美国电视新闻通常采用新闻节目段（news segment）形式，新闻节目段之间插播商业广告。比如传统电视网30分钟的晚间新闻一般被分成5个新闻节目段播出，中间插播4次广告。

团体的网站 MoveOn.org 是否播过将乔治·W·布什和阿道夫·希特勒作比较的广告争执不下：

"他们从没有那么干过。"马多争辩道。

"他们的确做过。"阿米坚持己见。

"他们的确没那么干过。"马多重复道。

《会见新闻界》的节目主持人戴维·格雷戈里（David Gregory）的开场白令观众充满期待："今天早上，一小时的专门讨论将让您对医保问题看个通透……在争论中找出真相。"

那么，这个广告到底有没有播过？格雷戈里始终没有回答这个问题。阿米坚称："老年人目前被联邦医疗保险套住了。他们别无选择。如果他们不希望被政府惩罚，就不可能摆脱这个问题。"[13]他说的对吗？格雷戈里也没有追问，他只是转过头对马多说："雷切尔，你还有什么想说的吗？"她又开始谈论别的话题。[14]

再比如，主持人对所谓的分析家，尤其是那些拥有党派背景的分析人士做出的笼统性结论不予质疑。2009 年 7 月末，民主党评论员劳伦斯·奥唐奈（Lawrence O'Donnell）出现在 MSNBC 的《早安乔》（*Morning Joe*）节目中，对宣布辞职的阿拉斯加州州长萨拉·佩林（Sarah Palin）的政治前途做出评价。

"她的政治前途不难预测，"奥唐奈说，"我们有前车之鉴。一旦你在副总统选举中失利，那么你的政治前途也就终结了。事实如此。在电视时代，还没有哪个人在竞选副总统失利后还能继续在政界有所作为。从未有过。"

真是如此吗？当然不是。然而在匆忙的谈话和融洽的闲聊中，两位新闻工作者都没有发现或者无意指出奥唐奈错得离谱。即便不是深谙历史，说出"在政界不再有所作为"这样的话也很荒谬。看看以下两位副总统候选人，一个离开政界不久，另一个还在任。来自堪萨斯州的罗伯特·多尔（Robert Dole），他在 1976 年副总统选举失败后，先后担任过参议院多数党和少数党领袖。他曾是美国最受尊敬、最具影响力的立法者。在他那个年代，或许除了爱德华·肯尼迪（Edward Kennedy），再没有其他立法者能像他一样签署那么多法律，改变了众多美国人的生活。1996年，多尔被所在党选为第一总统候选人。

另一个是康涅狄格州参议员乔·利伯曼（Joe Lieberman）。他在2000年副总统竞选失利后继续担任参议员，后来担任国土安全与政府事务委员会主席，在美国两大政党中都颇具影响力。他成为两党投票中的关键性选票，是民主党人士接触共和党参议员领袖约翰·麦凯恩（John McCain）的重要桥梁。

即时文化也改变了新闻报道者与被报道的新闻制造者之间的关系。生产内容的记者将权力让给了信源，他们依赖后者填补节目播出时间。在断言式新闻中，信源处于决定使用条款的地位。这就是为什么那些想要控制信息的官员和消息人士都青睐直播节目。他们可以在节目中畅所欲言，发表长篇大论、偏见和谎言，同时将主持人置于尴尬境地：一方面需要认真倾听谎言，与此同时又必须巧妙地指出其中被识破的谎言，不能显得盛气凌人。问题远比看上去的更严重。

与其说断言式新闻是一个过滤器，不如说它是一种渠道。操纵报道的人（信源）拥有更大的影响力和权力。渠道与过滤器的区别，正如现场采访与经过编辑的采访之间的区别、直播新闻发布会与回看发布会录像后只选择播出合适的引语之间的差别。尽管人们怀疑过记者核实或再现断言性事实的能力，过去也质疑过他们履行这一职责的表现，然而假如连新闻机构都不愿意这么做了，那么我们必须意识到媒体已经放弃这一责任，只能依靠我们自己了，尽管新闻机构本身不太可能承认这一点。

20世纪90年代末，尽管当时只有一个有线电视新闻频道，但断言式新闻的数量开始增加。万维网和其他有线新闻频道的出现为断言式新闻的发展创造了条件。先发布信息，再根据受众的反馈意见进行核实，这一观念成为了一种标准，甚至传统媒体的网站也这么做。

在电视时代，曾经靠突发新闻制胜的印刷媒体失去了竞争力，网络却给它们创造了新机会。借助于互联网，报纸可以进行网络直播，与电视、广播和有线电视形成竞争之势。美国东部时间上午9点刚过，《纽约时报》网站就可以把第二天见报的中东新闻放到主页头条。印刷版的新闻编辑部缩小了规模，由于资源减少，他们削减了编辑费用。比如，2008年，《华盛顿邮报》开创了"两次接触原则"（two touch rule）。从记者提交报道到上网或印刷，每篇报道只被编辑接触两次。任何额外的编辑都会产生高昂费用，还会降低整个流程的速度。

时任《纽约时报》公共编辑①的克拉克·霍伊特（Clark Hoyt）在专栏中强调了新闻编辑部普遍出现的新情况。他记录了与该报都市新闻编辑乔·塞克斯顿（Joe Sexton）就《泰晤士报》之前刊登的一篇关于参议员爱德华·肯尼迪的报道而进行的短暂交流：

> "我认为我们不能因为着急而抛弃任何规则或标准，"塞克斯顿说，"但总体来说，我不认为我们抛弃了原则。""就现状来说，的确如此，"霍伊特回答道，"印刷截稿时间是固定的，记者一天的工作都是为了赶那个时间。网络确实没有截稿时间，唯一担心的是在街上采访的那个家伙会赶在你前面披露此事，所以你必须尽快发稿。"[15]

新闻报道在网上发布，博主为新闻机构撰写快速报道，可能第二天完整的事实才会被揭晓，而这些报道都未经编辑就公布。卓越新闻项目2008年进行的一项报纸研究发现，即便是报社员工写的博客，也只有18%的文章在发布前经过编辑。

在某种意义上说，强调速度而非准确是技术的本质所在。但是在新闻信息领域，似乎存在一种近似于物理法则的东西：新闻的速度是准确的敌人。生产时间越短，错误就越多。比如有线电视和直播博客，它们一味强调即时传输，根本没有时间核实信息。

---

① 也称"ombudsman"。2003年，《纽约时报》在记者杰森·布莱尔（Jayson Blair）的造假丑闻后开始设立公共编辑（public editor）一职。在报社内部，公共编辑是独立职位，既不属于管理层，也不位于编辑记者之列。其职责是代表读者监督报纸践行新闻伦理，发现和调查严重的错误和遗漏，是报纸与读者之间的沟通渠道。但是，目前业界和学界对设立公共编辑一职仍存在不同意见。

实际从事断言式新闻的人大都明白这个道理，但他们认为核实工作可以在信息发布后进行。他们声称，随着消息来源的增多，真相终将被筛选出来——有可能比传统确证式新闻中的真相更加准确。这或许可以称之为真实与准确的纯粹市场观。其潜在含义是真相最终会自己显现。然而，实际情况更复杂。只有对新闻话题进行持之以恒的调查，以上论断才会发生。但是，媒体和公众对大多数新闻的注意力非常短；在断言时代，这种趋势更明显。

真相市场观的第二个问题在于，它认为进入市场的不实消息会随着时间的推移而被剔除出来。然而，在某些情况下，不实信息会扩散开来，影响政治事件，甚至对新闻工作本身产生影响。比如，2002年至2003年，布什政府坚信伊拉克正在研发大规模杀伤性武器而采取行动。尽管有些记者和新闻机构对这一论断提出了质疑，但面对支持政府与伊拉克开战的政治大环境，大部分媒体都哑然了。关于大规模杀伤性武器的真相几年之后被揭露，但此时真相的政治意义已明显发生变化。断言式新闻时代，类似错误更为常见。比如，从最近有关经济不景气的前因后果的讨论和有关医疗改革的辩论中便可见一斑。知名和官方机构提供的信息更占上风。对于这些信源而言，断言不实信息更容易，因为记者通常不太会花时间来核实他们提供的信息，而是将更多的精力用来组织传播内容。因此，媒体更像是一种渠道，一个信息来源的助手。这些趋势会随着断言式新闻的发展而愈加明显，日益影响我们所接触到的新闻内容以及接触的方式。

因此，新闻生产者和消费者所面临的问题是，如何应用人类价值观来抵抗技术的固有偏向，如何坚持准确和确证的价值观。确证式新闻退出历史舞台并非必然趋势。但是，假如我们不进行挽救，技术会促成这一趋势。

当然，即时信息本身仍有价值。有些新闻事件，我们仍想亲眼见证或亲耳聆听，哪怕只是了解个大概，那也够了：总统在中东演讲中讲了什么？股票市场收盘情况如何？我支持的球队赢了吗？那个审讯中陪审团宣布有罪了吗？新闻发布会上发生了什么？他们找到飞机残骸了吗？最新的头条新闻是什么？

以上只列举了一小部分。至于如何传递这些新闻事件——直播总统演讲、新闻发布会和追车视频——更多的则是技术问题，并非新闻本身所能解决。紧接着，我们就想知道更多：为什么我支持的队伍失败了？新闻发布会上的指控是真的吗？开罗的受众对总统的演讲作何反应？

在断言式新闻中，记者、主持人和主播很少提供答案，只是组织讨论和提问。这种思维模式根本上是让党派消息人士就可能性答案进行辩论。辩论双方都提出观点，但通常情况下只是双方的极端观点。至于观点是否准确，记者、主持人和主播很少核实。

肯定式新闻

随着进入新闻报道的门槛降低，另一种新闻模式开始出现。乍一看，这种模式似乎来源于过去的新闻模式，但实际上，它在很多方面都有别于任何旧模式。

这是一种新型政党新闻，这种新闻常由脱口秀明星担任主播，节目内容和环节设置常刻意拣选事实、具有片面性。我们把这种新闻称为肯定式新闻，因为它的吸引人之处在于肯定受众的先入之见，获得受众的信任与忠诚，然后将忠诚度转化为广告收入。

肯定式新闻与美国 18、19 世纪的政党新闻不同。当时的报纸由政治人物控制，报纸经营收益很少，或者根本没想过要经济回报，其目的是获取政治支持，传递观念，最终影响投票结果。而新型的肯定式新闻产生于商业环境中。肯定式新闻媒体通常为大公司所有，肯定式新闻主持人或作者必须证明他们的产品具有经济价值；他们播报或发表的观点倒不一定代表公司所有者的想法。比如，通用电气领导层是否赞同爱德·舒尔茨（Ed Schultz）和雷切尔·马多的进步主义立场就很难说。

一般来说，肯定式新闻也具有一定政治目的。这类新闻的实践者，不论是广播电视、互联网还是印刷媒体，都有强烈的意识形态，通常具有煽动性。他们传递给受众的内容往往更接近于宣传、说服和操纵。肯定式新闻的首要目的不是确证新闻内容，也不像断言式新闻那样被动。它是一种肯定受众先入之见的新闻产品。

20世纪八九十年代之交兴起的广播脱口秀和拉什·林博（Rush Limbaugh）等脱口秀明星是这类新型商业政党媒体的最直接根源。1996年福克斯新闻频道（Fox News）创立时，曾担任过共和党政治顾问的福克斯新闻总裁罗杰·艾尔斯（Roger Ailes）就对这个新生的电视网有着清醒的认识。他知道，福克斯无法与CNN抗衡，因为无论是分社数量还是员工人数，福克斯都比不过CNN。但艾尔斯本人曾是一个出色的电视制作人。他20世纪60年代进入电视业，在俄亥俄州克利夫兰市担任一档颇受欢迎的日播脱口秀综艺节目——《迈克尔·道格拉斯秀》（The Mike Douglas Show）的制作人。凭借过往的经验，他意识到可以说服那些白天收听广播脱口秀节目的观众晚上收看类似的电视脱口秀节目。在接管福克斯之前，艾尔斯曾努力将林博打造成一个电视脱口秀明星，但没有成功。从1992年到1996年，林博主持的30分钟节目辛迪加①在多家媒体播出，但并未大红大紫。接管福克斯后，艾尔斯在黄金时间节目中启用了一批新主持人。资深电视新闻人比尔·奥赖利是其中之一。他曾担任CBS和ABC的特派记者，与前东家不欢而散后加入福克斯，担任两档八卦类节目辛迪加《当前事件》（A Current Affair）和《内部版》（Inside Edition）的主持人。另一个是肖恩·汉尼提（Sean Hannity）。当艾尔斯在亚特兰大发现他时，他还只是个不太出名的广播脱口秀主持人。艾尔斯当时是想让他与自由派主持人（人选未定）搭档。还有一些早期脱口秀节目没能生存下来，比如由担任过CNN和ABC主播的前法官凯瑟琳·克赖耶（Catherine Crier）主持的《克赖耶报道》（The Crier Report）。

观点新闻曾是印刷媒体的领地。《国家评论》（National Review）、《美国观察者》（American Spectator）、《国家》（The Nation）、《纽约书评》（New York Review of Books）等知识分子媒体一直占据着观点新闻业的主导地位。这些媒体大量刊登专栏评论。虽然它们不传递新闻，却对新闻进行深入解读。

---

① 节目辛迪加（syndicated program）是美国广播电视领域一种独特的发行渠道，辛迪加组织将节目买来后向市场出售其播出权，从节目的多轮次播放中获利。

但是，在肯定式新闻中，观点媒体不仅实时传递新闻，同时还进行评论。它集突发新闻、观点和采访于一体，形式新颖，传播迅速。

最后，福克斯凭观点性娱乐节目在广播脱口秀市场大获成功。受此启发，MSNBC把自己定位为自由派观点的电视网，汇集了基思·奥尔伯曼、雷切尔·马多和全国首屈一指的自由派广播脱口秀主持人爱德·舒尔茨等名主持。新事物开始出现并影响我们的政治格局。

1998年，语言学家德博拉·坦嫩（Deborah Tannen）为断言式新闻的表达方式创造了一个术语——"辩论文化"（Argument Culture）。这种文化源自于一种信念，即反对本身可以通向真理：

> 在辩论文化中，批评、攻击或反对，就算不是回应他人或其他观点的唯一方法，也是主要方式……我希望人们注意和怀疑的不是这种回应的自发性。有时候，强烈反对和猛烈的口头攻击是恰当和必需的……我怀疑的是以对抗性方式对待任何议题、问题或公众人物，在任何场合都像膝跳反射一样采取这种方式。经常使用对抗性修辞会导致夸大其词，就像谎称狼来了的那个男孩一样：在刺耳的对抗性叫喊声中，正当和必要的指责声被压制，甚至销声匿迹……辩论文化限制而非扩大了信息量。[16]

在肯定式新闻中，辩论文化让位于"答案文化"（Answer Culture）。在这种新的表现形式中，主持人不再组织交锋式的辩论，也不再担当中立的调解人。他们吸引人的招数不再是提问，而是在节目开始前就给出答案。他们给观众一种井然有序的错觉。他们不提供信息，因为在他们看来观众已经身处信息海洋。在答案文化中，广播脱口秀的确信和义愤填膺式的风格融入新闻秀。肯定式新闻开始提供答案。

肯定式新闻的魅力在于，它在一定程度上解决了24小时全年无休的新闻文化所带来的困惑：假如过量信息快速出现，获取知识反而变得更困难；信

> 假如过量信息快速出现，获取知识反而变得更困难；信息的过量供应徒增了知识创造的难度，因为我们必须筛选更多事实、断言和素材才能获得知识；信息丰富往往意味着更多的不一致和更多的矛盾。肯定式新闻给人一种有序、合理和便于理解的印象。

息的过量供应徒增了知识创造的难度，因为我们必须筛选更多事实、断言和素材才能获得知识；信息丰富往往意味着更多的不一致和更多的矛盾。肯定式新闻给人一种有序、合理和便于理解的印象。与事实和经验主义相反，肯定式新闻与信仰一样，它们的吸引人之处都是给人安全感和便利性。

20世纪90年代脱颖而出的媒体名人拉什·林博并不自称记者。"我为身为艺人而自豪。这是演艺圈。同时，我相信自己说的每一句话。"他曾这样描述自己的身份。[17] 但进入新世纪，他的后继者，比如肖恩·汉尼提和基思·奥尔伯曼都开始强调新闻职责。每逢大选，应该让谁来主持大选之夜报道变成了一个争论焦点，是基思·奥尔伯曼、鲁道柏（Lou Dobbs）还是克里斯·马修斯（Chris Matthews）？CNN一度用过鲁道柏，后来又把他换掉了。2008年，MSNBC任用奥尔伯曼和马修斯担任主持，招致共和党民众的批评和内部新闻工作人员的指责。[18]

我们如何辨别肯定式新闻？看看主播有没有偏袒辩论的某一方。也许解说员听上去不偏不倚，那就看看电视机屏幕下方的图表有没有肯定某一新闻观点。比如，在福克斯4月6日白天播出的《美国新闻中心》（America's Newsroom）节目中，屏幕上出现了"美国茶党革命形势大好"的滚动字幕。此外，在肯定式新闻中，一些主持人基本上只邀请与自己观点一致的嘉宾，比如雷切尔·马多。这种新闻在一个节目环节结束时通常只让一方说最后一句话；采访者把嘉宾当成陪衬或攻击的对象；主持人攻击那些他们认为遭观众鄙视的嘉宾，提出类似"你还打你的妻子吗？"这样的问题。

比如，福克斯新闻频道的比尔·奥赖利在2008年采访马萨诸塞州众议员巴尼·弗兰克（Barney Frank）时就曾这样提问。他问弗兰克，为什么不就经济崩溃这个原因辞去众议院金融服务委员会主席一职？

弗兰克予以反驳，认为奥赖利搞错了事实真相，他从来没有鼓励人们去投资股票市场。或许早有预谋，奥赖利勃然大怒。接着，对话变成了双方的人身攻击。这种娱乐性论战可能会让拥有党派倾向的受众倍感激动，但与专业新闻工作者的质询肯定相去甚远。

"哦，你没有错！哦，不。人们损失了数百万美元，这不是你的错。算了吧，胆小鬼，说实话吧！"奥赖利冲着弗兰克大喊大叫。

弗兰克回答道："你说胆小鬼是什么意思？"

奥赖利说："你是一个胆小鬼。你把责任推卸到别人身上。你就是个胆小鬼。"

弗兰克回应道："比尔，我们正在做节目。你先大喊大叫，所以我也只能像你一样无礼。"

高分贝的争论持续了好几分钟，双方都越来越生气。奥赖利暗示弗兰克（后者是同性恋）"不够男人"，不敢承认错误。

肯定式新闻是伪现实构成的地狱。现实生活如此复杂而凌乱，我们无法以党派来决定立场。

有些人可能会问，为什么使用肯定式新闻一词？这一新型政党媒体不就是观点新闻的变异吗？只不过就是把《国家评论》和《国家》上的内容放到了电视或广播中播出而已。

我们认为，肯定式新闻和传统的观点新闻存在明显区别。首先，《国家评论》、《国家》、《哈泼斯》（*Harper's*）和《每周标准》（*Weekly Standard*）刊登的传统观点新闻主要是对新闻的思考。它们不会每天报道新闻，更别提每小时了。这类杂志的目的在于认真思考和反映新闻事件的意义。因此，它们不把自己定位为以中立的或单纯的事件报道为首要任务、采访和提供一手资料的每日新闻报道的平台。但是在肯定式新闻中，参与者具有多重身份。它们提供每日新闻报道，与此同时围绕观点建立自己的受众群。从事肯定式新闻的机构，一方面希望尽可能地全面报道新闻，不担心反对或赞成任何一方——这正是传统新闻采集的关键原则；另一方面，它又围绕意识形态来打造黄金时间段的节目——即电视上大多数人看的"头版"。这两种行为往往背道而驰。

其次，美国传统的观点新闻一直是确证式新闻的一部分。这一历史渊源使得观点新闻必须尽职地从弄清事实开始，然后跟踪事实的走向。由于传统的观点新闻通常在新闻事件发生之后，间隔一段时间才讨论事件的意义，因此相较于传统的每日新闻，它有更多的时间和精力来保证事实准确。

实际上，观点新闻记者和另类媒体（alternative press）①虽然并不把中立作为指导其工作的观念，但常常把忠实于准确性奉为圭臬，因为准确而非中立是他们所说的公平的基础。[19]

从事传统的观点新闻和确证式新闻报道的记者有着同样的理想：启发公民进行思考。他们的工作建立在搜集事实的基础上，进而论证并建立自己的观点。活跃于广播和有线电视脱口秀舞台的激进分子或宣传员则不同，他们的目标是促成特定的政治结果或引发同类脱口秀节目的争论。不论他们多么忠于自己的意识形态，他们追求的是煽动受众和挣钱。观点记者的目标是通过发现事实来促进公众理解，而媒体煽动者却是站在政治派别或商业评级立场上利用事实。这种区别明显体现在肯定式新闻记者如何使用证据和对待持不同观点者的态度上。我们将在第七章详细讲述这一区别。

利益集团式新闻

随着传统新闻编辑部的缩小，政治利益集团找到了影响政治对话的新的突破口。它们意识到可以自己制作新闻，控制新闻流程，然后通过覆盖较广的主流媒体发布。这种变化的一个主要因素是传统新闻编辑部的观点转变。收入下滑导致了预算削减，编辑部没有能力完全依靠自己的员工来报道每一条新闻。此外，网络技术使聚合，即对各种信息进行综合、分析、归纳，成为现实。对于聚合，消费者翘首以盼，新闻机构更乐意使用。与此同时，技术为普通人进入新闻领域创造了条件，他们能够以较低成本生产新闻内容。

被称为公民新闻的公民个人博客和社群新闻网站进入到这片转型中的新闻领域。新环境同样吸引了新闻政治利益团体，他们的主要目的不是生产新闻而是影响政治结果。塑造公共话语是实现这些结果的关键因素。资金充足的智库、政治团体和所谓的公共利益集团纷纷创建自己的网站，自

---

① 另类媒体主张非商业化运作，代表普通民众声音，在全球零星分布的传播实践中逐渐形成了"哪里都有我们"的传播态势。

己生产报道内容。揭露自由派团体 ACORN① 底细的"大政府"网站（Big-Government.com）就是其中之一。又如，一些自由主义政治行动者认为庞大的政府机构会拖累自由与贸易，他们在一个名为萨姆-亚当斯联盟（Sam Adams Alliance）② 的团体的资助下建立了"看门狗"网站（Watchdog.org），发布有关政府浪费、欺诈和滥用职权的报道。然而，想要查明"看门狗"网站的背景并非易事。网站自称是"一群专门报道州政府和地方政府活动的独立记者的联盟"，是"富兰克林政府与公共诚信中心的项目，符合美国国内税收法 501（c）3 条款③，旨在推动新媒体新闻的非营利组织"。深入研究富兰克林中心网站可以发现，网站提到了自由派团体萨姆-亚当斯联盟。但鉴于该团体特殊的非营利身份，它有权不公开资金来源。因此，出于各种实际目的，"看门狗"网站的真正意图被掩盖了起来。

这类团体的存在会给媒体带来很大影响。经福克斯大力鼓吹，ACORN 新闻成为重要的新闻事件，并最终影响到国会的投票表决。而"看门狗"网站的一篇报道称，政府公布的总统巴拉克·奥巴马一揽子刺激计划中所统计的创造或保留的就业岗位数字有问题，该报道被美联社等媒体采用。

这类报道就个体而言可能正确可靠，但消费者必须小心其背后的目的，因为真正目的决定了它们对报道什么和不报道什么的选择。尽管网站上的每篇报道都是传统电讯稿似的中立语气，但蕴含的潜台词都一样——政府不好、无能，保守派人士不关心社会正义——这就是辨别此类网站议题的重要标志。这类网站的报道或多或少具有监督调查报道的特点，正如揭露

---

① 全称为美国社区改革组织协会（The Association of Community Organizations for Reform Now），成立于 1970 年的一个低收入居民权益团体，其大部分经费来自于联邦政府。美国前总统克林顿、现任总统奥巴马都与它关系密切。2008 年美国大选时，有媒体爆出 ACORN 为支持奥巴马而在选民登记表上弄虚作假。2009 年，ACORN 又被爆出在帮助低收入群体申请房贷和纳税问题上存在欺诈行为，致使国会表决决定 2010 财年停止对其拨款。2010 年 3 月，ACORN 分布于各州的办公室接连关闭。

② 萨姆-亚当斯联盟是 2006 年成立于美国芝加哥的一个自称"非营利，非党派，旨在鼓励基层公民行动的独立机构"。

③ 美国国内税收法 501（c）条款列出了 26 种享受联邦所得税减免的非营利组织，501（c）3 条款适用于宗教、教育、慈善、科学、文学、公共安全测试、促进国家或国际业余体育竞争和防止虐待儿童或动物等类型的组织。

ACORN 的底细一样。它们所有的报道都是为了爆猛料。在《新闻的十大基本原则》中，我们提到传统确证式新闻的基本原则就是"新闻必须全面而均衡"。这就是说，假如新闻机构真的打算报道一个话题，那就得充分报道，好的一面或坏的一面都得报，这样才能为公众呈现一幅公正而全面的新闻画面。正如哈钦斯委员会所建议，新闻机构不仅要报道事实，还要在更广泛的语境下报道事实的真相。无法做到这一点的新闻机构，就像是一个制图师画了一幅地图但遗漏了一些细节，引发诸多不便。中世纪彩绘而成的地球仪虽然精致但不具实际导航功能，因为它要么凭猜测绘制新大陆的样子，要么服务于当时的政治世界观。利益集团式新闻通常不能满足全面报道标准，就因为绘制一幅全面而准确的地图不是它的目的所在，政治劝说才是。

如何辨别自称新闻机构的信息发布渠道其实是生产新闻的政治利益团体？标志一：没有真正完全公开资金来源。标志二：报道的倾向性一致，或重复同一个结论。假如每篇报道都在讲同一件事，那你就得小心了。可以查查相关人员的历史背景：他们曾在哪里工作过，之前的工作与政治激进主义有多大关系。试着弄清相关投资者和团体的整体工作情况，看看它们本质上是否具有政治目的。

假如资金来源不是真正透明，假如相关人员甚至记者具有政治背景，假如所有报道都得出同一结论，假如参与机构（在能够查明的情况下）与政治的关联多于与新闻的联系，那么所有这些都在警告：你已经身处利益集团式新闻地带了。

聚合式新闻

对接下来还要介绍的几种新媒体形式先做一个简单说明，目的是说明它们是什么，以及为什么我们要讨论它们。其中最重要的一种新媒体形式，它不生产新闻，而是利用和组织现有信息。这就是聚合。

我们认为，聚合是一种新闻工作。与前面讨论过的四种新闻模式不同，它不能算作一种模式，因为它可能包含许多类型的内容。但是，聚合与四种新闻模式息息相关，人们聚合、传递、推荐和整理新闻信息时都涉及对内容的规范性评估。想要把聚合工作做好，人们必须了解其他新闻模式。

> 聚合是一个编辑过程。它根据相关性、价值和重要性进行选择。我们每个人都正在成为自己的编辑和聚合器，每天组合自己的新闻套餐。

乍一看，有些人可能会对将聚合算作一类新闻感到不舒服。在他们看来，聚合只与搜索关键词的机器和计算机程序有关。实际上，聚合是一个编辑过程。它根据相关性、价值和重要性进行选择。我们每个人都正在成为自己的编辑和聚合器，每天组合自己的新闻套餐。我们也逐渐与他人交流新闻，讨论喜欢什么新闻、推荐和不推荐哪条新闻。以前早餐桌上家人间的讨论现在时时刻刻发生在朋友之间，甚至与陌生人之间。比如，朋友间互发邮件、工作时上传总结、在 Reddit① 等用户网站上发布推荐帖，以及在社交网站上发帖或跟帖。

新闻机构自身对聚合的看法也有所改变。新世纪初，传统新闻机构认为聚合只是机械性的玩意儿，对其不屑一顾。事实上，聚合一直是记者工作的重要组成部分：搜集其他媒体的报道、组织信息让其更容易被受众获得。比如从专业体育联盟获取体育数据，从不同交易所获得股票行情表，从地方选区获得犯罪率报告。有些记者出于自我保护，有时甚至因为没有深入考虑过这个问题，忘掉上述事实。这些人掉进了一个常见的陷阱，把技巧与目的混为一谈。他们乐此不疲地打工作电话、进行面对面采访、参加活动和会议、获取一手资料，却忘了使用这些技巧的最终目的是让受众理解并对其有用。

直到最近（虽然有些晚），新闻机构才最终承认，面对如此丰富的信息，组织信息也是一种新闻行为。连最传统的新闻网站也开始在提供原创内容之余提供其他网站的重点内容。比如，2006 年的一份报告发现，在 24 个主要传统新闻机构的网站中，只有 3 家提供站外内容的链接。一年后，变成了 12 家。2009 年，读者可以上网阅读《纽约时报》的文章，同时找到《华盛顿邮报》对同一主题报道的链接。促成这一变化的一个原因是认识的转变。另一个是经济原因，传统新闻机构收入下滑导致了资源缩水，聚合

---

① Reddit 是一个社交新闻网站，注册用户以链接或文字形式发布内容，非注册用户可以投"支持"或"反对"票，从而影响帖子的排名。Reddit 公司 2005 年成立于美国旧金山。

在记者工作中发挥了更加重要的作用。新闻媒体甚至不能假装自己无所不能，用新闻界的一个经典说法就是"面面俱到"。如今传统新闻机构只能专注于优势领域，剩余部分通过借鉴或聚合来完成。对于新闻从业人员来说，最大的问题不在于是否要聚合，而在于如何聚合。网罗所有信息的计算机算法，比如谷歌新闻模式，是一种有效的聚合形式吗？利用人的感觉，过滤不可靠信息，只推荐可靠信息，是否会更好？

作为消费者，我们都是聚合器。过滤信息牵扯到价值观。我们选择什么内容、不理会什么内容？把什么放入聚合器？把什么筛选出去？"我的新闻"（My News）可能囊括了不同新闻模式。很多人会把上文列举的四种新闻模式都聚合起来。那么，当我们聚合新闻时，必须分辨出不同的新闻模式，否则就更分不清媒体价值观，辨别真相的能力也难以提高。因此身为消费者，现在是我们开始实践聚合式新闻的时候了。

我们认为，聚合具有主观和伦理层面。正如我们将帮助你识别什么新闻值得信任，帮助你辨别不同新闻模式的动机和准则一样；我们也希望你意识到，怎么聚合、从哪里开始聚合涉及对新闻报道质量和规范的选择。

博客和社交媒体

博客和社交媒体属于哪一类新闻模式？

有些人认为，博客可以归于以上某种新闻模式，但我们不这么认为。鉴于其对互动参与的热情，博客也许是最普遍的一种新的传播形式。但是，博客并不包含一整套新闻准则，它只是一种形式。传统新闻网站上的很多博客，尽管语言更口语化，但仍然遵循网站的统一新闻准则。当然，也有例外。有些博客的评论内容支持鼓吹行为，比如激进分子博客"每日科斯"（Daily Kos）。还有一些博客用来解释新闻决策是如何实现的，比如NBC主播布莱恩·威廉斯（Brian Williams）的博客。

有些博客更像是评论专栏，比如安德鲁·沙利文（Andrew Sullivan）的博客。还有一些博客类似于传统的公民—社群—服务式新闻，比如"成长中的巴尔的摩"（Baltimore Grows），它跟踪马里兰州巴尔的摩市各个房地产项目的进展和融资情况。在"我的记者"（Myreporter.com）网站上，职业记者在线回答读者提出的有关北卡罗来纳州沿海区域的问题，比如"国道211中途路往南大约1英里处电话大小的杆子是什么东西？"

此外，还有利基博客（niche blogs）。比如颇受欢迎的技术网站Techcrunch（www.techcrunch.com），它的内容涉及最新的商业新闻（曾最先报道谷歌设计的一款新手机）、"网络中立"（net neutrality）等公共议题和电子产品评测。还有一些博客难以归类，比如深受喜爱的波音波音（Boing Boing）（http://boingboing.net），它包罗万象，覆盖技术、名人、艺术和文化等领域。波音波音之所以有趣，原因在于它发掘的内容和选题，并且它凭借独特的见解吸引回头客。又如关注公共议题的"一周教育时事"（This Week in Education）（www.thisweeki-neducation.com），它报道全国和地方的教育政策和综合教育新闻。公共议题类博客成千上万，涉及税收政策、政府浪费、军事等议题。

> 博客就像松饼蛋糕。模子一样，加进去的面糊决定了最终出炉的是巧克力蛋糕还是麦麸饼。社交媒体是传递信息的方式，不能决定传播内容的性质。

在某种意义上，博客就像松饼蛋糕。模子一样，加进去的面糊决定了最终出炉的是巧克力蛋糕还是麦麸饼。社交媒体也是如此，比如推特一类的社交网站。它们是传递信息的方式，不能决定传播内容的性质。

新的混合体

有些新闻发布渠道渐渐融合了各种新闻内容。比如赫芬顿邮报（*Huffington Post*），它最开始是一个博客沙龙，后来成为聚合博客，甚至有了些原创性爆料。当然，赫芬顿邮报本身具有一定政治取向。又如自由派网站"说辞备忘录"（Talking Points Memo）[①]，它采用了聚合技术，朝新闻合成和新闻分析方向发展而不只是传统的事实性报道。当你发现某个新闻发布渠道很难归类时，那就看看它的整体运行状况，大致了解它所做的事情及其目标。它可能包括确证式新闻、快速的断言式新闻，还有类似肯定式新闻

---

① 在美国的政治传播和商业传播中，传播者为了应对媒体和公众会专门准备一系列标准化的表述，称之为Talking Points，此处译为说辞。后面第五章会具体涉及。

> 你必须学会分辨内容，知道它属于哪一类新闻，发现其潜在的准则和动机。这是知道该相信什么的第一步，也是关键性一步。

的思想性博客和评论。调查一下这些内容，弄清楚作者是谁以及他们的真正目的何在。对于混合性网站或媒体来说，你还需要再多问一个问题：它的主要内容和工作是什么？是有少许新闻报道的聚合网站，还是主要由意识形态很强的博客构成，只不过附带了一些电讯稿？

识别自己读的是什么不只是买方需要小心的一件事。你还必须学会分辨内容，知道它属于哪一类新闻，发现其潜在的准则和动机——这正是记者设法去做到的事。这是知道该相信什么的第一步，也是关键性一步。一旦你完成了这一步，接着就要确定方向，进入怀疑性认知方法的其他步骤。

第四章 完整性：有什么，少什么？

不论记者采用哪种方法，写出的报道必须充分展示证据，让读者自己看到事实，明白为什么应该相信报道中的证据。

20 世纪 90 年代，在一个科学作家会议上，记者约翰·克鲁森（John Crewdson）因为表明自己不写某些新闻而惹怒了不少人。他不是一个"忠实地将采访对象的话记录下来的速记员"。

他的确不是。克鲁森在记者生涯中挑战了传统认识，打破了科学和航空运输等诸多领域的神话。1989 年，他在《芝加哥论坛报》（Chicago Tribune）发表了一篇 5 万字的艾滋病病毒发现史的报道。他为此花费了数月时间进行调查，这篇报道为他赢得了美国科学促进会的科学著作奖，但也招致美国科学团体大部分成员和很多科学作家的敌意。克鲁森凭借坚持不懈的调查，对声称发现艾滋病病毒的美国国立卫生研究院科学家罗伯特·加洛（Robert Gallo）博士的自我推销式言论提出质疑。在他之前，已有一位科学家对加洛的言论表示过怀疑。克鲁森为了让自己了解这一报道主题，查阅了堆积如山的研究文献和医学期刊，采访了研究者。他搜集到一个令人信服的证据：巴黎巴斯德研究所的两名法国科学家——吕克·蒙塔尼尔（Luc Montagnier）和弗朗索瓦丝·巴尔-西诺西（Françoise Barré-Sinoussi）最先分离并识别了艾滋病病毒。20 年后，2008 年的诺贝尔奖颁给了蒙塔尼尔和巴尔-西诺西，认可了"今天获奖的二人发现了病毒"。

克鲁森在忙于加洛报道期间，经常坐飞机往返巴黎。在一次飞行途中，机上广播询问机舱内是否有医生。克鲁森开始琢磨，在汪洋大海上空数万英尺的机舱内发生严重疾病的相对风险性有多大，航空公司为此做了哪些预防措施。完成加洛报道后，克鲁森根据美国在线（AOL）网站上的个人资料寻找空中乘务员，并给找到的一些人群发了邮件，询问乘客在飞机上生病会怎样。一个空姐回复说，她曾在航班上碰到过乘客死亡的情况。她所讲述的故事将克鲁森带入了另一片开创性报道领域。

乘客斯蒂芬·保罗·索姆斯（Steven Paul Somes）是波士顿道富研究与管理公司副总裁，1995年10月18日，他在飞往加利福尼亚的航班上因心脏衰竭而死亡。此次事件的很多细节让克鲁森意识到，这是一个进行风险与回报教育的好时机。[1]克鲁森着手重现新闻事件。当美国联合航空公司32号航班飞跃落基山脉时，索姆斯平躺在了机舱地板上，乘坐同一航班的3名内科医生、1名护士和1名急救员围在他周围。在配备相当于普通医院急诊室人员的情况下，病人为什么还是没有被抢救回来？克鲁森很好奇。他发现，挽救索姆斯的过程惊心动魄、紧张而忙乱，之所以徒劳是因为飞机上没有配备治疗心脏病的药物和除颤器①。

"理论上讲，当时机上正好有合适的救助人士，"索姆斯的私人医生当被告知其病人死亡状况时说道，"他在飞机上犯病比在家里的客厅犯病获救机会大。他们最终没能改变结果，根本原因在于他们没有所需的药物。"

克鲁森报道称，不论是美国联邦航空管理局（FAA）还是航空公司，都说不出有多少人曾在美国的飞机上生病或者死亡。这是因为没有条款规定航空公司需要统计、上报这类信息。正如一位官员告诉他的，美国联邦航空管理局是一个"航空"机构："我们关心的是事故而不是心脏病发作。"

克鲁森找到了航空公司和政府管理部门从未搜集过的有关国内外航空公司的数据。他发现，美国每年因医疗原因而紧急降落的航班超过700架，飞行途中发生的紧急救助多达12 000次，每年至少有114人至360人死于飞行途中。他发现，乘客因飞行途中心脏病或其他疾病发作死亡的概率远远超过空难。

"当心搏骤停时，生还的最大希望，通常也是唯一希望就是立即进行心脏除颤，"他写道，"尽管便携式电子除颤器的价格逐渐降到可承受范围之内，但目前只有两家国际航空公司配备了这种救命仪器。"

长久以来航空公司一直认为，能给予生病乘客的最佳帮助就是在最近的机场快速降落。但克鲁森发现，绝大多数情况下，飞行途中的医疗紧急

---

① 除颤器是一种通过电击来恢复心脏跳动的电子仪器。

事件并不能成为要求临时降落的理由。代表航空业的美国航空运输协会曾积极游说，反对提供更复杂的医疗急救设备和培训，他们的理由是：飞机"不能成为飞行医院"。

克鲁森接着做了更深入的调查。他发现其他国家对于飞行中的医疗服务存在不同看法。比如，曾将第一台除颤器安装到英国大型客机上的医生就否定了美国航空公司的担忧，认为培训非医疗人员使用仪器并不困难："你可以在20分钟内教会一个送牛奶的工人如何使用除颤器。"

克鲁森比较了两个发生在不同国家航班上的危及生命的紧急医疗案例：一个是美国联合航空公司乘客死亡的案例，一个是英国航空公司乘客获救的案例。救治英国航空公司那位乘客的医生说，美国航空公司的医疗箱里设备太少，以致他无法开展救生步骤。相比之下，很多国际航空公司配备的医疗箱仅小于普通手提箱，里面不仅有医院急诊室用的治疗心脏病的大部分药物，还有控制病情、缓解疼痛，以及治疗麻醉过量和精神病行为的药物。英国航空公司、德国汉莎航空公司、法国航空公司、澳大利亚昆士兰北方航空公司、意大利航空公司等国际航空公司配备的这种医疗箱曾挽救了无数人的生命。

"一架最新款波音747飞机价值1.7亿美元，在上面配备一个价值1 100美元的医疗箱乃至3 000美元的除颤器似乎毋庸置疑。"克鲁森写道。在这篇长达10页的报道中，他对美国每个航空公司配备救生医疗箱和设备，以及培训员工使用这些设备可能产生的费用进行了逐项分析。"在未来10年内，给美国每架商用飞机配备医疗箱和除颤器共需约5 600万美金，每张机票涨两美分就能筹到这笔钱。"

这篇报道刊登于1996年6月30日的《芝加哥论坛报》。报道的最后，他进行了成本效益分析："这些医疗箱和除颤器每年只要能挽救3个人的生命就物超所值了。"

报道轰动全国。随着公众对于因医疗设备缺乏而导致健康风险的认识的普及，曾一度激烈抵制改变的航空业开始有所行动。一年之内，美国航空公司在飞机上配备了除颤器。其他航空公司的律师建议他们的客户效仿，否则会面临疏忽诉讼。芝加哥奥黑尔国际机场官员在航站楼安装了除颤器，因为曾有乘客因奔跑赶飞机而死在了航站楼里。其他机场紧随其后。很快，除颤器开始出现在美国各个公共场所。

克鲁森的新闻报道通俗易懂却令人印象深刻。他向人们展示了取自不同信源的事实的价值，所有事实都有公开的档案资料，都指向同一个结论。克鲁森在飞跃大洋时想到的那个问题，某时某刻也曾出现在我们每个人的脑海中。作为记者，他能进一步调查，搜集数据、采访专家和官员。他的提问如此全面，报道如此完整，事实如此翔实、有据可查，以至于他的分析不能被轻视。美国航空公司对外公布，自安装第一台除颤器的10年来，该设备共挽救了80条生命。

接触新闻和信息时，我们首先要问这是什么内容。要问的第二个问题与另一个大问题有关：

信息完整吗？假如不完整，缺少了什么？

事实上，作为消费者，我们遇到的大部分新闻和信息都没有克鲁森调查艾滋病病毒发现史或航空公司医疗设备那样深入。因实际需要，很多信息都是速记式的和渐进式的。今天白宫有什么新闻？股票市场是升还是跌？

尽管如此，我们还是应该询问新闻内容的完整性。我们从中能获得实际应该需要的信息吗？

在新闻学导论课——传统职业学校传授手艺技能时也采用这种方式——的第一天，学生们通常会学习有关全面性的一些基本原则。这些原则往往被提炼成"5W和1H"概念，即所有新闻报道都要解释谁（Who）、什么（What）、何时（When）、何地（Where）、为什么（Why）和如何（How）。简单来说，每篇新闻报道都应告诉我们谁做了什么，什么时候做的，在什么地方做的，为什么要那样做，以及如何做的。虽然听上去很基本，但从这些问题入手很有帮助。

那就让我们把这些问题应用到最基本的新闻报道中吧。

纯新闻报道：事件的事实

我们碰到的最简单的新闻报道是描述一个正在发生的新闻事件的"纯新闻"。纯新闻为我们提供关于发生了什么、昨天获悉什么、或者今天计划进行什么的新事实。它是对事实的一种简单陈述，如同简短的广播或电视新闻提要中的新闻。"总统今天说了这个。""海盗①4比2获胜。""众议院昨晚按党派立场投票通过了正在讨论中的法案。"纯新闻通常是在细节尚未完全出现或展开的情况下对事物的首次描述。"市长承诺了一项建设公路的新计划，他将于下周公布该计划。"

纯新闻属于无处不在、不必花功夫寻找的"商品"，它们不知不觉出现在我们眼前。一旦你从朋友、车载广播，或者通过浏览新闻网站获知一条纯新闻，那么你可能不会费心了解更多。我们在聚合网站上看到的很可能就是这类新闻，它们来自于通讯社。②

我们对于这类新闻的完整性的期望值最低。看看2009年5月7日《华盛顿邮报》都市新闻版的这个新闻标题：

管道破裂致使特区家庭遭水灾
亚当斯摩根地区总水管破裂扰乱交通

新闻开头这样写道："昨天早高峰时间，亚当斯摩根地区的一个20英寸总水管破裂，导致家庭和商户被淹，引发的交通问题一直持续到当晚。"[2]

导语段包含了5W中的3个W——发生了什么事（水管破裂），什么地方（华盛顿特区的亚当斯摩根地区）和什么时候（2009年5月6日）。第二段开头援引了谁（消防队和受灾群众）。第四段交代了为什么（消防队不能确定水管破裂的原因，但猜测是因为老化、气温变化和腐蚀性土壤等多种

---

① 这里是指美国职业棒球大联盟的匹兹堡海盗队。
② 鉴于严密的版权法，美国不存在类似中国新浪、搜狐、网易等以低廉的价格大规模刊登或转载几十张报纸内容的包罗万象的门户网站。

原因共同造成）。如何（How）不言自明：水管破裂，水喷出来致使街道和建筑物受灾。因此不需要H。这篇报道完整吗？还不错。

分析到这儿，5W 和 1H 很有用。但还有一个问题，人们可能想要知道总水管破裂的原因。就在这篇报道发布的数月前，整个华盛顿特区及周边县①接连发生水管破裂的情况。为什么骤然间发生这么多起水管破裂事件？政府相关部门对这一动向有何对策？可以采取什么措施？这篇纯新闻没有涉及这些问题。[3]

> 事实本身也会提出问题，有思想的读者或观众肯定想弄清楚为什么。新闻应该开启疑问，最终目的在于思考公共生活，追求对话而不是单向讲授的现代新闻更应如此。我们应该寻找那些谦虚地提出无法回答的问题、承认自己的无知、不推断无法证实结论的新闻。

加个 Q——提出了什么问题

为了强调报道或内容的完整性问题，我们在 5W 和 1H 的基础上再增加一个要素。我们称之为新闻的 Q：受众脑海里会产生有关新闻事件的问题吗？报道以某种方式提及这些问题了吗？

正如我们接下来要讨论的，Q 也许是判断报道完整性的最重要因素。新闻给我们带来的问题与其提供的答案同等重要。问题引发调查。

对于 Q，还需要提及另外一个要点或问题。长久以来，记者们一直被教导如何把报道写得无懈可击，甚至全知全能。很多记者深受"绝不在报道中提出自己无法回答的问题"这一格言的教诲，认为这样才能使新闻显得更权威，而不是记者的主观臆断。事实上，这种忠告是错误的，甚至可以说是一种谬论，我们称其为错误的全知全能。受众脑海里会产生疑问。事实本身也会提出问题，有思想的读者或观众肯定想弄清楚为什么。

一篇新闻报道假如无法弄清楚接下来的问题是什么，那么它的完整性就不及那些能搞清楚问题的报道。新闻应该开启疑问，其最终目的在于思考公共生活，追求对话而不是单向讲授的现代新闻更应如此。

因此，即便是遇到最基本的新闻报道，你也要想一想新闻事件提出了

---

① 在美国的行政区划中，县（county）仅次于州，市（city）次于县。比如，美国加利福尼亚州由 58 个县组成，其中包括著名的洛杉矶县（Los Angeles County）和橙县（Orange County）。洛杉矶县又由若干城市组成，最具代表性的就是洛杉矶市（Los Angeles City）。

什么问题。我们应该寻找那些谦虚地提出无法回答的问题、承认自己的无知、不推断无法证实结论的新闻。这些新闻更加完整。

事实的重要性

关于完整性、纯新闻和5W1H，还有一点值得注意。新闻，以及我们作为公民所提出的疑问，应该建立在事实的基础上。

因此，在检查任何形式的新闻报道时，我们应该首先看它提供了什么事实。在我们所列出的确证技能和积极怀疑的问题单中，问题与问题之间肯定存在重复之处。检查完整性涉及寻找信源、证据、潜在偏见等，但所有的调查都源自新闻内容是否提供了事实并提供证据。假如新闻报道没有这么做，那么根据定义它就不太可信。

鉴于断言式新闻的即时性和速度，即便是纯新闻报道也往往缺乏完整性，呈现碎片化特征。这是此类新闻模式的弱点所在。因此，当你看到片段式而不是全景式的报道时，那就表明你已经进入断言式新闻区域而不是确证式新闻。

在肯定式新闻中，暗示信号有所不同。正如我们将在第七章详细谈到的，这类新闻报道往往因为急于形成推断和观点，缺乏事实或没有仔细拣选事实，因而论证过程简单。这类新闻所提出的问题通常是修辞性的："我们居然未被告知 X，这难道不是很有趣吗？"或者，"现在我真的很想知道他们在决定 Y 的那次会议上说了什么。"或者，"那个政党怎么只反对法案而不提供任何有意义的替代性建议？"这些根本就不是问题。

现代信息文化中，纯新闻所占的比例越来越少，即便是传统新闻提供者也是如此。

此外，大部分新闻的报道对象比主干水管破裂事件更复杂，它们能够很快检验出完整性七要素，即我们提出的 5W 和 1H 加 1Q 的局限性。比如，2009 年 5 月 7 日，在《华盛顿邮报》报道主干水管破裂事件的当天，《纽约时报》第一叠共刊登了 39 条新闻报道，其中 16 条是有关前一天的纯新闻报道，其余是更复杂的观念性报道、趋势报道、特别报道或人物特写。而且，这 16 条纯新闻都没有出现在头版（完全被更复杂的报道占据），其中只有 5

条报道了像主干水管破裂导致水灾的单一自然事件（伊拉克一辆汽车爆炸；参议员通过一项法案；车臣第比利斯发生骚乱；俄罗斯驱逐两名北约外交官；疾病控制与预防中心宣布发现一个新的 H1N1 流感病例）。其他纯新闻都是有关政府活动或公告的复杂程序的报道，社会学家将这类新闻称为"制造出来的新闻事件"，报道这类新闻需要厘清和解释政府活动或公告的重要性。

从以上对一天报纸的分析可以看出，一个对信息和新闻持怀疑态度的消费者还需要面对其他问题。正如传递信息的模式多种多样，新闻报道的种类也是千姿百态。我们对于新闻可信度的判断取决于新闻的种类和内容，即便是对《纽约时报》这类对新闻的定义相对狭窄的传统媒体而言，"新闻"的概念也包含多个层次。

大部分人可能对新闻一词有着同样的理解。小学里教的经典定义是："新闻是任何你不知道的正在发生的事物。"新闻这个单词（news）意味着来自东、南、西、北各个方向的新事物，指南针上的方位点的首字母加在一起构成新闻一词。

然而在实际生活中，特别是在现代媒体语境下，这种单一的定义已无法满足现实需要。上文对《纽约时报》一天一叠的分析证明了这一点。想要判断新闻是否可靠或可信，关键在于知道你看的是哪类新闻。

释义新闻：事实的意义

20 世纪 30 年代广播新闻开始普及，60 年代电视新闻开始占据主导地位，与此同时，其他媒体的记者也开始改变新闻的表现方式。就晨报来说，仅仅重复前一天晚上电视新闻主播播报的新闻已不能满足受众的需求。新闻主管们认为，为了提高新闻价值，晨报必须在更广泛的语境中报道新闻，或者再往前一步，预测事物的走向。20 世纪 80 年代，随着有线电视新闻的出现和 24 小时电视新闻的诞生，新闻的分析性趋势更加明显。新闻报道变得更具解释性和分析性，背景信息更加丰富。印刷新闻尤为如此，甚至连电视网晚间新闻的主管们也希望晚餐时间的两分钟新闻具有解释性。

总体来看，一种新的新闻类型出现了。我们称之为释义新闻。这种新闻不仅告诉你市长昨天在花园俱乐部说了什么，还告诉你这个讲话与之前的讲话有何关系，或许还会报道市长为什么那般措辞、为什么改变了看法。

释义新闻在原有新闻和事实的基础上尽可能地增加新要素，使其呈现出一种更广泛、更深刻的含义。这类新闻让记者有机会分享自己经年积累的见解，还能激发读者进行思考，提供新的认识或见解。释义新闻不一定是分析性报道，有可能是解释性的。它可能会揭露新闻背后的故事，所以在某种意义上说，需要较高的报道能力。它也可能只增加一两个重要的新事实，找到一两块丢失的新闻"拼图"。一般来说，释义新闻不仅仅是对新闻事件的简单叙述，它讲述了事件的来龙去脉，受众可以从中获取意义。

比如，《华盛顿邮报》2005 年刊登的一条短新闻解释了人们为什么无法记清乔治·W·布什总统第二任内阁成员的名字：总统决定权被缩小，大部分关键性决策由西翼①决定。又如，《纽约时报》的一条新闻称，一个支持堕胎的女性在基因检测得知肚中的胎儿患有唐氏综合征后，还是决定怀孕到足月。新闻解释了基因检测为什么达不到（优生的）目的。[4]

2003 年伊拉克战争期间，西弗吉尼亚一位名叫杰茜卡·林奇（Jessica Lynch）的士兵战斗、受伤、被俘和最后获救的报道备受关注，她也因此成为美国历史上最有名的战斗女英雄。几个月后，《华尔街日报》在 2003 年 11 月 11 日发表了一条头版新闻，将林奇的成名故事放到了更广泛的语境中。这篇报道由乔纳森·艾格（Jonathan Eig）撰写，标题是：

士兵的故事

为什么你听说了杰茜卡·林奇，而没有听说霍恩巴克尔？因为战争情绪在变化，如今，能够吸引公众注意力的是受害者而非斗士，尽管历史上并不一直如此。

---

① 西翼（West Wing）是美国总统椭圆形办公室、内阁会议室和白宫战情室等重要办公场所的所在地，因处于白宫西翼而得名。

报道开篇讲述了 300 名伊拉克和叙利亚士兵袭击了位于巴格达城外的 80 名美军士兵。战斗持续了 8 个小时。

据这场战斗的指挥官介绍,美军的反击歼灭了约 200 名敌军士兵。这支美军队伍之前从未训练过如何协同作战,但所有男子汉都活了下来。领导这支队伍的是 29 岁的参谋哈利·亚历山大·霍恩巴克尔(Harry Alexander Hornbuckle)上尉。在此之前,他从未上过战场。他后来被授予铜星勋章。勋章上的 V(valor)字代表他当天的英勇表现。

然而,正如新闻所言,"霍恩巴克尔上尉的名字从未在任何一家报纸或电视台上出现过。他没有书约,没有电影邀约,也没有迪斯尼乐园之行。"

相反,没有杀死一个敌军士兵的林奇却成了名。艾尔弗雷德·A·克诺夫(Alfred A. Knopf)出版社跟她签了一份价值百万美元的书约。关于她身处困境的故事被拍成了电视电影《拯救杰茜卡·林奇》(Saving Jessica Lynch)。为什么唯独是她,而不是其他在战斗中脱颖而出的男性或女性深受大众文化追捧?

艾格在报道中说,答案在于美国文化的变化:

第一次世界大战中,艾文·约克(Alvin York)下士因歼灭 25 个德国兵、捕获 132 个敌人而成名。二战中,奥迪·墨菲(Audie Murphy)少尉因杀死了 240 个敌人而荣立功勋,后来还出演了讲述其英勇事迹的电影《百战荣归》(To Hell and Back)。

军事文化仍然赞扬那些杀敌勇猛的士兵。但自越南战争以来,大部分国民倾向于敬仰幸存者和受害者,而不是侵略者和伤人者。

这篇报道继续追溯美国战争英雄的历史,报道专家对于美国人心理变化和为何崇拜对象发生变化的看法。这篇报道回答了萦绕在很多读者脑海中的一些问题。她为什么会成为我们的英雄?这对我们意味着什么?

从对事件的纯事实性报道到像林奇报道这样更加复杂的新闻报道,完整性问题更难处理。主要是因为前面所说的完整性的第七个新要素,即报道提出了什么问题，成为了更加重要的评价标准。提供更多解释性信息的新闻试图帮助受众了解来龙去脉或理解事物本身。相较于那些只告诉受众发生什么的新闻，它会引发受众更加微妙和复杂的反应。

2009年5月7日，也就是华盛顿特区主干水管破裂的同一天，《纽约时报》的头条新闻是一条释义新闻而不是纯新闻。一天前，来自阿富汗的报道称美军空袭可能导致100多个平民死亡，《纽约时报》试图进一步讨论平民死亡的政治意义。

新闻开头这样写道："据阿富汗官员和村民说，美国周三的空袭致使阿富汗西部地区100多个平民死亡。在奥巴马政府向阿富汗增派2万多名士兵之际，这一空袭可能会进一步坚定阿富汗人民反战的立场。"

读者必须首先认识到，这不只是一篇纯事实性的报道。这条新闻想要解释新闻事件的意义。导语本身就很复杂，远远超出了5W和1H，更倾向于Q。不仅告诉我们美军轰炸导致平民死亡，还想评估此次事件的政治影响，并试图弄清楚证明这些影响的基本事实。它是一种超越纯新闻的评价。

第二段引入了另一个因素：巧合的是，在空袭当天，华盛顿正在举行有关阿富汗未来的会谈。与会者包括阿富汗总统、伊拉克总统和美国总统。"报道给周三下午的华盛顿会谈提供了一个严峻的背景。"新闻写道。

问题在于，报道主题——轰炸会损害美国政策——所依据的变量尚未确定。轰炸事件的影响取决于实际死亡的平民人数。但这个数字未知，而且可能永远是个谜。

事实上，接下来的报道正是想弄清楚这个数字是多少，但要确定一个可靠的数字不容易。想要查明死了多少平民只能依靠二手信源，这使调查工作变得更加困难。

接下来的26个自然段中，只有9个自然段描述了可能导致反美政策的情况，而且大部分出现在报道的最后。

《纽约时报》关于轰炸的报道与当天其他报纸一样详细。数月后，事实证明该报对阿富汗人民会更加强硬地抵制美军、美国政策会变得更加复杂的猜测是正确的。不过，这篇报道想要在简短的篇幅内匆忙得出一堆结论。它想要告诉读者有关轰炸的消息，想要弄清死亡人数，同时推测轰炸事件对白宫会议的影响。在没把所有事实搞清楚的情况下，它想要报道的东西太多了。

> 假如一个网站或电视频道真想要证明它所报道的新闻是真实的，那么必须提供大量证据。

我们列举这篇报道不是因为它错了——事实证明它是正确的——而是想要以此为例，说明新闻的意义可能无法被证实，至少在写报道时如此。这个例子表明，我们对于释义新闻的判断不同于对简单新闻报道的判断。对于释义新闻来说，判断它们是否可信或有用的标准是分析的逻辑及提供的证据。

假如一个网站或电视频道真想要证明它所报道的新闻是真实的，那么必须提供大量证据。不过，如果它从事的是肯定式新闻报道，那些分析只是单纯为了强化受众的先入之见，则不必为确凿的证据而烦恼。

鉴定新闻报道：我能相信什么？

自20世纪60年代起，释义新闻开始频繁出现并从此普及开来，而此时，第三类新闻——"鉴定新闻报道"还是新生事物。鉴定新闻报道想要帮助受众区分关于过去的新闻事件什么可信，什么不可信。可以说，这类新闻具有释义成分，但其主要目的不是提供新事实或提供受众熟悉的背景信息便于他们获取新的意义。相反，这类新闻想要确证事实，受众因此可以决定什么事实或主张值得相信。这类新闻与证据有关：我听到或读到的哪些内容可以相信？因此，这类新闻的评价标准更看重证据和确定性，而不是它们的解释水平。

或许，《圣彼得堡时报》（*St. Petersburg Times*）华盛顿分社社长比尔·阿代尔（Bill Adair）负责的"政治事实"（PolitiFact）网站所提供的新闻最能代表鉴定新闻。这个网站在2009年获得了普利策奖，创办的初衷是监测2008年总统大选中候选人修辞的准确性，但之后开始核实普通政治辩论中的事实。它评价众多人物观点表达的准确性，对象包括巴拉克·奥巴马等全国性政治人物、两党国会领袖、两党全国委员会委员、自由派电影制作人迈克尔·摩尔（Michael Moore），以及属于不同政治派系的诸多电视评论员。它还监督白宫践行总统在选举中许下的诺言的进展情况。它奉行非党派和非意识形态，旨在成为美国传统新闻风格的忠实代理人。

"政治事实"网站源于20世纪90年代早期开始的一场核实政治广告事实的运动，尤其深受由前《华尔街日报》、CNN 记者布鲁克斯·杰克逊（Brooks Jackson）领衔的"核实事实"（FactCheck.org）网站的影响。该网站隶属于美国宾夕法尼亚大学安尼伯格传播与新闻学院[①]。

人们发现，新闻报道的操作方式日益趋同，更详细，关注具体的报道对象。比如，2007年1月23日，CNN 播出了一条新闻，澄清并最终揭穿了关于巴拉克·奥巴马曾于1969年至1971年在印度尼西亚上过一所激进穆斯林学校的指控。《华盛顿时报》（Washington Times）所在公司旗下的杂志《新闻洞察》（Insight on the News）的网站报道称，奥巴马参加总统初选的对手、参议员希拉里·克林顿的支持者已经找到了证据证实该指控。紧接着，媒体消息源，比如福克斯新闻频道的几个主持人、《纽约邮报》（New York Post）、格伦·贝克（当时就职于 CNN 头条新闻）和一些政治博客纷纷援引了《新闻洞察》的这一说法。这一指控不仅意味着奥巴马在两本自传中撒了谎，还暗示他是"满洲候选人"（Manchurian candidate），一个想要接管美国的秘密穆斯林。（"满洲候选人"一词来源于1959年出版的同名小说和两部描写一个被朝鲜共产党秘密洗脑的政治刺客的电影。）

CNN 派了一名记者前往那所学校，采访学校官员，观察师生，并采访了奥巴马的同班同学。报道从头到尾都在呈现记者所发现的证据，因此观众可以见证他搜集事实的整个过程。"我曾去过巴基斯坦的宗教学校，"特派记者约翰·沃斯（John Vause）在提到教授穆斯林极端主义政治神学的学校时说道，"这所学校不属于那一类。"

鉴定新闻报道的目标会更加宏大，甚至是一个持续过程。比如，媒体

[①] 作者此处的名称有误，实际应为"美国宾夕法尼亚大学安尼伯格传播学院"（Annenberg School for Communication）。此网站隶属于该学院的公共政策中心（Annenberg Public Policy Center）。

监督新闻机构 ProPublica 在 2009 年制作了一个名为《关注刺激计划》（Eye on the Stimulus）的系列报道，从头到尾都是在调查旨在刺激经济、放缓衰退的政府开支计划的作用。《关注刺激计划》系列报道于 2009 年 2 月启动，当时经济刺激法案刚通过不久。参与者包括 4 名记者、地方独立记者和监督经济刺激法案资助的地方项目的各地公民，着重报道了全国、州和地方三级在创造就业机会、支出和透明度方面的问题。就在奥巴马政府承诺该计划将保留或创造 350 万个就业机会后，ProPublica 的报道质疑了政府估算保留或创造就业机会的方法。尔后，奥巴马政府采用了其他核算方法，将预期就业数字改为 100 万。ProPublica 追踪报道了新数字，并对州一级的前后两个预期值进行了比较。[5] ProPublica 没有发布一次性的静态新闻报道，而是创造了一种融合多种元素的动态模式，建立证据并对政府言论作出回应。

新闻机构可能也会鉴定自己之前的报道。比如，《纽约时报》在 2009 年 6 月发布一条新闻，称该报之前对美国甲型 H1N1 流感病例数的估测是错误的。该报春天的一篇文章称，截至 5 月末，美国大约有 2 500 个 H1N1 流感病例。但是据疾病控制与预防中心估算，准确数字超过了 10 万。6 月份的新闻解释了计算机模型出错的原因：它们依据的是美元而不是细菌在美国的流通情况。

但是对于鉴定新闻而言，实现完整性更加困难。"你需要搜集证据，然后要试图证明事实。"布鲁克斯·杰克逊说。这就是说，必须有足够的证据来证明事实，同时诚实地承认哪里存在漏洞。

新范式报道

还有一种新闻报道与鉴定新闻密切相关，它们试图对普遍现象形成新的认识，挑战传统观念。这种新范式报道超越了单个情境或事件，筛选大量数据，从事件、情境或语境中发现更宏观的模式或规律。这就是约翰·克鲁森所做的工作。马尔科姆·格拉德韦尔（Malcolm Gladwell）在《纽约客》（New Yorker）杂志发表的作品是另一个范例。比如，他对脑震荡和橄榄球之间关系研究的报道促成了职业体育中处理头部损伤方式的改变。又比如，《纽约时报》记者马特·里克特尔（Matt Richtel）关于"驾驶中的注意力分散"的系列报道，用经验事实证明人们一边开车一边打电话和发短信的危险性。这篇报道发表后几周，各州开始修改法律以作回应。

我们对于这类范式转变性报道抱有更高的期望值。释义新闻通过增加事实拓展我们对某些新闻事件的认识，鉴定新闻证明事实，范式转变性报道做得更多，它要证明更普遍的事实，搜集更多证据。这类报道通常非常有说服力并会对我们的生活产生直接影响。

监督报道：诉讼式新闻

接下来我们要讨论的是经典的调查性报道概念，即新闻机构监督权力机构，揭露不良行为。[6]

监督新闻对影响公众生活的公务人员或公共机构的渎职行为进行报道，这类新闻并不是现代新闻媒体的新元素。它深深根植于新闻史，融于人们对新闻的最初期待和媒体的社会功能之中。自17世纪印刷期刊首次出现于英格兰至今，新闻业一直努力提高其揭露不良行为的能力。监督新闻将揭露不良行为的价值视为新闻与其他信息形式的最大区别。

由于大多数揭露性报道都意味着某些事物未被如实报道，因此这类报道为了证明自己的独立性，必须高度透明、详细交代信源和调查方法。这类报道具有指控性，因此对证据的要求也更高。鉴于报道的复杂性，以及信源往往颇为敏感，所以揭露性报道对透明度和举证的要求更具挑战性。

揭露不良行为的监督报道通常颇费功夫，可能需要花费数月甚至数年时间慢慢搜集证据才能最终有所收获。一般来说，调查报道始于内幕消息，一个怀疑，或者只是一个难以回答或肯定的问题。"对于我来说，能找到证据证明的内幕消息才重要"，而且"我得到的真正重要的内部消息都是关于文件或诉讼的"，莫顿·明茨（Morton Mintz）说。他曾在《华盛顿邮报》工作30年，揭露了具有镇静作用的沙利度胺与先天性缺陷之间的关系、不安全避孕、通用汽车公司秘密监视汽车行业评论家拉尔夫·纳德（Ralph Nader）等许多事件。"我会假设自己所写的一切都有可能被告上法庭，这会使我自律。"

多次荣获普利策奖的吉姆·赖森（Jim Risen）常说需要"有耐心"，"与信源交谈，而不要纠缠他们"，同时"找到那些知道真相的人，然后了解他们"。赖森建议记者学会"知道哪些人可以信任，哪些人不可以"并且"了解封闭的亚文化"。所有这些耗费精力的工作都是调查报道的精髓。

《华盛顿邮报》记者达娜·普里斯特（Dana Priest）、安妮·赫尔（Anne Hull）和摄影师米歇尔·杜塞尔（Michel duCille）所做的工作体现了这些精髓。他们在2008年搜集事实证明了沃尔特·里德陆军医疗中心虐待退伍军人。他们的报道建立在丰富的采访、具有视觉冲击力的受伤士兵的照片和官方文件的基础上。报道中有关该医疗中心虐待退伍军人的细节如此全面，以致引发了一场全国性抗议，政府官员立即对医疗中心进行了全面改革。

这篇报道积累了大量详尽的公开论述，这些数量巨大且相似的材料证明了某种规律的存在。文章通过梳理数据库获得这一规律存在的量化证据，然后以具体的采访作为补充。这篇报道还通过寻找目击者来证实匿名的内部消息。

不论记者采用哪种方法，写出的报道必须充分展示证据，让信息消费者自己看到事实，明白为什么应该相信报道中的证据。秉持这样的高标准，有利于我们区分两种揭露性报道：一种是在广泛的语境中以冷静公开和追求准确的态度进行揭露，一种是带着偏见进行揭露。政治团体或其他特殊利益团体的揭露性报道往往缺乏背景信息，关注点较狭隘，忽略或弱化与自身观点相悖的信息。正如我们将要看到的，那些对自己深信不疑的事实时刻保持怀疑的报道才是最佳的揭露性报道。

这一章我们讨论了判断各类新闻报道完整性的方法，接下来我们将开始分析其他要素，首先从信源开始。

> 不论记者采用哪种方法，写出的报道必须充分展示证据，让信息消费者自己看到事实，明白为什么应该相信报道中的证据。那些对自己深信不疑的事实时刻保持怀疑的报道才是最佳的揭露性报道。

第五章 | 信源：这是从哪儿来的？

衡量记者可信度的一个标准是看他们在多大程度上帮我们考察了信源，而不只是出于自己的目的而引用信源。

2009年春天，有关苹果公司创始人、首席执行官史蒂夫·乔布斯（Steve Jobs）健康状况的时有时无的新闻报道似乎平静了下来。

在将近五年的时间里，有关这位技术奇才的流言和猜测性报道周期性地徘徊于硅谷，牵动股票市场的神经。这一切始于2004年，当时乔布斯首次披露自己曾接受过胰腺癌治疗。他宣布自己已经得到了有效医治，令技术市场一度恢复平静。但2008年6月9日，当他在苹果电脑全球研发者大会上介绍最新款苹果手机iPhone 3G而出现在电视上时，明显消瘦的身形引发了新一轮关于他健康问题的报道。

接下来的两个月，苹果公司的股票随着新报道或新流言的出现而上下波动。2009年1月，乔布斯发布了一封公开信，称他的荷尔蒙分泌失调治疗比想象中复杂，他要离开公司休假6个月接受医学治疗。几个月过去了，苹果公司的一连串新产品和财务报告都表明公司业务一切正常：推出了新手机iPhone 3GS；随后的报告显示新手机销售好于预期。然而关于乔布斯病情发展的疑问一直存在，直到他宣布将于6月初返回公司，动荡的市场才又归于平静。

不久之后的6月19日，《华尔街日报》头版刊登了一条新闻：

> 自今年1月离开苹果公司接受未公开医学治疗的史蒂夫·乔布斯，大约两个月前在田纳西州接受了肝移植手术。这位首席执行官目前恢复良好，有望于本月末按时回到工作岗位，当然他刚开始还不能全职工作。
>
> 乔布斯先生没有回复请求说明的邮件。"史蒂夫仍然希望于6月末回到公司，其他无可奉告"，苹果公司发言人凯蒂·科顿说。

《华尔街日报》这篇18自然段的报道描述了大量业界流传的杂乱的关

于乔布斯健康信息的细节。乔布斯是 21 世纪世界经济的关键人物；是 iPhone、iPod 和 Mac 电脑的发明者；是在家庭车库创造下一个大发明（对乔布斯而言就是第一台家用电脑）的天才少年形象的鼻祖；是时尚极客（geek chic）①的原型。

然而，《华尔街日报》的这条独家新闻几乎没有提到记者是从何着手寻找以上信息的，报道没有援引信息来源，只是在一个自然段里隐约提到了一个信源："至少苹果公司的有些董事知道首席执行官做手术一事。作为乔布斯留职休假协议的一部分，他的医生每周都会向一些董事会成员通报首席执行官的病情。"

相反，《华尔街日报》在处理信源时采用了被有些记者称之为"上帝之声"的方法。实际上，新闻机构扮演了信源角色。《华尔街日报》直接告诉我们发生了什么，仿佛自己是掌握信息的权威。

《华尔街日报》使用这种方法或许出于多种原因。记者和编辑保护真正的信源也许是为了保持沟通渠道通畅，方便日后获得内幕消息和新闻。苹果公司身处竞争激烈的行业，而它对机密的高度重视也早在记者圈闻名，曾有员工因透露了新产品信息而被解雇。公司董事会成员可能因害怕被免职而不敢透露乔布斯的健康情况，又或者是为了保护股票价值。弄清楚《华尔街日报》为什么没有援引信源会很有意思。

不过，"上帝之声"这种做法并不常见，对《华尔街日报》来说更是反常。这一鲜明的反差恰恰证明了信源对于评价新闻的可信度何等重要。在明确了新闻种类后，下一个关键步骤就是考虑信源。

信源是谁/什么？我为什么要相信他们？

评价一个特定信源的价值要从很多方面来考察。首先需要明确信源是

---

① "极客"一词是美国俚语"Geek"的音译，原意是指一些智力超群、善于钻研但在现实生活中却不懂如何与人交往的学者或知识分子。随着网络文化的兴起，一些计算机和网络技术的狂热爱好者因为具有类似的特征而被冠以极客之名，典型代表人物是苹果公司前 CEO 史蒂夫·乔布斯和 Facebook 掌门人马克·扎克伯格。

谁，或者是什么。信源种类很多，准确区分至关重要。

无信源新闻：作为目击者的受众

对于每个人都能看到的公共事件来说，根本不需要专门信源。一场总统演讲从本质上来说是公开的，而且有可能电视转播，因此无须说明信源，总统就是信源。假如我们收看了电视转播，那我们就是实际目击者。

但是大部分新闻我们都无法亲眼见证。假如我们想要知道总统私下说了什么，为什么他会那样演讲，或者他忽略了什么信息，那就得让其他权威、可靠的信源成为我们的眼睛和耳朵。这种情况下，我们必须识别自己依靠的是哪种信源。

作为目击者的记者

在我们接触到的优秀新闻报道中，比如霍默·比加特的越南报道，记者通常直接充当我们的眼睛和耳朵，亲自见证新闻事件。这类记者属于个人目击者。看一下2009年5月7日《纽约时报》记者德克斯特·费金斯（Dexter Filkins）的这篇报道：

> （巴基斯坦马丹讯）马丹结核病医院潮湿而阴暗的大厅就像是快要坍塌的另一个时代的遗迹。周三，随着周边战争难民的涌入，这里被改造成了一个现代化诊所。
>
> 这些难民，先是成百上千，接着变成成千上万；有的衣衫褴褛，有的愁眉苦脸，还有的穿着考究。他们挤进医院大院，然后走进医院大厅，席地而坐。这些人中大部分是男性，也有女性。几乎每个人都茫然无措，不知道接下来等待他们的命运是什么。
>
> "丽萨·穆罕穆德（Reza Mohammed），五个孩子的母亲，"布卡（burqa）① 后传来一个声音；她正坐在地上。她把政府身份卡递给坐在椅子上的一个官员。大厅里黑漆漆，没有灯。"我们6天前到了这里。请写下我的名字。"

---

① 布卡是伊斯兰国家女性穿的一种蒙面长袍。穿上它之后从头到脚都被包裹了起来，只有透过眼前一小块网纱才能看到外面。

后面17个自然段通过展示细节来报道战争的死亡人数，这样总结道："来自斯瓦特（Swat）的可汗（Khan）先生已经两度沦为难民。在一席长谈结束时，他从口袋里掏出一张20卢比的钞票——相当于25美分，这就是他的所有财产。'上帝不会让我饿死'，他说，'但我会说出真相。'"

费金斯是我们的目击者和信源，他在报道中这样写道："来看一看我所见到的，听一听我所听到的。"为了让人们相信他的报道，他仔细描写地点和人物细节，让其中的几个人物自己讲述故事。

费金斯的这篇报道是令人信任的新闻的典范。记者亲眼见证新闻事件，因此可以拍着胸脯打包票。事实上，假如一个记者被授予采访权，通常就证明他值得信赖，信源尊重他，而且他已准备好获取内部信息。这类记者不会被拦在警戒线外，也不会坐在新闻发布会现场。留意这类报道，假如报道上方经常出现同一个名字，那就证明这名记者再次获得了采访机会。这通常是金科玉律。

假如记者目睹了新闻事件，他/她可以展示给我们看，我们也可以更接近新闻事件，从而得出自己的结论。

作为专家的记者

有些情况下，鉴于记者出众的专业技能，我们仅凭资质就把他们当成记者信源。这种情况通常发生在医学记者身上，尤其是一些我们熟悉已久的记者。就像ABC新闻的蒂姆·约翰逊博士，他几十年来赢得了观众的信任，作为执业医师、记者和哈佛医学院教师，他获得了医学界的尊重。他通常只在报道中针对一个新闻事件发表医学观点或作出回应，如同私人医生与病人分享医学判断一样。不过，记者专家只是特例，并不普遍存在，熟悉与否很重要。一个没有听说过的医生记者，或者一个未经专门培训、不具专业资质的记者，都不太符合我们对于"得到认可的"信源的要求。

大多数情况下，记者凭借消息来源建立新闻可信度。对此我们必须问"这些信源是谁？为什么我们应该相信他们？"这就是说，我们不仅要了解信源

> 我们必须问"这些信源是谁？为什么我们应该相信他们？"对信源的了解越具体越好。信源的名字可能是判断信源价值最微不足道的一个元素，考虑信源是否权威、是否掌握信息更重要。

及其所谓的专业技能，还要了解他们对特定问题是否具备专业知识。仅凭资质还不够，就拿一篇有关传染性疾病的报道来说，知道被访医生的名字和在哪里工作，或者知道她是传染性疾病领域的专家都还不够。还要弄清楚她是否曾在其谈论的特定疾病领域工作过，这更重要。换句话说，对信源的了解越具体越好。

这个过程通常从知道信源的名字开始，但这只是第一步。正如我们在讨论匿名信源时会提到的，名字可能是判断信源价值最微不足道的一个元素，考虑信源是否权威、是否掌握信息更重要。信源是怎么知道他们所告诉我们的这些事的？

作为目击者的信源：一手叙述

第四章引用《华盛顿邮报》的那篇关于华盛顿特区主干水管破裂的报道援引了丰富的信源。比如，一个副消防队长和两个有名有姓的城市下水道和供水部门官员提供了事件的五要素：何事、何时、何地、为什么和如何。受灾地区的两个目击者提供了细节信息，描述水灾给他们家带来了什么影响。两位记者将这些信源穿插在对水灾和破裂人行道的叙述中。

在这类报道中，信源以目击者（家里受淹的居民）身份出现，因此对于记者来说，弄清楚目击者提供的是否是一手信息至关重要。这就好比警方调查者或律师要弄清楚证人的证词一样。信源亲自在现场吗？假如是，她是亲眼看到了所描述的情况吗？还是其他人告诉了她这些情况？她是目击者吗？

一手信息与二手信息之间的差别不易察觉，我们在阅读或收看激动人心的新闻时容易忽略这些细微差别。

在第四章讨论释义新闻时，我们提到《纽约时报》的一篇报道想要为美军空袭导致阿富汗平民死亡提供一个更广泛的语境。文章标题"平民死亡令支持阿富汗战争陷入困境"清楚交代了语境。这是当天《纽约时报》的头条新闻，因为编辑们认为它是该报所能给读者提供的最重要的新闻事件。

美国军方官员确认该地区发生了袭击，但对报道称可能有"超过100

个平民"死亡表示质疑。这篇报道的两位记者尽管没在新闻现场,但在该地区有着广泛的联络渠道。他们联系到了至少两个目击事件的村民,目击者形象描述了尸横遍野的情形。

另外唯一可以证明伤亡程度的信源是阿富汗议会的一名议员。他讲述了自己接到的两个电话,一个是遭袭城市的市长打来的,另一个是他在该地区的一个熟人打来的。议员从这两次通话中获得的细节不甚相同:市长一直在重复那些到他办公室的村民告诉他的话;那个熟人说看见有人被埋,他听说这些人死于空袭。这两个信源本身是间接信源,他们告诉了议员,议员又告诉了记者。因此,记者获得的是三手资料,而议员是记者唯一的三手信源,他有可能为了让叙述一致而修改信息。我们该如何判断这些不在新闻现场的信源?不能完全忽略它,因为他们可能是我们唯一的信息来源。在这种情况下,有必要寻找相互独立的多重信源,假如这些信源所说的完全一致,那就证明叙述可信。这是专业记者的做法。这么做实际上是想"三角化处理"各种论述,看看是否会出现一种可靠的叙述模式,这就好比科学家或研究者收集大量数据来检验各种数据模式,看看是否会产生可靠的结论一样。假如无法获得多重信源,而且证据量不大,那么我们就不能完全相信信源的叙述——或许具有暗示作用,但无法证实。

事实证明,接下来对阿富汗当天发生什么情况的调查并不容易。两个月过去了,新闻的核心细节,比如死了多少平民,有多少人死于空袭而不是空袭前的交战还无法确定。阿富汗独立人权委员会说当天有 86 人死于空袭,而美国政府称当天的空袭造成 26 个平民死亡。[1]

法律对目击者有着严格的证据规则。目击者可以为自己直接接触过的事物作证,比如实际存在的外部事实,听到的和看到的。但目击者通常不能证明对方在与自己交谈时想了什么,或感觉到什么,除非对方明确说过。二手叙述——其他目击者告诉证人看到了什么——通常也不予采信。法律将其归为"道听途说",有些二手叙述只有在特定条件下才会被采纳。记者没有制定类似的限制和证据规则。但是,作为消费者,我们应该明白记者也会

> 有必要寻找相互独立的多重信源,假如这些信源所说的完全一致,那就证明叙述可信。

遇到法律中涉及的相同问题。

直接目击者和时间问题

在律师和警察看来，即便是直接目击者，也不意味着他/她的叙述就可靠。我们暂且不讨论那些有意误导或撒谎的人。但就算有人亲眼见证了新闻事件，而且想要提供准确而公正的叙述，他们的记忆也有可能出错。他们可能没有注意到某些细节，也有可能想表现得比实际知道的更多。心理学家的研究一再证明，记忆具有高度暗示作用。人们容易因提醒而回忆起一些从未发生过的事件，而且被提醒后可能会坚持认为错误的记忆真实存在。[2] 因此，如今律师都会就目击者的记忆准确性问题、记忆形成过程中是否得到过其他人的帮助而追问。

根据心理学文献，记忆出错的一个主要原因是记忆具有即时性，时间流逝很容易造成记忆失真。[3] 因此，判断目击者信源可信度的一个要素是看新闻事件发生了多久。

相关的例子是北卡罗来纳州一名强奸案受害者在事发 11 年后无法确认案犯。虽然她从未怀疑自己当初指认的那个人就是强奸犯，但 11 年后嫌犯凭借 DNA 证据被判无罪。

"这太令人震惊了，真的，"此案警探在 CBS《60 分钟》节目的目击者证词环节向特派记者莱斯利·斯塔尔（Lesley Stahl）描述受害者反应时说。"不，那不可能是真的。那不可能……我确定是他"，受害者当时说。

"到目前为止，DNA 证据已经为 230 多名男性开脱了罪状，这些人大都牵涉性犯罪和谋杀案，"斯塔尔说，"因此犯罪学家们能够回过头去研究这些调查到底出了什么问题。"

"他们关注的，"斯塔尔说，"是错误的目击者证词。在这些无辜的嫌犯中，有 75% 以上是因为目击者认错了而被判有罪。"[4]

判断目击者信源可信度的第二个要素是看叙述能否被其他信源证实。这就涉及信源数量问题。对于同一新闻事件而言，援引一个以上信源的报道要比只有一个信源的报道可靠。在卓越新闻项目进行的新闻内容分析中，信源数量被视为判断报道权威性的一个标志。

由于不同的信源会提供不同的叙述，所以多重信源很重要，对于发生已久的新闻事件来说更是如此。但是，即便存在多重叙述，能够证实什么仍取决于具体情况。很多新闻事件具有争议性和受到政治压力，这让回忆变得更复杂。

2009年出现过这种情况。当时众议院议长南希·佩洛西卷入了与中情局（CIA）的一场争论中，双方争执的焦点是佩洛西在7年前的简报会上被告知了什么，没被告知什么。

关于国会领导人是否知道美国政府对犯人使用水刑和其他严酷审讯方法的争论源于中情局递交给美国国会的一份报告。该报告称，自2002年9月4日起，他们就这些问题向国会领导人汇报过40多次。佩洛西说，她只参加了2002年9月4日那场简报会，而且她从未被告知存在对犯人使用水刑和其他酷刑措施的情况。她说，她被"告知政府正在考虑未来使用的审讯技巧，而那些技巧被认为是合法的"。记者可以发现，中情局报告发布后的两周内，分属两党的国会议员都已经准备好措辞，断言自己在这些简报会上被告知了什么、没有被告知什么。谨慎的记者和信息消费者会仔细寻找多种不同的信息来源。他们知道自己面对的新闻事件发生在7年前，某种程度而言，在法律上它还被归为机密。

这个例子不仅证明记忆不堪一击，而且表明身处温室气氛，即记忆的自我保护和自我选择中，信源往往会与记者相互作用。中情局局长就基于多年前记录的记忆提出警告："最后，您和委员将决定这一信息是否是对实际发生情况的准确总结。"

证实目击者信源：双信源规则

在20世纪70年代，许多美国人肯定都在水门事件中听《华盛顿邮报》执行主编本杰明·C·布拉德利提到过"双信源规则"。布拉德利当时的意思是，除非匿名信源可以被第二个信源证实，否则《华盛顿邮报》不会刊登援引匿名信源的报道。

然而证实一件事情远比看起来复杂。首先，相互佐证的信源必须各自独立，也就是说他们不能重复从同一个人那里听来的相同的二手叙述。

很少有事件像比尔·克林顿总统与22岁白宫实习生莫尼卡·莱温斯基的绯闻那样引起世人对如何证实间接目击者证词的关注。

有关这个新闻事件的最大争议点之一是所谓的"第三方见证"报道。各类新闻机构报道称,有一个人声称见到克林顿与莱温斯基有亲密接触。如果这是真的,那么足以证明总统在弹劾案宣誓证词中撒了谎。媒体上充斥着各种猜测:这一报道是根本没有信源还是采用了匿名信源,目击者是一个还是几个。一篇报道提到,一名据称曾在大陪审团面前作证的白宫服务员说,他曾在令人尴尬的情形下看见克林顿与莱温斯基在一起。其他报道称一个特工人员能够提供类似的证词。

最终证明,这些报道都不准确。原因在于间接信源佐证的是同一个被误解的叙述。一名白宫服务员曾见到了脏毛巾,他把这事告诉了特工人员,这些特工人员向其他同事发牢骚,这些同事又把事情告诉了他们的律师。报道这一新闻的新闻机构——有些后来撤回了报道——或多或少都从特工人员的代理律师那里得到了一些信息。但是,服务员没有直接告诉记者。与新闻所报道的不同,没有人真正见到总统与莱温斯基在一起。

卓越新闻项目在对这一事件的研究报告中提到:"记者们私底下已经承认,在这些新闻报道中,至少有些报道的信源没有亲自见到过总统和莱温斯基同时在一起,甚至有些信源是与此案无直接关系的调查者和检察官。虽然新闻机构在一篇报道中可能援引了两个信源,但这些信源需要掌握多少一手信息才能让人相信这篇报道已被确证?"[5]

《纽约时报》在发排的最后一分钟撤下了报道。当时工作人员反复思考的问题是信源提供的是一手、二手还是三手信息。报道看上去有根有据,拥有多重信源。它被安排在头版的显要位置。早报的截稿时间就快到了,负责这篇报道的两名记者还在想办法确定他们的信源是否站得住脚。

下午6点,他们走进当时华盛顿分社社长迈克·奥雷斯基斯的办公室,说:"迈克,我们经过充分考虑,认为提供信息的是间接信源。他们没有亲眼见到总统和莱温斯基在一起,只是和据称见过总统和莱温斯基在一起的人交谈过。我们不知道是否仅凭这些就可以说总统撒谎。"[6]

奥雷斯基斯致电纽约总部的编辑，说这篇报道不能发。纽约总部的编辑认为消息已经传开了，比如《达拉斯晨报》(*Dallas Morning News*) 和《华尔街日报》已经在网站上刊登了类似报道，但奥雷斯基斯坚持认为不能发。这是一个至关重要的决定。《达拉斯晨报》和《华尔街日报》后来撤回了报道，但其他一些已经发布报道的新闻机构没有这么做。

有些情况下，第二个信源可能是间接信源，第一个信源才是目击者。不过，潜在的问题是用来佐证的信源可能是在重复第一个信源告诉他的信息。这不是真正的证实。我们必须提防这些细微差别，假如它们不易被察觉，我们就得小心了。

> 这是二手、三手还是四手信息？记者似乎很少问这个问题，也很少向我们消费者传递这个问题。但是，这个问题很重要。

参与者而非目击者

下一级信源不是目击者，而是新闻报道的直接参与者。比如，调查谋杀案的警官，调查火灾如何发生的消防员，以及事故发生后奔赴现场的急救员。

警方发言人和白宫发言人不属于这类信源。前者善于表达，往往非常上镜；后者没有出席会议，她从其他人那里获知情况后再向新闻界发布。各类机构使用新闻发言人，除了有助于控制信息，还有其他好处。比如，我们不会要求调查谋杀案的警官花时间将情况告诉记者，这可能会导致追踪线索中断。但是作为新闻和信息的消费者，我们必须意识到发言人本身通常不调查案件，她也是从其他人那里了解的情况。她与调查警官直接交谈过，还是由其他人告知情况？这是二手、三手还是四手信息？记者似乎很少问这个问题，也很少向我们消费者传递这个问题。但是，这个问题很重要。

专家信源和分析人士

还有一类信源没有直接参与报道，而是作为受邀专家提供背景信息或分析。如今，媒体的讨论成分逐渐增多，报道元素日益减少，我们听到越来越多这些"专家"的声音，而不是一手信源的声音。大多数情况下，这些专家提供分析，不提供描述新闻事件的直接事实。分析在本质上具有猜测性，因此，我们要更加谨慎。释义新闻想要建立背景信息，或者核实相冲突的事实来证明结论。对于这类新闻，我们应该要求获得更多信源和证据，因为证实事实并非易事。但具有讽刺意味的是，现实情况往往相反。记者甚至信息消费者鉴于信源提供的是观点，好像反而降低了对他们的要求。

释义新闻是目前主要的新闻陈述形式，我们至少应该要求这类新闻提供更多有关专家信源的信息，告诉我们他们在新闻事件中发挥什么实际作用。他们真的与新闻事件无关、不偏不倚吗？或者，他们是利益相关者，比如前检察官、政治战略家或专栏作家，充当公正的专家和权威人士只是为了让自己看起来更有威信？所谓的专家往往是某一政党、派系或利益团体的积极分子，他们摆出局外专家的样子是为了说服和操纵受众。这种虚假的肯定式新闻我们必须提防。

我们几乎每天都能在有线电视政治脱口秀节目中看到这类观点激进的专家，甚至一些没有政治倾向的主持人也会邀请他们参加节目。看一下2008年5月6日，即巴拉克·奥巴马在北卡罗来纳州初选中战胜希拉里·克林顿当晚的 CNN 节目表。奥巴马获胜意义重大，因为这证明了他能够在一个南部州赢得选票，这场胜利是他能否入主白宫的转折点。但是，如何评价取决于对胜利的诠释。CNN 准备了两档黄金时间专家讨论节目来分析初选结果。一档在投票结束后的晚上 8 点播出。另一档在投票结果揭晓时的晚上 10 点播出。专家团成员及其出镜身份分别是：民主党战略家贾马尔·西蒙斯、前白宫顾问兰尼·戴维斯、CNN 特邀政治分析员戴维·格根、CNN 政治分析员保罗·贝加拉、共和党战略家亚历克斯·卡斯特利亚诺斯、CNN 撰稿人比尔·贝内特和 CNN 政治分析员唐娜·布拉齐尔。安德森·库珀主持了整场讨论。

标明专家身份是有线电视新闻专家讨论节目的典型做法，通常情况下，除了提供头衔或所属机构名称外，几乎没有其他信息。知道这些往往不够。

比如，了解一下当晚的节目中邀请的专家们的背景会对我们有所帮助。

贾马尔·西蒙斯的身份是民主党成员，亚历克斯·卡斯特利亚诺斯是共和党成员，两人都是政治战略家。西蒙斯曾参与过三次民主党候选人的总统竞选，其中包括比尔·克林顿，因此他不可能是中立的。兰尼·戴维斯担任过克林顿政府的顾问，这一点节目中也没有交代。卡斯特利亚诺斯曾担任乔治·W·布什的竞选顾问，有"现代攻击性竞选广告之父"之称。CNN自家的分析员的政治立场也不一定都是中立的。分析员保罗·贝加拉曾是比尔·克林顿总统参加竞选的核心战略家，也是希拉里·克林顿的支持者。两档节目都出现的唐娜·布拉齐尔已被任命为民主党全国大会的超级代表①，不过几个月后她被曝光支持奥巴马已经有些时日了。基于以上信息，这些人的评论都具有倾向性。其中，戴维·格根是一个特殊的政治人物，他在共和党和民主党政府都担任过白宫顾问，而比尔·贝内特是一个顽固的保守派，目前是一档煽动性脱口秀节目的主持人。所有这些补充信息都有助于受众更好地理解节目中的偏见与议程。事实上，这些人中，或许除了格根，其他人都不是纯粹的分析员。他们都有可能是白宫之战的重要参与者，有些人还直接参与奥巴马和希拉里·克林顿之间的竞争，然而他们都以公正的观察者身份出现，隐藏了各自的政治倾向。

除了询问信源的身份是否明确和完整，关于所谓专家信源，还有一个问题值得一问：主持人或记者希望从这些专家身上获得哪类信息？假如他们问及事实，那么这就意味着有可能是确证式新闻。假如问及观点，那么就意味着是另一类新闻。假如堆砌问题是为了获得某种反应，那么这就表明嘉宾只是陪衬，我们见到的不是提问，而更像是说服——我们遇到了

---

① 民主党全国大会的代表由正式代表和候补代表组成，正式代表又分为基础代表和超级代表。基础代表是各州通过各种方式推选出来的代表，在当选时必须宣誓支持特定的候选人；超级代表则不用参加州一级的选举，直接拥有在大会上投票的权利，而且不受支持特定候选人的限制。超级代表通常是民主党内的精英，比如党内高级官员、参议员、众议员和州长等人物。

肯定式新闻。

有时，主持人邀请嘉宾不是为了询问意见而是将其当作陪衬，这是显而易见的。比如，2008 年大选结束后 4 个月，前布什政府新闻发言人阿里·弗莱舍（Ari Fleischer）和前参议院民主党新闻发言人在 MSNBC《硬球》（Hardball）节目上相遇，这让主持人克里斯·马修斯兴奋不已。节目一开始，马修斯和弗莱舍微笑着出现在电视分割画面中。

"阿里·弗莱舍！"马修斯大声叫道，似乎很惊讶看到这位嘉宾。"你今天来这里干什么？今天是拿破仑从克劳福德（Crawford）归来 100 天吗？①前布什班子——应该说现任布什班子——最近老歌唱得怎么样……"

"克里斯，是你邀请我来的。"

这个回答给马修斯来了个措手不及，他停顿了一下继续开涮。在接下来的 5 分钟，马修斯陆陆续续地抛出了一连串问题，接连打断弗莱舍说话，或者当这位前发言人想要回答问题时与之争论。

节目进行了 8 分钟，弗莱舍叫了暂停："克里斯，你不应该打断你的嘉宾。或者你就喜欢这么做？"只有这时弗莱舍才为自己赢得了一个人出现在屏幕上发表观点的一分钟。

匿名信源

我们如何理解没有提供实名信源而只有匿名信源的新闻报道？作为信息消费者，我们应该如何评价这类新闻？

记者使用匿名信源可能有很好的理由。一般来说，高度机密材料来自匿名信源，因为他们需要保护。一位揭发市长盗用公共资金的内部告密者有可能因为不忠而丢失工作或受到处罚。一个匿名信源可能是位优秀的公务员，他的告密行为也可能是爱国之举，国会为此专门通过法律保护告密者。

---

① 这里引用了拿破仑一世的"百日王朝"的典故。法兰西第一帝国皇帝拿破仑一世在被第六次反法同盟打败、流放地中海后返回法国，推翻了刚刚复辟的波旁王朝，恢复帝位。紧接着，他又在滑铁卢被第七次反法同盟打败并再次流放。拿破仑一世重掌政权的这段时间一共 101 天，因此称为"百日王朝"。

但也有证据表明，甚至很多记者都承认，匿名信源存在滥用之嫌。比如，国会山的很多新闻发言人坚持要求，在援引他们的话时使用"幕后消息"一词，这一新闻术语是指交代信源的身份而不指名道姓。一些匿名信源希望匿名的主要原因是，尽管自己的薪水由公共资金支付，但他们还是不想在媒体上凌驾于老板之上。一些记者同意这一请求并以此换取信息，他们这么做实际上被动剥夺了公众要求公务员履行说明义务的权利。

作为信息消费者，我们需要有能力区分什么是匿名信源的正当使用，什么是滥用。那我们应该如何评价新闻报道中的匿名信源呢？

首先，我们有权知道信源被匿名的原因。假如"谁是信源？"这个问题的答案是"我们不能告诉你"，那么作为公民我们应该要求获知信源不能公开的合理理由。其次，我们应该问为什么要相信信源提供的信息。假如不提供补充信息，我们怎么知道信源是否有能力获得自己所说的那些信息？新闻机构即使不能提供信源的身份，也应该让我们对信源的可信度有所了解。新闻机构只说"CBS获悉"或"信源告诉《号角》（*Bugle*）①"已无法满足受众的需要了，在如今的新闻环境中，我们想要知道为什么《号角》相信信源提供的信息，并以此决定我们是否应相信信源。任何一篇新闻报道都应在不伤害信源的前提下尽量回答这些问题。记者可能会抱怨不好操作，甚至搬出一些常用的拙劣措辞，比如"一个要求匿名的信源"。好吧，我们知道信源要求匿名。但为什么同意呢？"一个掌握该事件一手信息的信源冒着丢工作的风险向《号角》透露"，这种叙述会告诉我们更多信息。记者可能会认为这种表达方式多此一举，但大部分公众会认为它提供了有用信息。

假如新闻报道没有给出援引匿名信源的理由，那么你最好暂且不做判断，直到在新闻中发现支持信息的进一步证据再下结论。如果没有进一步证据，那你就得小心了。

近几年，一些新闻机构就哪些情况下允许信源匿名建立了更为严格的

---

① Bugle 原意为号角、军号，这里是某一媒体名称。

内部规则。2009年2月，时任《纽约时报》公众编辑的克拉克·霍伊特分享了该报执行的一些新规则。霍伊特说，记者和编辑必须权衡的因素包括：信源是否真的有能力知道自己所提供的信息，信息是否真的具有新闻价值，是否还能从其他渠道获得信息，信源是否拥有可信度记录。这些都是值得权衡的恰当标准。但对于消费者来说，我们更愿意相信那些暗示或以某种方式分享信源匿名原因的报道。

另一个因素也值得一提。与利用匿名信源发表观点相比，在具有可证性的事实材料中使用匿名信源更有价值。已故的德博拉·豪厄尔在担任纽豪斯报业集团华盛顿编辑时规定，秘密信源只能用来提供事实，不能发表观点。假如一个记者援引的匿名信源对某人进行批评，那么你就得小心了。"一位民主党顾问说，因为性格原因，很难与阿拉巴马州的一名共和党国会议员合作，而且大家都不喜欢他。他很有可能最终得不到选票。"为什么新闻机构会允许一个民主党成员匿名批评一个共和党成员？这是观点，不是经验性事实。这种信息只对信源有用，对公众理解毫无用处。对于新闻机构而言，这一信源显然不值得保护。《纽约时报》前编辑马克斯·弗兰克尔把这类援引称为"匿名贬损"，记者完全是在允许信源侮辱某些人，而且还保护他们这么做。

信源和操纵说辞

在讨论信源、证实、伪装的宣传与伪装的新闻时，如果不提及影响现代媒体如此之深的说辞（talking points）现象和协同讯息（coordinated message）概念，那是不完整的。说辞是指传播专家为了操纵公众认识，防止出现计划、概念、信仰或产品的冲突性描述而事先设计好的短语，以及政治营销中使用的流行语。它是被动的断言式记者中盛行的武器，是肯定式记者的大棒。

不确切地说，基于连续性重复会使断言成为信念的假设，位于华盛顿的行政部门和相互竞争的政治利益中枢已经将使用说辞视为标准程序，它们每天绞尽脑汁地为接下来的议题辩论形塑语言。这些中枢每天发布备忘录，总结适合用于公共讲话或私下会议的要点。白宫经常向各个政府部门发布"每日讯息"，影响关于政策或计划的公共对话，五角大楼甚至为公共信息官员准备了说辞提示卡片。它们通常借助民意调查来检验哪些短语会引起公众的共鸣，并且研究语言对情绪的影响。说辞的发布者希望他们的信息或产品可以促成正面的公众意见。

"说辞"概念已经深得人心，以致人们甚至忘记了它的内涵是试图操纵人心。比尔·奥赖利在福克斯新闻网站上有一个说辞档案，汇总了他某一天发表的观点。"美国人艺术"网站上有一系列关于艺术基金、经济对艺术的影响、艺术与旅游等问题的说辞，那些想要推动公众支持和资助艺术事业的人可以下载使用。自由派网站"说辞备忘录"融合了政党博客、新闻聚合器和一些解释性报道，经常综合或分析他人的原创报道。

营销和代名词

作为谨慎的消费者，我们要注意一些能够说明问题的信息被净化过的痕迹，其中之一就是用词新颖或一反常规。现代说辞的一个特点是措词与众不同或令人印象深刻，目的在于操纵受众。

代名词是其中之一。由于公众对空气中二氧化碳量增加而导致的危害越来越敏感，"清洁煤"一词出现了，它被用来抵消煤及其燃烧时产生黑烟在人们心目中的不良形象。经济领域，随着国家经济陷入自由落体式下滑，无担保贷款可以中性地被描述为"次级抵押贷款"，也可以措词强烈地将其描述为"不良资产"，如何使用取决于使用者对公众反应的不同期待。

我们如何发现这类语言？一个明显的特征是，有些通常不一起出现的词被联系在了一起。比如"死亡税"、"支持生命"、"支持选择"和"福利妈妈"。这些描述没有实际含义，但不断的重复使其呈现出某种意思，它们用于说服而不是传播。没有人该为死亡纳税，对吧？死亡税也被称作"遗产税"。难道富人将遗产留给下一代不应缴纳州税吗？"支持生命"是反对人工流产的意思，而"支持选择"是支持人工流产的意思。我们应该要求记者恪守清晰原则、反对流行语，同时要求新闻从业人员自己杜绝使用这些词。当然，我们不能因为媒体做不到就放松自己对奥威尔式语言①应有的警惕性，我们在要求记者防范的同时自己也要做到。

对特定语言的重复

假如多重信源均用同样的语言描述一个议题或新闻事件，那我们就得谨防被人操纵的可能性。如出一辙的语言并不意味着证实。

对于一个有经验的新闻搜集者和新闻消费者来说，假如每个信源都使用同样的语言，那就证明所听到的是传播战略家针对他们编造的说辞。

这类控制性政治话语的最佳监测者不是新闻机构，而是《乔恩·斯图尔特每日秀》（*The Daily Show with Jon Stewart*）这类喜剧节目。看看它如何将乔治·W·布什政府企图让伊拉克战争政策反对者噤声的说辞串联起来就知道了。

受民主党控制的众议院当时正在讨论撤军时间表，甚至考虑通过一份证明布什政府的伊拉克政策不再代表国家最佳利益的决议。

共和党人士以使用了数月之久的说辞予以回应，他们都用"壮胆"一词来谴责争议。没有人使用鼓励、激励和鼓舞等表达相同意思的词语。他们运用了同一种结构：对总统的批评"壮了敌人的胆"。

"国会正在讨论的这些选择壮了世界各地恐怖分子的胆"，众议院少数派领导人约翰·博纳（John Boehner）2007 年 1 月 23 日说。

"从伊拉克撤军会壮了恐怖分子的胆"，白宫发言人托尼·斯诺（Tony Snow）2006 年 9 月 12 日对记者说。

"在完成任务之前从伊拉克撤军会壮了敌人的胆"，布什总统 2006 年 11 月 6 日说。2007 年 1 月 17 日，他又说道："所有时间表都是在壮敌人的胆。"早在 2005 年 7 月 22 日，他就曾说："你们可以传递矛盾信息来壮敌人的胆。"

主流媒体播出了这些说辞，实际起到了推波助澜的作用。将这些说辞

---

① 乔治·奥威尔（George Orwell）是英国左翼作家，《动物庄园》和《一九八四》是他的代表作。他的作品以敏锐的观察力和犀利的批判性闻名于世，他常以童话寓言般的语言或超越时代的预言揭露现实世界的深刻本质。

与实例联系起来，然后拼凑成一档富有说服力和启发性的节目，这正是斯图尔特及其喜剧节目的责任所在。

信源、动机和偏见

无论是否匿名，信源的动机都是隐藏的，至少不是显而易见的。我们有必要质疑信源为什么会提供信息，其用意何在。

信源具有动机这一事实——他/她不是完全公正的——虽然不足以构成让人反感信息的理由，但却与我们如何评价信源不无关系。

调查报道记者设法在报道中降低偏见程度。曾为《洛杉矶时报》和《纽约时报》写过情报界重要报道的吉姆·赖森，他在报道前采访了前特工人员，了解这个行业的人是如何考虑问题和讲话的。

就像记者西摩·赫什[①]一样，赖森也更愿意了解政府的中层人士，而不是高层。"我一直把这当成是与罗森克兰茨和吉尔登斯特恩[②]这样的小人物打交道，这些人经常在背后对公共政策冷嘲热讽，"他说，"我的方法是和信源交谈、对话，不给对方压力……我所接触的信源都是一些对大权在握的重要人士评头论足的人；他们本身不是重要人士。"

这种方法获得的信源会因为提供信息而给自己造成一定风险，而且通常得不到明显好处。赖森从这类信源身上搜集支持或反对性证据。他用自己的方法逐渐了解机构上层：首先采访与政策结果没有密切关系的人，这些人更有可能告诉你他自己的顶头上司说了什么。从不同等级的信源那里

---

① 西摩·赫什（Seymour Hersh, 1937— ），美国著名调查报道记者，《纽约客》杂志军事和安全事务的定期供稿者。1969年，他率先披露了美军在越南制造的"美莱村大屠杀"真相，并因此获得1970年的普利策国际报道奖。2004年，他在《纽约客》发表了揭露美军在伊拉克阿布格莱布监狱虐囚事件内幕的独家深度报道。

② 罗森克兰茨和吉尔登斯特恩（Rosencranz and Guildenstern）原是《哈姆雷特》中两个几乎没有台词的小角色，后来英国剧作家汤姆·斯托帕德对《哈姆雷特》进行重新演绎，以这两个小人物为主人公创作了《罗森克兰茨和吉尔登斯特恩已死》（Rosencrantz and Guildenstern Are Dead）。1968年，斯托帕德凭借此作品获得了美国戏剧界最高奖托尼奖。1990年，该作品被拍成同名电影，中文译名为《君臣小人一命呜呼》。

收集信息，更有可能分辨出个人或政治偏见。

赖森的方法与鲍勃·伍德沃德这类记者不同，后者倾向于锁定政策制定者和内阁级别的人物。伍德沃德的优势在于他能获得只有少数直接参与者知道的独家消息，风险在于这类信源最有可能尽全力保护政策，他们深谙公关技巧，并且乐于指责对手。此外，可以用来佐证的信源较少。这正是令伍德沃德对一些信源感到担忧的地方。他的一个信源私下里向我们讲述了他的顾虑，为了日后他还能与伍德沃德和其他记者保持良好的关系，我们同意他匿名，不过他的一些见解值得我们分享，他对伍德沃德所采用方法的担忧也值得读者思考。他的看法不是人身攻击。"我喜欢鲍勃，而且我尊重他。我认为他是一个伟大的记者。但我担心，在我充当信源的那些书里，他对事件的描述很容易因为某些人愿意给他提供信息、某些人不愿意而受到影响。从某种程度上来说，这些书具有罗生门性质。事件看起来这样，不是因为它原本就是这样，而是因为这个家伙提供了信息而那个家伙没有。但因为所有信息都没有提供来源，所以读者并不知道少了什么，哪些说法没有出现。"

我们不可能要求新闻中所援引的信源，甚至匿名信源都不偏不倚，这不可能。我们应该要求记者或新闻提供者把信源可能存在的任何偏见都告诉我们，让我们知道为什么存在偏见信息，但新闻仍然可靠。衡量记者可信度的一个标准是看他们在多大程度上帮我们考察了信源，而不只是出于他们自己的目的而引用信源。

> 衡量记者可信度的一个标准是看他们在多大程度上帮我们考察了信源，而不只是出于他们自己的目的而引用信源。

信源性质是一个重要问题。信源提供的证据，以及写作新闻的人如何审查或检验信息在很多情况下更重要。这就是我们接下来要谈的——证据。

第六章 证据与确证式新闻

面对信息流时，我们必须具备我们曾要求记者所应具有的怀疑精神。

看到并不等于知道，发现真相并不仅仅意味着掌握一两个事实然后就把它们传播出去。

区别事实与真相需要知道如何衡量不同事实的价值，要知道如何检验和评估证据。

西摩·赫什需要一点时间来辨认电话那头的声音。他听出来了。对方是一个专业情报人员，曾在冷战期间为他提供过消息。在赫什的记忆中，这个人可靠，恪守原则，偶尔会私底下向新闻界透露信息，并以此种方式让政府说实话。当他们后来在赫什的办公室见面时，这个人简要讲述了一件令人不寒而栗的事情，是关于反恐战争期间中央情报局如何运用不为人知的酷刑手段进行逼供的。

对于赫什来说，揭露性报道引发争议并不是什么新鲜事。或许在美国历史中，还没有哪个记者能像他一样揭露过那么多政府渎职行为，因披露政府机密而引发那么多争议。赫什第一次进行揭露性报道是在1969年，当时他发现美军想要掩盖在美莱（My Lai）村屠杀近500名越南平民的事实。他获悉，美军已经对大屠杀进行了秘密调查，并打算起诉中尉威廉·凯利（William Calley），让他一人承担所有责任从而平息整件事。赫什最终找到了凯利，让他说出实情。此事一经揭露就引发了全国性抗议，另外25名军官和士兵被起诉，公众对战争的支持率进一步下降。赫什因为这篇报道获得了普利策奖。

这才刚刚开始。赫什接着揭露了柬埔寨的秘密爆炸、美国暗中支持皮诺切特（Pinochet）在智利发动政变、美国私底下帮助以色列研发核武器、美国联邦调查局（FBI）和中情局秘密监视美国公民、罗纳德·里根总统卷入一项绕开国会禁令向尼加拉瓜反对派武装提供武器的秘密计划、美国支持的巴拿马独裁统治者曼努埃尔·诺列加（Manuel Noriega）有贩毒背景等。水门事件中，由于赫什在《纽约时报》发表了很多关于水门事件的重要新闻，鲍勃·伍德沃德和卡尔·伯恩斯坦把他当成"竞争对手"。[1]

> 想尽一切办法搜集积累细节与事实。尊重细节！

后来，赫什又因为反恐报道而成为争论焦点。当时，美国五角大楼把美军在阿富汗的第一次重要地面行动形容为"全面成功"，赫什在给《纽约客》杂志写的一篇评论中却认为它"近乎一场灾难"，同时质疑塔利班已被消灭的说法。此外，他还对有关伊拉克拥有大规模杀伤性武器、伊拉克与基地组织有联系的报道提出"极端质疑"。他的这两个观点很快遭到谴责。Slate.com 网站①的专栏作家杰克·谢弗称赫什对阿富汗的评价是"愚蠢的错误"。在赫什发布有关伊拉克的报道后，谢弗甚至预言有望"在两周内"见到大规模杀伤性武器和伊拉克与基地组织有直接联系的证据。在这两件事情上，时间证明赫什的报道是正确的。

赫什经过长期实践形成的报道方法很简单：想尽一切办法搜集积累细节与事实。20 世纪 50 年代，当赫什还是芝加哥城市新闻局一名年轻记者时，一位编辑向他灌输了这种经验主义哲学。当时赫什报道一起明显的自杀案件，他先是被编辑一遍又一遍地派去警察局搜集关于受害者衣服的更多细节，接着又因为没有很好描述受害者的领带又被打发回去，然后又被派回去寻找受害者曾喝过酒的痕迹。每次赫什回到警察局寻找额外信息都会令他愈加尴尬，警察也越来越不耐烦。赫什回忆说，最后一次他被直接带到了区队长那儿，区队长最后"揪住我的衬衣，把我拽到脸跟前说，'孩子！我的工作不是把鼻子贴在每个自杀者的脸上看来看去！'"

赫什养成了尊重细节的习惯，并将它转化成一种系统化的链条式报道方法。"它让我学会了自下而上地报道，"他解释说，"绝不跳过链条上的某一环。从链条下端、与报道有关的人开始了解情况。每一环节都尽可能从信源身上挤出所有信息，进入下一环节前回顾一下已经获得了什么信息，根据后面采访或取证所得的信息核实前面信源提供的信息。"[2]

赫什看着面前这个讲述中情局如何使用酷刑的人，再次警觉起来。据信源说，酷刑受害者是 2003 年 8 月在泰国被抓获的东南亚头号恐怖分子嫌

---

① Slate.com 是美国知名的时事与文化类网络杂志，1996 年由前《新共和》杂志主编迈克尔·金斯利（Michael Kinsley）创办，最初属于微软公司旗下，2004 年底由《华盛顿邮报》购入，2009 年初推出法语版。该网络杂志因特立独行的言论而闻名，却也因此颇受非议。

疑犯。他叫里杜安·伊萨姆迪（Riduan Isamuddin），跟随他袭击美国及其利益集团的人都叫他汉巴利（Hambali），布什总统称他为"世界上最危险的恐怖分子之一"。美国政府派特工前往泰国参与了对他的审讯。接连几个月，新闻报道中陆陆续续出现内部消息，称在对汉巴利的审讯中获得了重要情报。他后来被转移到约旦，并最终关进了关塔那摩监狱，直到2005年他还被关在那里。但当赫什在2006年1月接到信源的第一个电话时，汉巴利这个名字几乎已经从新闻报道中消失了。

这个信源过去提供给赫什的信息一直都是准确无误的。他不是极端分子，是一个理想主义者。据赫什后来的回忆，当信源向他透露消息时，"他非常不高兴，他因为不道德行为而感到愤怒"。

他继续告诉赫什，那些被派往泰国指挥审讯汉巴利的中情局特工回到总部后在公开场合吹嘘。其中有个特工说，他曾经把一个装满火蚂蚁的头盔戴在了汉巴利头上，据特工们说它是"黑社会使用的一种技术"。"5分钟内，火蚂蚁就咬他的眼睛并爬进鼻子里。他开始尖叫，哭得撕心裂肺"，信源援引这位特工的话。"但是，"信源补充说，"他们不知道他当时的智力是否还正常。"

赫什在他的标准便笺本①上记下了其他听到这个故事的人的名字；对这一尚未处理的行为的书面起诉书的细节。

接下来的三个月，赫什不辞辛劳地核实和记录起诉材料。他采访了50多个人，把能找到的每一份关于汉巴利被捕和审讯的文件收集了起来。报道成果保存在一摞标准便笺本和文件里，它们堆在赫什的办公室，足有1英尺高。"事实，事实，更多事实。这就是我学到的。"赫什说，"每一个环节都要想办法获得证明事实的证据。我联系了最早逮捕汉巴利的警察，这些都记录在案。我还掌握了一些关于汉巴利智力是否正常的档案。"

接到那个电话的5个月后，赫什核实了信源提供的20个主要信息点，

---

① 标准便笺本（legal pad）是指竖开的笔记本，内页有横线，左侧画一竖线，因为美国法律界人士常用这类笔记本而得名。

他拿着所掌握的信息与中情局当面对质。"我告诉他们我已经掌握了什么信息,但他们完全否认,"赫什说,"'我们只对汉巴利用过水刑,没有其他刑罚。'对方断然否认。我掌握的每一个信息都告诉我火蚂蚁的事是真的。但我找不到第二个信源。"

> 写你能证明的东西,而不是你认为是真实的东西。就算你认为自己理解了这个东西,证据有所暗示,你还是要保持怀疑。你要能在具有怀疑精神的公众面前证明它是真实的。

赫什能够确认部分信息。"我找到了另外三个内部人士,他们证明,我的信源在向我透露信息的同时也把情况汇报给了中情局"。赫什说。用于核实的信源确认,赫什的信源把告诉赫什的情况也向检察长作了汇报。此外,另外几个人证实,他们曾听参与审讯的人说过使用火蚂蚁技术。然而,赫什还是没有亲眼看见使用昆虫酷刑的信源。换句话说,他掌握的还只是二手信息。高级官员又断然否定了他的说法。因此他决定,"我不能发表这篇报道"。

3年后的2009年4月,一些概括布什政府审讯方法的法律备忘录对公众公开。其中就包括允许使用"昆虫"的记录,但没有明确说明是哪种昆虫,也没有提到火蚂蚁。但这无法让赫什感到欣慰。

"报告公布后,"赫什遗憾地说,"和我曾交谈过的几个中情局内部人士认为,报告提到'昆虫'让人觉得滑稽。他们告诉我,他们曾一边喝酒一边笑我怎么会相信'只用了水刑'。不过,你知道,我最早在芝加哥城市新闻局工作时就被灌输了一种思想,就是'不写任何你不确定的东西'。"[3]

这种理念看似简单,操作起来很难。写你能证明的东西,而不是你认为是真实的东西。就算你认为自己理解了这个东西,证据有所暗示,你还是要保持怀疑。"差不多肯定"还不够,必须要"知道"它一定真实。你要能在具有怀疑精神的公众面前,在驳斥官方藐视时展示、确立、辩护和证明它是真实的。

西摩·赫什不写这篇报道的故事告诉我们,想要弄清楚什么是可靠信息的第四个问题是:

提供了什么证据，是怎样检验或核实的？

> 证据是我们通往真相的唯一途径……真相是探求的结果。我们辨别信息提供者是否可靠的方法是寻找并理解证据。

当我们筛选关于周围世界的新闻时，证据无疑是最复杂、最难处理和最重要的元素。检验证据需要训练和耐心。它不仅要证明事实，还要检验和核实相关信息，更复杂的甚至需要厘清证据的意义。由记者成为小说家的加布里埃尔·加西亚·马尔克斯（Gabreil García Márquez）这样看待证据："证据是我们通往真相的唯一途径……真相是探求的结果……我们的责任就是遵循正确的程序。"[4]

毫无疑问，证据与前一章所讨论的信源紧密相连。信源的性质、专业技能、观点及其知识是否来自亲历都是证据的一种表现形式。不过，在判断新闻是否可信时，仅了解信源还不够，我们必须辨别和评估信源所提供的证据。过去被证明是可靠、值得信赖的信源现在可能有问题，文件及资料也是如此。有些情况下，即便是名声很好的人也可能撒谎。一个信源的声誉和以往的记录可以告诉我们他/她是否值得交谈，但不能证明他/她所说的就一定正确。对于新闻报道者和新闻消费者来说，独立地核实某人说过什么，还不足以相信它是真实的。假如信息可以被证实，那就得找到证据。

如今，消费者成了自己的编辑，"秀我"与"信我"相互竞争，评估证据的工作越来越多地落在了我们消费者身上。我们辨别信息提供者是否可靠的方法是寻找并理解证据，这是似乎可信与完全可信之间的分界点。以往我们能从新闻机构和其他声称服务公众的信源那里获得一些证据，现在我们需要更多证据。

我们会依赖直觉和常识筛检证据，继而理解特定语境下信息的意义。我们在与科学、法律、新闻和执法等领域的人士交谈后发现，尽管这些专业人士措辞不同，但他们对于如何检验和评估证据几乎有着共同的一整套步骤或想法：

- 弄清证据是什么，理解它的性质（类似于我们从语法上分析信源可能知道某事物的依据）。

- 了解检验或核实证据的过程，以及是否探讨了反面证据。
- 弄清楚从证据中得出了什么结论（明示的和暗示的），以及是否有依据。
- 考虑一下这个证据是否还能得出其他结论。

这就是你区别证据与推断的过程。证据是证明事物是否真实，而推断是在实际证明前就相信它是真实的。

需要寻找的一个重要元素是隐含的结论。记者有时会使用中立或独立的新闻声音作为幌子，表达隐含着的或间接的观点——引导受众得出某一结论。他们会选择引语，挑选信源，有目的地运用形容词。识别这类滥用的标志并知道如何解析很重要。

我们将在这一章的后半部分和下一章详细分析，作为新闻消费者，我们该如何完成这一过程，成为具有怀疑精神的编辑。在这一章，我们讨论如何评估确证式新闻的证据。这类新闻主要是通过获取正确的事实证明发生了什么——更倾向于报道（reportorial）的新闻类型。在下一章，我们将说明缺乏核实是被动的断言式新闻的标志。然后说明积极地挑选和操纵证据是旨在肯定而非真正研究问题的肯定式新闻的标志。

无论碰到哪类新闻，我们评估证据都应该从辨别新闻报道或内容的种类开始。这是一条纯新闻报道吗，只告诉我们发生了什么？如果是，那么我们就要寻找证明事实真实性的证据，以及发生了什么的证据。假如是更加复杂的新闻，比如释义新闻、更高难度的范式转变性报道或监督报道，我们不仅需要找到证据证明事实准确，还要证明解释也正确，而且我们要亲眼看到证据，自己判断。

就算是证明事实也面临层层困难。假如需要证实的信息简单、不具争议性，那么我们会满足于少量的证据。假如我们想要弄清楚总统在大型会议上（有很多目击者，对于发生了什么不存在隐含争议）说了什么，我们会接受白宫发言人提供的信息，即便他自己并没有在现场。发言人没理由回避真相，因为他对会议的任何错误声明都很容易被人发现。换句话说，信息的本质和语境决定了我们的怀疑程度。假如是一项声明的影响很大，那么我们就得要求见到更多证据。假如所讨论的问题不是问什么，而是问为什么、问动机，那么我们就需要再多一点的证据。证明动机和"内在真相"（interior truth）更复杂。证明政府为什么在某些重要政策上改变立场、接受妥协，可能需要两个以上信源，这时，白宫发言人就不是获得真实信息的合格信源。

证据和突发新闻

我们分开来讨论评估证据的过程，首先举一个最简单的报道类型：关于华盛顿特区主干水管破裂的报道。有些证据（街上的水）就在我们眼前。对于我们大部分人来说，即时性无关紧要——晚些时候甚至第二天知道新闻都可以。没有人危在旦夕；最大的问题是地下室受灾了。因此，对于这么一个相对简单的已发生新闻事件，我们希望看到一篇比较完整的报道。

《华盛顿邮报》的报道提供了什么证据？仔细阅读这篇报道，很明显，《华盛顿邮报》的记者不是目击者，对现场的描述来自于官方信源。"很多家庭遭受了相当严重的水灾"，文章援引副消防队长的话。但是，这篇报道的记者在短短几百字内展现了出色的报道水平。文章援引了五个不同的实名信源——对于这么简短的一篇报道来说已相当可观——其中三个是官员，两个是事件发生地的居民。所援引的是直接负责处理问题的官员，而不是不了解具体情况的发言人；所援引的居民证实了官员提供的信息，又补充了细节。文章把不同信源提供的叙述重叠起来，告诉读者发生了什么，发生的原因，以及情况如何。这个新闻事件从本质上来说不是很重要，因此我们认为有以上证据已经足够。

接下来让我们讨论一个更重要的新闻事件。事情发生在上下班高峰期，危及成百上千人的生命。事情刚发生我们就想马上了解情况，也正因为如此，我们会原谅报道存有一定程度的不确定性和混乱。

事情发生在 2009 年夏天，华盛顿特区的两辆地铁列车在高峰期发生了碰撞。死了多少人，有多少人受伤？地方电视台新闻节目的最初说法是死了 3 个人。过了几小时，《华盛顿邮报》发布的网上新闻说已造成 6 人死亡。当天晚上，死亡人数上升到了 9 人。事故是怎么发生的？还不清楚。

> 我们要在不确定的情况下寻找确定性信号。我们想知道什么是确切信息，最要紧的是知道什么信息不确定，什么信息还在发生变化。

作为信息消费者，我们知道以上报道可能不完整。现场情况还在变化；具体信息还很混乱。最早赶到现场的救援人员为了救人肯定早已把现场控制起来。在这种情况下，我们知道记者很可能被挡在现场外。我们也明白不是每个人都了解最新情况，受害者正被送往不同医院，伤亡人数还无法统计。

但是相比于主干水管破裂，我们更急于了解这条新闻，因为它事关重大。我们所爱的人可能就在这两辆列车上，或者被困在同一线路的某辆列车上。因此不论什么信息，我们都想马上知道，而且也能理解很多信息还无法获知。事件，以及我们对于信息的急切需求，改变了我们对于完整性和准确性的期望值。

这时，我们要在不确定的情况下寻找确定性信号。我们想知道什么是确切信息，最要紧的是知道什么信息不确定。我们更想弄清楚证据的来源是官方、目击者，还是二手叙述？新闻提供者仔细区分谣言、道听途说和一手信息了吗？是否厘清了不同叙述，而不仅仅是把自己听到的所有信息都传递出去？情况还在变化，我们需要知道什么信息还无法获知，只有这样才不会被误导，不会惊慌失措。

美国人获取新闻的主要媒介是地方电视台。当天，一家电视台专门播出了主持人与地铁部门发言人的通话。另一家电视台手机采访了相撞列车上的一名乘客。第三家电视台派了一名记者前往现场，这名记者一开始离事故现场很近，后来被政府工作人员打发到远处站着。

乍一看，这三个报道似乎在新闻价值上没有区别。总的来说，第一个电视台电话采访了运输管理部门的发言人，有官员出现。第二个电视台有事故目击者。第三个电视台有现场出镜记者。

但实际上，这三个报道的新闻价值完全不同。第一个电视台，政府运输管理部门发言人没在现场。她提供的是二手信息，而且信息量不大。她明确告诉观众自己知道什么，不知道什么，但除了重复告诉人们不要跑去现场和撞车原因还不确定外，她几乎没有提供其他信息。不过，对于电视台来说，她是当时所能找到的最佳信源，所以播出了对她的采访。

第二个电视台手机采访了一个想为观众提供有用信息的目击者。碰撞发生时，她在其中一辆列车的尾部。她介绍了相撞时的情形。她富有感情的描述吸引了观众的注意力。她看到有人看上去伤得很严重。不过她只能介绍自己看到的情况。这只是一个目击者的视角，但是对她的采访进行了很长时间，因为她高度情绪化。

从本质上来说，第三家电视台提供的信息最丰富。记者在事发后抵达现场，采访了多个信源，其中不止一个目击者。尽管这位记者不是直接参与者，不是官员，也不是事故发生时的目击者，但他掌握了所有这些信源提供的信息。此外，他还采访到了最早赶到现场的救援人员，并把这些人提供的信息告诉了观众。他明确告诉观众，什么信息是目击者提供的，什么信息是官员提供的。他又介绍了自己亲眼见到的情况。关键是，他提醒观众什么是确切信息，什么信息还有待确认，什么信息还有可能变化——他以提供多重证据的方式三角化处理了不同叙述。

鉴于证据的多重性和记者对证据优缺点的明确告知，第三个报道最实用。它的报道视野更广，同时具备其他两家电视台报道的优点。

以上讨论涉及前面提出的、我们自然会问的两个基本问题：提供了多少证据，是什么性质的证据？

但是根据怀疑性认知方法，即霍默·比加特的随身携带的无知概念，我们还应提出更多问题，还应检验证据。我们如何评估那些看起来像证据的事物是否有意义？事实能证明自身所暗示的结论吗？看见等于知道吗？这是证据还是推断？

证据、怀疑精神和核实：看见与知道

为了说明什么是对证据的更高要求，让我们看一条突发新闻报道。这个报道从头到尾经历了很长时间，全国性新闻机构向事件发生地以外的受众报道了此事。

2006年1月2日周一清晨，在西弗吉尼亚矿区巴克哈嫩（Buckhannon）附近的萨戈煤矿（Sago Mine），未开采区域发生地下沼气爆炸。爆炸原因至今没有弄清楚。爆炸产生的强大威力冲破了隔离矿井封闭区的墙面，导致浓烟、灰尘和一氧化碳进入了矿井工作区。

事故发生在新年假期后第一个工作日的清晨6点30分，当时29名矿工刚刚下井开始工作。爆炸发生后，16名矿工即时逃生。很快，13名矿工还在井下的消息传播开来——他们是被困还是死了，没人知道。几分钟内，全国性媒体报道了这一消息，萨戈附近小镇和全国其他地方的观众开始焦急等待消息。

希望和担心都是有理由的。从表面来看，爆炸对矿井造成的破坏不大。没有塌方，也没有碎石瓦砾堆积。然而，爆炸破坏了一些引导空气流动的混凝土墙，隔离一氧化碳的密封设置也遭到了损坏。这种无色无味的气体假如达到一定浓度，会在15分钟内致人死亡。矿工们都经过培训，知道怎样找到空气袋让自己与一氧化碳隔离，他们还配有"自救器"，可以提供1小时的氧气。

井上，全国性媒体纷纷赶来。美国和全世界的观众通过电视、网络和广播等待着最新消息。进展缓慢。几小时过后，专业救援队才进入矿井。他们花了一天时间前进了2 000英尺，距离爆炸发生点还剩下六分之五的路程。救援人员必须小心谨慎地工作，一路检测空气和维修通风设备。他们要防止沼气流出，避免引发二次爆炸。在挖掘时还要注意不能破坏矿井顶部，防止塌方。直到周二晚上，沼气读数还在上升，甚至一度达到了公认安全值的10倍——这真是个坏消息。矿工们只有1小时供氧量，如果他们找不到安全空气袋将自己与一氧化碳隔离，那么很可能活不下来。时间一小时一小时地过去，媒体开始提供背景信息，包括最近几年矿井安全违规的情况，发现违规后还未解决的问题，以及煤矿行业放松监管的整体情况。

周二晚上，救援人员终于在距离矿井入口处11 200英尺的地方找到了一具矿工尸体，死因不明。尸体距离周一清晨运送新年假期后第一批矿工下井的矿车仅几百英尺，周围的一氧化碳浓度很高。另外 12 名矿工在哪里？

当天晚上，答案揭晓了，新闻媒体争相报道。《华盛顿邮报》1 月 4 日刊登的头版新闻很有代表性，标题是"西弗吉尼亚州煤矿的 12 名矿工被发现还活着"。

自周一清晨起一直被困于地下 12 000 英尺矿井内的 12 名矿工，周二晚上被发现还活着，这距离救援人员发现第 13 名矿工尸体仅几个小时……

萨戈浸信会教堂的钟声敲响了，欣喜若狂的矿工亲属们冲出教堂庆祝这一奇迹：矿工们在阴冷潮湿的萨戈煤矿呆了 41 小时后出井了。州长乔·曼钦三世说，他们中的有些人需要进行医学观察。"每个人都从教堂里跑出来，喊着，'他们还活着！他们出来了！'"洛丽塔·阿贝尔斯说。她的未婚夫弗雷德·瓦尔（Fred Ware）就是失踪矿工之一。当得知矿井里一氧化碳浓度已经处于高危险值时，她一度失去了希望，不过当她等候在教堂外时她又高兴了起来。"我觉得太棒了，棒极了！"

矿工们显然是按照所教的方法用空气袋将自己与一氧化碳隔离了开来，然后等待救援。

显然。除了一件事，其他都错了。只有一名矿工还活着。

六个月后，有关这场灾难的官方报告递交给了州长。同时媒体也重新描述了这件事，纠正了之前的错误。这两份材料对当时媒体出错的原因看法大致相同，均认为当时的传播过程受主观希望的影响，缺少怀疑精神。在等待了近 40 小时后，煤矿官员们非常希望能从救援队那里获得好消息。他们相信，当救援人员在晚上 11 点 45 分最终找到被困矿工时，他们得到的会是好消息。地面指挥中心的官员坚信，他们听到戴着氧气面罩的救援人员通过手机和步话机汇报说被困矿工还活着。在没有获得急救医务人员的确认、没看到矿工安全升井的情况下，指挥室里的工作人员就庆祝了起来。很快，指挥室的一些人将消息透露给了等候在附近萨戈浸信会教堂的矿工家属。这些家属完全没有想到，矿工们能奇迹般地活下来，而且就要出井了。教堂的钟声、欣喜的泪水和一声声"感谢上帝"将之前笼罩在小镇上空的悲伤气氛一扫而空。与家属一起等候在教堂的记者们忙着用镜头记录下亲友们欢呼和高呼"感谢上帝"的场面，他们认为这条新闻肯定真实。

但是，他们遗漏了几个必须确认的元素。他们没有从现场唯一的权威部门获得任何官方信息。事实上，庆祝开始前的所有事实都几乎肯定矿工已经死亡。记者采访了当时在教堂的一名州政府官员，但他们没有意识到这名官员也没有获得任何官方消息；他只是作出回应。如果记者当时驻扎在医院，那么会看到完全不同的情况。如果他们直接联系指挥室，就会获得不一样的信息。如果他们待在矿井入口处附近，而不是与家属一起等候在教堂，那么写出来的报道也会大不相同。归根结底，他们的所有信息都来自道听途说、二手信息或三手信息，传达给指挥室的信息也没有表达清楚。

午夜，发现矿工尸体后 15 分钟，救援人员证实只有一名矿工还活着。12 点 30 分，救援人员将幸存者带出矿井，救护车马上把他送往医院——一个人，一辆救护车。关于接下来发生了什么，州政府的官方报告莫名其妙地含糊起来。凌晨 1 点 45 分，深感为难，甚至可能感到害怕的煤矿官员"试图让州警察把消息传递给身处教堂的家属，他们让警察把消息告诉牧师，说指挥中心得到的关于幸存者的报告前后矛盾，最早的报告可能过于乐观了"，报告写得很糟糕。[5] "据说警察传递了这一消息，但没有传达到家属。"身处教堂的家属和记者 1 小时后才得到正式通告。

事实上，数个小时前积累的证据早就预示了后来公布的结果，而且这一切几乎肯定会发生。矿井里的一氧化碳浓度太高，每个矿工 1 小时的氧气量早在一天半前就用光了。救援人员从两名矿工手里发现的手写记录证明了令人难以接受的事实，大部分被困矿工周一下午就已经死亡，当时还没有任何救援队进入矿井，距离发现他们的尸体隔了一天多时间。报道此事的记者都知道这些情况，或者应该知道。一名年轻矿工能活下来这本身就是个奇迹。

我们之所以列举萨戈报道正是因为它对证据提出了更高要求。教堂内的人相信矿工还活着，他们正在庆祝，其中有政府官员，这是记者后来为错误报道辩解所列举的理由。"我们必须依靠搜集来的事实，依赖所有能接触到的信源，"CNN的安德森·库珀在第二天说道，"事实上，我们受到严格的控制……没有官员向我们提供信息，我们只能采访到这个官员。"

> 看到并不等于知道，发现真相并不仅仅意味着掌握一两个事实然后就把它们传播出去。区分事实与真相需要知道如何衡量不同事实的价值——换句话说，要知道如何检验和评估证据。

库珀的观点乍一听似乎有些道理。他告诉了观众自己所能看到的情况和周围人所相信的信息。但是，库珀和其他记者——并不都在现场——还是没有注意到遗漏了什么：他们缺少官方确认，没有地区医院的确认，没有亲眼见证任何信息。换句话说，在萨戈报道中犯错的记者完全相信了看到的情况，忽略了已经知道的信息，没有注意到少了什么。

在电视特别是直播的有线电视时代，人们很容易被具有吸引力的观点欺骗，简单地认为眼见为实，相信就等于真相。这是我们的文化中出现大量断言式新闻的后遗症。

但是怀疑性认知方法对我们提出了更高的要求。看到并不等于知道，发现真相并不仅仅意味着掌握一两个事实然后就把它们传播出去。区分事实与真相需要知道如何衡量不同事实的价值——换句话说，要知道如何检验和评估证据。

此外，距离新闻事件发生地的远近也决定了我们期待值的大小，以及在多大程度上能宽容记者的错误。假如我们是彻夜收看地方新闻的萨戈居民，那么可能会原谅头半个小时在大街上报道庆祝场面的记者；但是，假如记者能同时说明信息尚未得到官方确认，电视台能派人到医院报道矿工的健康状况的话，我们会更感激。当距离事件发生地很近时，我们会密切关注新闻。

然而对于全国性新闻机构来说，观众距离事件发生地较远，他们不会连续关注新闻，对报道错误的容忍度较低。CNN或MSNBC的观众可能一听到矿工还活着的消息就关电视睡觉了，《华盛顿邮报》的读者在第二天拿到报纸后可能不会再看这条新闻。受众距离事发地越远，对事件的兴趣就越低，同时也越希望媒体能提供核实过的新闻成品，因为消费者不可能了解关于新闻事件的每条报道。

虽说萨戈报道是一个具有难度，令观众深感悲痛的报道个案，但类似的错误越来越常见。在连续直播新闻时代，我们经常看到"事实"性报道似乎在暗示一些不确定信息。2009年9月11日，奥巴马总统在华盛顿波托马克河对岸的五角大楼悼念死于8年前袭击的遇难者。奥巴马离开悼念现场不久，CNN一个监听美国海岸警卫队（Coast Guard）短波频率的工作人员听到地方海岸警卫队正在进行训练演习。这名工作人员误把这种每周四次的常规训练当真了，CNN马上致电海岸警卫队寻求确认。然而，就在海岸警卫队纠正过于紧张的CNN的误判之前，电视台已经播出了如下报道。

"我们看见波托马克河上至少出现了一艘快艇，对海岸警卫队构成了威胁"，CNN特派记者珍妮·梅瑟维斯（Jeanne Meserve）说。她接着说，海岸警卫队"传递的信息称他们较量了十个来回"。7分钟后，路透社援引CNN，在互联网上发布了一条标为急电的新闻公告："海岸警卫队在华盛顿特区中部的波托马克河上向可疑船只开火——CNN。"几分钟后，福克斯新闻又把路透社作为消息来源，重复播出了这条新闻。

CNN华盛顿分社社长戴维·博曼（David Bohrman）在了解报道有误后对《华盛顿邮报》说，"我们当时并没有立即播出这则新闻，"他说，"我们花了20分钟时间联系海岸警卫队，想要从他们那里获得一些确认信息，对方告诉我们一切正常"，之后我们才决定播出报道。"没有把这个确认过程告诉观众是我们的失误。"CNN一份书面声明的说法几乎一模一样："在当时的情况下，没有告诉观众我们听到和看到的情况是我们的失职。"

事实上，CNN辩称发布错误和未经确证的信息不仅合情合理、可以被原谅，而且他们必须那么做。

后来，当白宫发言人训斥新闻工作要讲新闻伦理时，媒体陷入了尴尬境地。"我只想提醒大家，在报道此类事件前最好核实一下"，罗伯特·吉布斯对记者说。

在新闻层出不穷的时代，当信息来自不同信源时，最好核实一下。作为新闻消费者，我们要寻找

> 在新闻层出不穷的时代，当信息来自不同信源时，最好核实一下。作为新闻消费者，我们要寻找这种核实确实发生过的标志。

这种核实确实发生过的标志。已经知道了什么信息？已经确认了什么信息？哪些信息还没有确认？这和我们已知的信息一致吗？少了什么？

证据、分析和意义

以上所举的都是突发新闻案例，表明就算是证实最基本的事实也有难度：事实是什么，实际证明了什么？

寻求证据主要就是证实和确认信源提供的信息。这就够有难度了。

但是考虑到很多媒体从单纯证明事实向分析和解释信息的方向发展，我们有必要进一步说明。当新闻不是实时报道而是组织事实信息以提供深层含义时，我们需要哪些证据？我们如何辨别报道中提供的证据是否真的支持了报道结论？试图分析和解释新闻事件的报道所提供的究竟是证据还是推断？这是我们接下来要讨论的问题。

2007年2月21日，即将赢得竞选胜利的亚利桑那州参议员约翰·麦凯恩突然陷入危机之中。麦凯恩眼看着就要获得共和党总统候选人提名，当时，他的5个竞争对手中已有4个退出了竞选，而且已经获得四分之三代表的支持，锁定了胜局。麦凯恩的完胜非同寻常，因为就在几个月前，没人认为麦凯恩会成为候选人。当时他的钱花光了，刚刚辞退了他的竞选工作人员，很多人认为他的竞选到此结束了。

麦凯恩的这次东山再起是他职业生涯的又一次重生。他在光辉的政治生涯中曾经历过多次重生——他凭借坚韧不拔的意志度过了在越南战俘集中营的艰难岁月，战后又在政界获得成功。刚进参议院时，麦凯恩就经历了一场差点葬送政治前途的丑闻。当时他和妻子辛迪（Cindy）与菲尼克斯一个名叫查尔斯·基廷的房地产发展商和金融家成为政治盟友和私人朋友。基廷和他的朋友为麦凯恩竞选参议员提供了大量资金支持，辛迪·麦凯恩和基廷还一起在亚利桑那州投资了一个购物商场。作为林肯储贷银行的所有者，基廷曾利用联邦保险存款进行高回报的风险投资。在麦凯恩的第一个参议员任期内，林肯储贷银行的投资出现了问题，政府管理者开始过问。

麦凯恩连同其他四名参议员——后来被称为基廷五人组（the Keating Five）——与管理者举行了两次秘密会议，想让他们放过基廷和其他储贷银行。1989年，基廷的银行终因风险投资而倒闭。为了帮助林肯储贷银行渡过难关，纳税人支付了34亿美元。

麦凯恩在参议院的同僚指责他私会政府管理者是"糟糕的决定"。麦凯恩后来说，这件事让他付出了"沉重的代价"——他的声誉和个人诚信度大跌。

此后，麦凯恩成为国会专项拨款的公开批评者。他抨击政治筹款所滋生的腐败，并促成了一项重要的竞选筹款法案——《麦凯恩-法因戈尔德法案》（the McCain-Feingold Act）。法因戈尔德说，麦凯恩推动这一改革的动力"源自他的道德感。他认为竞选筹款就是作弊"。

就在这位特立独行的共和党成员即将获得党内总统候选人提名时，《纽约时报》的一篇报道又威胁到他的获胜。而仅仅一个月前，这家报纸还曾公开支持麦凯恩在共和党总统初选中获取候选人资格。这篇报道的标题是"对于麦凯恩来说，道德自信本身存在风险"。

> 早在八年前，当参议员约翰·麦凯恩第一次角逐入主白宫时，他的顾问小团队里就蔓延着阵阵忧虑。
>
> 一名女性游说者一直出现在他的筹款活动上，她光顾他的办公室，还陪同他一起乘坐客户的商务飞机。他的几个高级顾问认为这种关系已经构成绯闻，他们亲自出面保护候选人——吩咐工作人员禁止那名女性登门、私底下劝她离开，但她还是接二连三地与他见面，几个参与竞选活动的人在匿名情况下透露。

麦凯恩和游说者维基·伊斯曼（Vicki Iseman）都否定了两人之间曾存在暧昧关系。"但是对于他的顾问们来说，"文章写道，"这个游说者的客户曾与麦凯恩先生领导的参议员委员会有生意来往，因此只要是麦凯恩与游说者之间表现得貌似热络，也会对他政治生涯中的救赎与正直的故事构成威胁。"

《纽约时报》的这篇报道长达60自然段，几乎占了整整一版。文章在回到麦凯恩与伊斯曼关系之前,详细叙述了麦凯恩早年与林肯储贷银行之间的道德争论。一回到原主题,文章就断言:"麦凯恩先生在区分私人友谊和不体面关系方面充满自信,而这正是顾问们对伊斯曼女士最不满的地方。"

文章在描述了伊斯曼的电信业客户怎样为麦凯恩的竞选及其商业委员会贡献"数以万计"资金后,一一列举了工作人员的担心。"她为什么总是出现在他的周围?"文章援引了一个工作人员的话。文章写道,一个工作人员被"吩咐在公共场合让伊斯曼女士与参议员保持距离":"麦凯恩的一个高级助手在华盛顿联合车站碰见了伊斯曼女士,叫她离参议员远点。"

"不知道这些警告有什么效果,"文章在这一部分总结道,"竞选伙伴们说,随着〔之前〕竞选活动的白热化,他们的担心渐渐消失了。"

文章的最后两个自然段引用了麦凯恩竞选总部的一段声明:

《纽约时报》自降标准地进行了一场骂完就跑的诽谤运动,令人深感遗憾。约翰·麦凯恩在过去的24年中高尚而诚实地服务着我们的国家。他从未违背公众信任,从未帮助过特殊利益团体或游说者,他绝不会让诽谤宣传分散人们对于选举中关键性问题的注意力。

美国人厌烦了这种龌龊政治,这篇报道无法证明约翰·麦凯恩违背了自己职业生涯的指导原则。

这篇报道也引发了人们对《纽约时报》的指责,认为它存有蓄意伤害麦凯恩的政治偏见。《纽约时报》主编比尔·凯勒在第二天的编者按中说,指责"如此之多,绝大多数意见都反对我们刊登此篇报道,令我颇感惊讶"。凯勒本不必这么大惊小怪,在乔治·W·布什执政的那些年里,《纽约时报》就已经成了保守派的谴责对象。现在,面对有史以来最漫长的总统竞选之一,指责《纽约时报》是民主党的喉舌早已成为保守派应对不利报道的一种常见激烈反应。

面对指责,凯勒坚持认为这篇报道从未暗示过麦凯恩和伊斯曼之间存在暧昧关系。他说,这篇报道讲的是参议员没有意识到自己与特殊利益集团之间的关系有问题。一年后,为了应对伊斯曼的法律起诉,《纽约时报》

甚至发表了"告读者"（Note to Readers），公开声明这篇报道"没有宣称，而且《纽约时报》也不打算得出结论，伊斯曼女士与参议员麦凯恩曾存在暧昧关系，或曾为了客户的利益与麦凯恩先生存在不道德的关系，背弃了公众信任"。

有关麦凯恩的报道在证据、意义和受众方面给了我们一个教训。不管《纽约时报》"原本打算得出"什么结论，读者的确看到文章指责麦凯恩有外遇。导语正是这么说的，虽然文章还报道了大量其他内容，但很多读者——我们第一次读的时候也是这样——都是快速浏览中间旧素材部分，寻找回应导语段的内容和证明暗示内容的证据。

其他大部分媒体都认为这条新闻暗示了外遇一事。英格兰《每日邮报》（Daily Mail）的标题这么写道："总统候选人约翰·麦凯恩被指责与游说者存在暧昧关系"。《新共和》（The New Republic）杂志的一篇分析文章处理得更为谨慎，"报道……分析了共和党总统候选人与为电信业游说的一名40岁金发女郎有染的可能性"。《纽约时报》旗下的《波士顿环球报》（The Boston Globe）拒绝刊登《纽约时报》的这篇报道；相反，它刊登了竞争对手《华盛顿邮报》的一篇报道，讲述了麦凯恩跟其他总统候选人一样，让游说者参与他的竞选活动。

《纽约时报》这篇报道围绕着匿名信源的"忧虑"和"担心"展开，这些信源害怕自己的老板约翰·麦凯恩被牵涉进绯闻。然而，《纽约时报》不能证明这些忧虑是否合理，至少报纸所登的那些事实无法证明。作为《纽约时报》自己的监督者，公众编辑克拉克·霍伊特在阅读了读者对于这篇报道公正性的投诉后总结道："报道匿名助手对老板是否上错了床的猜测或担心是错误的。"

这篇报道的失误之处在于没有弄清事实与意义之间的区别。《纽约时报》的这篇报道告诉了读者什么？除了事实，这篇报道真正说了什么？

在研究语言与符号的符号学领域，学者们认为信息有三层意义。我们在这里有必要简单说一下这三层意义，因为这将有助于理解如何处理新闻。

第一层是指信息最直接的或字面定义，或信息的"示意"。它是文字的字典定义，不涉及语境和推断，这一层意义被称为"外延"。凯勒在为报纸辩护时就把自己限制在了意义的外延层次。从字面上看，《纽约时报》没有说麦凯恩有外遇，只提到他的几个工作人员"确信"外遇一事，并由此感到"阵阵忧虑"，出面让游说者离参议员远一点。文章就到此为止。但是这就是《纽约时报》所报道的全部内容吗？假如我们仅仅讨论信息的第一层意义，就有点故作天真了①，还有一点本本主义的意味。

第二层意义是指"内涵"。在符号学中，内涵是指引申义，即书写或口语文字在特定语境下让我们产生的联想。符号学研究者认为，人们主要是根据文字和图片的内涵来解读文本，我们从大部分创意行为中获取的意义也主要是内涵。其他媒体对《纽约时报》的这篇报道作何反应？它们通过内涵、言外之意和报道语境来辨别《纽约时报》在报道中说了什么。内涵不如字典中的定义那般严谨，但很多情况下更现实。而这篇报道正是因为它的内涵才具有爆炸性、招致争议、吸引眼球。

第三层意义是符号学所称的感情表达，即"诠释性"。简单来说，诠释性意义是我们赋予认识对象的价值，有好坏之分。我们如何看待这篇报道暗示约翰·麦凯恩有外遇，如何看待他对自己有这样的行为还浑然不觉？我们会因为《纽约时报》介入私人空间而感到惊讶吗？或者，我们会害怕受尊敬的候选人和公众人物因这件事而身败名裂吗（就像匿名信源帮助记者报道时的态度一样）？或者，我们会认为这篇报道揭露了麦凯恩是一个伪君子吗？或者，我们会认为《纽约时报》仓促报道了一条无法证实的新闻吗？如果会，那么在我们看来，报纸这么做是出于自由主义意识形态的狂热还是一个新闻界常见的失误？

新闻的诠释性意义与报道的基调、潜台词及其所传递的积极或消极的感情色彩有关。为了便于理解，我们假设有人正在说话。想一想说话者的语气如何体现说话内容。比如，"你肯定是在开玩笑"这句话，它可以表达一种惊讶。如果换一种语气来表达，它可能会含有讽刺意味。这句话还可

---

① 作者的意思是如果认为读者只停留在第一层意义上，这就过于天真和自欺欺人了。因为这些信息的暗示会让读者有所联想。

以表达气愤或失望。意义取决于说话者语调的变化。

作为信息消费者,我们几乎凭直觉来理解诠释性意义。比如,我们知道某篇报道被刊登在靠前的版面是因为生产新闻的人认为它重要。我们根据报道是在报纸或网页的顶端还是底部、标题的大小和新闻节目的编排来判断新闻机构的态度。此外,我们还根据报道的写作方法来理解它的意义。当我们自问"他们到底想要告诉我们什么?他们当时在想什么?他们的动机何在?"时,我们思考的就是新闻的诠释性意义。在新闻不带感情色彩的表达之下,报道的生产者认为它是什么意思?这些都是讨论各种传播意义时不能忽略的基本问题。

> 新闻报道想要做到完全可信,符号学的三层意义都必须表达清楚。文字和图片要传递明确的意义,事实的隐含意义要直接加以证明。我们要明确了解新闻传递者当时的想法。简单来说,新闻的意义必须显而易见、明确表达,只有这样消费者才能相信它。

当我们想要弄清楚应该相信和信任什么的时候,考虑的就是这三层意义。

《纽约时报》的这篇报道没有证明新闻的内涵和隐含意义,也没有证明大部分人所读出的诠释性意义。这篇报道真像凯勒所说,只讲了麦凯恩对自己的诚信问题存在盲点吗?如果是这样,那么报纸的失误就在于报道的写作没有达到这个目的。又或者,这篇报道实际说的是参议员有外遇,因为过于明目张胆所以工作人员要制止?如果是这样,这篇报道没能提供证据加以证明。

新闻报道想要做到完全可信,符号学的三层意义都必须表达清楚。文字和图片要传递明确的意义,事实的隐含意义要直接加以证明。我们要明确了解新闻传递者当时的想法。简单来说,新闻的意义必须显而易见、明确表达,只有这样消费者才能相信它。

开放式思维:如何将意义赋予新闻

把厘清证据和意义的所有责任都推给记者似乎不太公平。受众呢?我们消费者应该如何获取新闻的意义?我们在处理事实与信仰、经验主义与自身的先入之见的关系时做得如何？

　　调查数据显示，消费者越来越多地从媒体报道中推断出不良动机，特别是政治偏见。[6] 作为消费者，我们肯定会在没有充分证据的前提下就匆忙得出结论。比如，我们会因为一篇报道引用了我们讨厌的政治人物的话而转发给朋友，同时在邮件中把他形容为小丑，即使报道本身没有这么写。曾经仔细阅读过读者来信的记者肯定都能发现类似这样的例子：受众没有抓住报道重点，在证据不充分的前提下执意推断，抱怨报道遗漏了某些信息，但实际上这些信息在报道中已经提到了。

　　作为新信息时代的消费者，当面对信息流时，我们必须具备我们曾经要求记者所应具有的怀疑精神。这就是说，即便数据来自所谓的权威机构，我们也要见到数据来源提供的证据。

　　我们所知道的一些优秀记者对于自己看到的东西都怀有一种克制的谦逊。他们训练自己不会让先入之见影响观察结果，不急于对事物的意义或隐含意义下结论。他们不会匆忙作出判断和证明意义，而是会扪心自问，是否真的知道和理解自己所看到的东西。曾花费数十年时间为《纽约时报》在战区挖掘事实和意义的作家兼记者戴维·希普勒（David Shipler）这样描述道，克制的谦逊"让我的大脑进入一种乐于见到自己的假设被质疑的状态，因为这样会看到很多真相"。

　　克制的谦逊也可以成为具有怀疑精神的消费者的一个重要特征。想要培养这种谦逊，我们就要时刻怀疑自己的知识和理解力。一旦能够运用它，我们就会在观察公共生活和新闻事件的时候做更科学的思考。我们会更善于理解事实，不会盲目接受其意义。克制的谦逊会提高我们的好奇心，同时又要求我们以经验主义为指导，满足好奇心。虽说每个记者都应具备这种谦逊，但也不是人人都能做到。作为消费者，我们就更不大可能很好地运用它了。

　　那么，作为新闻信息消费者，我们该如何培养这种谦逊，如何将"秀我"、"证明它"或者"我为什么要相信它"这类公式应用于证据——尤其是那

> 训练自己不让先入之见影响观察结果，不急于对事物的意义或隐含意义下结论。

些挑战我们自身信仰的证据？

在自然科学领域，培养克制的谦逊的最基本模式就是科学方法，或者是设计专门的实验，检验假设或有根据的猜测。在社会科学领域，严格的科学方法可能难以付诸实践，然而研究者们采用其他方法检验证据能否真的证明假设，还是会得出结论。在这些确定观察或发现意义的检验方法中，最常见的是零假设。用外行的话来说，这是开放式思维的一种规范式方法。

运用这一方法的过程是：研究者首先提出一个想要检验的假设命题，然后安排实验或搜集证据，检验命题是否正确。但是在这个过程中，研究者要承认自己假设的命题可能是错的，也就是与假设正确的命题相反的命题可能成立。这个反命题就是零假设。

在日常生活中，我们时刻都在使用这种方法。想象一下你家里的管道正在漏水——水通过天花板渗进了厨房。你马上会想到水可能来自三个地方：楼上的两个浴室——其中一个正好在厨房上方——和从地下室引水上楼的管道。你首先检查位于厨房上方的浴室，如果发现那里的管道没有漏水，那么还有两个可能漏水的地方要检查。用科学术语来说，你的假设命题是水来自于正上方的浴室。同时你的脑子里还有一个零假设——你错了，水来自其他地方。你会一直检查，直到发现漏水的根源，有证据证明你已经找到漏水源为止。我们去医院做全套检查时碰到的也是这种思考方法——在发现问题前排除错误的可能性。

这种假设检验主要是为了训练开放式思维。它要求我们考虑其他可能性，即零假设，还要求我们思考是否有充分的证据挑战传统观点或信仰。

这也就是评估信息是否真实可靠的问题单中的第五个问题。

其他可能性解释或理解是什么？

作为消费者，我们要这样问自己。面对所消费的新闻，我们也要寻找作者或新闻生产者曾经考虑过这个问题的迹象。他们探讨过零假设吗？他们拿出排除零假设的充分理由了吗？

正如我们会在某些生活领域应用开放式思维的谦逊——零假设的外行说法，人们也经常在某些新闻领域运用这种谦逊。当他们看到亲身经历和了解的新闻时，比如关于自己公司、职业或孩子学校的报道，他们会更具分辨能力。此外，对于一些追求高水平证据的新闻报道，比如鉴定新闻报道、范式转变性报道和揭露性报道，人们也会更自觉地运用这种冷眼观察式的谦逊。这类新闻报道倾向于更彻底地搜集组织证据，因为它们想要证明事实的目的更明确。

对于鉴定类、释义类或揭发类的新闻报道或内容，消费者应该提出更高的要求和更高难度的问题。

第一，我们应该要求有充分的证据合理地证明事实。这就是说，我们要亲眼见到证据。我们不应一味接受新闻机构的说法。假如信息的表达方式是通知式的——"经我们的核实，真实的情况是 X"——这不是鉴定新闻报道，只不过是换了一种方法表达倾向性观点。以前，一些新闻机构可能会抱怨，既要简单明确地叙述同时又要提供证据这是强人所难，报道毕竟不是学术论文。然而，在互联网时代，超链接既可用作脚注，又可即时导向原始信息，而且没有空间限制，因此这种观点站不住脚。

第二，对于那些想要证明事实的报道，我们应该要求同时听到被证伪的观点和过程。换句话说，我们要见到探讨零假设或其他可能性的证据。探讨其他可能性观点不能空口无凭。假如替代性解释是一种观点，那么我们要听到最有力的论据。假如我们听到的是不同观点，其中有一些更可信，那么我们要同时听到有说服力和没什么说服力的观点，不能一概拒绝其他所有观点。记者不能挑选错误观点代表某一方的整个观点。

第三，我们应该要求知道什么问题还没有被回答，什么信息还不确定。未知信息、仍需讨论的信息、尚未证实的信息与已知信息、已证实信息同等重要，而且对于那类声称要打消受众疑虑的媒体来说，承认自己的无知有助于提高权威性。

第四，我们应该要求对某一主题的报道能继续以某种形式告诉我们信息披露后所产生的任何影响，如果有的话。这最终会成为检验信息质量的最佳方法。看门狗通常在夜里冲着陌生的声音吼叫，同样的道理，调查性新闻中的粗心或错误之举往往在没有产生明显影响力前被揭露出来。我们应该要求见到信息公开后有关部门和个人的回应。假如没有回应，那我们应该要求看到有后续的报道解释为什么缺少反馈。

最后，鉴于问题的复杂性，我们有必要回顾一下关于证据与确证新闻的讨论。

仅知道报道的信息来源还不够。我们还要知道报道中提供了什么证据，即举证。评估证据时，语境很重要：对于确凿无疑、毫无争议的事实，我们会降低对证据的要求。

对于刚发生的新闻，比如混乱的突发新闻，我们会允许它具有更高的不确定性，但同时希望报道透明，提供证据表明记者态度谦逊，承认仍存在不确定的信息。

随着事件发生后时间的推移，或者当我们对于信息的需求不那么紧迫时，我们希望获得更确定的信息，记者能更加努力地确认事实。而且，我们也不会容忍纯粹的断言。我们希望新闻提供者能更谨慎地处理有可能造成恐慌的新闻。

当新闻朝着释义的方向发展时，举证责任和我们对于证据的要求必须进一步提高。然而现实情况往往相反。人们通常不会惩罚错误的新闻分析和诠释。当新闻分析出错时，一般没有人要求更正。但对于一目了然的简单错误，比如拼写错误、弄错人物身份、地址排印错误等，即使可能更无辜，人们却会要求媒体承认错误。

新闻报道中的任何断言都要有理有据，而且要尽可能地核实每一条证据。

新闻既要告知人们事实的字面意义，还要提供内涵和诠释性意义。

我们要寻找讨论过替代性意义或零假设的迹象。新闻报道存在很多潜在真相和意义，是否有证据说明报道中考虑过其他解释？

对于最常见的证明和核实事实的确证式新闻来说，这些都是合理要求。

不过，随着传统新闻编辑部规模缩小、受众分散到各个平台和渠道，强调谨慎报道的确证式新闻同其他低成本新闻的竞争日益激烈。这些新闻，比如日益增多的断言式新闻和更强调意识形态的肯定式新闻，它们使用证据的方法完全不同。

这就是我们接下来要讨论的问题。

第七章 断言，肯定：证据何在？

　　现代的电视现场直播采访存在着严重缺陷，它将采访者对交锋的控制权交给了本应该接受采访的人。

　　即使在现场采访中不穷追猛打，采访者也必须了解采访对象，具备采访的同时在脑海中编辑采访的能力，而不是让采访对象不停地讲准备好的要点。

证据的作用不仅限于揭示新闻报道中的微妙之处或者证明一个事实。弄清楚一家新闻媒体如何处理证据也是辨别你遇到的新闻属于哪一类的最有用的方法之一，它是判定新闻可信度的第一步。

新闻中是否真的采用了打破砂锅问到底的开放式调查？抑或它只是有闻必录，没有做调查核实？又或许它完全另有所图，比如将证据用于政治甚至宣传目的？

在前一章，我们讨论了记者在核实事实和力求准确的过程中所面临的证据问题。他们不一定每次都成功，但是可以从其努力程度中看出他们的追求。

现在我们开始讨论目前日渐增多的新的新闻模式，即断言式新闻和肯定式新闻，以及后者的变体——有党派倾向的监督性媒体是如何使用证据的。在这些模式中，记者采用证据的行为明显不同。因此识别这种不同是我们区分所遇到的媒体内容属于哪一类的关键方法之一。

证据与断言式新闻

2009 年夏天，美国政坛的极化现象似乎达到了前所未有的新高度。在全国各地市政厅形式（town-hall-style）的会议上，愤怒的公民与华盛顿的立法者们在激动和愤怒的对峙中发生冲突，好像暗示着协商民主式讨论已经行不通。最有趣、最奇怪的交锋场面——有些是经人安排导演的，有些是自发的——被公民和激进主义分子录了下来，这些视频出现在了 YouTube

上，接着又上了有线电视新闻。事实上，政治已经成为一种新型的真实节目①，人们自导自演愤怒的冲突场面，然后将其录制成新闻。比如，在一次会议上，马萨诸塞州民主党成员、国会议员巴尼·弗兰克对一个愤怒的妇女恶狠狠地说道："跟你这样的人交谈就像是同一张餐桌辩论，我对此毫无兴趣。"

有些电视新闻为了模拟市政厅式的会议和立法辩论，安排专家进行模拟辩论。8 月 13 日美国公共广播公司（PBS）的《新闻时刻》（News Hour）就上演了这样的辩论。一方是迪克·阿米，反对市政会议通过医疗改革计划的反对者组织的主席。另一方是理查德·基尔希（Richard Kirsch），组织医疗改革支持者督促市政会议通过改革计划的某团体的全国经理。主持人是朱迪·伍德拉夫（Judy Woodruff），电视新闻领域最严肃、最受尊敬的记者之一。

有好几分钟，观众们看到的是一场令人费解的、充满了矛盾的断言和细节的争吵。阿米发出"纯粹是无耻浪费"的警告，而基尔希担心目前的医疗制度"极其不安全"。

阿米接下来说的一些话引发了美国公共广播公司观众的一连串投诉：

> 但事实是有大量且越来越多的美国人……将这视为是政府恶意收购所有医疗保障机构，这样人们将被迫加入政府经营的医疗计划……如今，假如你是一个年过 65 岁生活在美国的老人，你除了加入联邦医疗保险（Medicare）别无选择。假如你想退出联邦医疗保险，那就得主动放弃你的社会安全计划（Social Security）②。假如你是一个基督教科学派（Christian Scientist）③ 信徒，你必须放弃你的社会安全计划。这

---

① 也称之为"真人秀"（reality television 或 reality show），是起源于欧美的一种电视节目类型。通常没有固定剧本，而是将非职业参加者置于某个场景之下，由其自由发挥。当然，对于其是否真的没有导演，也存在争议。

② 社会安全计划是美国依据 1935 年通过的《社会安全法案》（Social Security Act）建立的一项保障老年人、遗眷和残障人士的基本福利计划。它以保障弱势群体，使其生活达到安全水准为目的。

③ 基督教科学派是基督教新教的一个边缘教派，倡导物质是虚幻的，疾病只能靠调整精神来治疗。

具有强制性，因此人们都害怕。

伍德拉夫转向基尔希，看他如何反应："你怎么看这一指责？"

基尔希不理会她的问题，反过来指责阿米说了一些共和党人从未说过的话：

> 迪克·阿米……认为联邦医疗保险不应该存在。从根本上来讲，联邦医疗保险是为这个国家老年人提供良好医疗保障的制度。它实际上意味着你在晚年不必担心得不到所需的医疗。我们要为这个国家的每个人都提供这样的制度，但我们需要提供一种可以在规范的私人保险和公共保险两者间进行选择的制度。关键是我们需要保证人们可以获得负担得起的医疗保险。

嘉宾继续对预先安排好的发言要点进行指责和反驳，但是他们说得太快，让人听得一头雾水。直到双方各自宣布自己一方将最终获胜，争吵才停止。伍德拉夫最后说："我们听到了你们双方清晰明了的观点。"

后来，美国公共广播公司的公众编辑迈克尔·格特勒收到了来自自由派人士的大量投诉意见，他们对于在基尔希未有效反驳的情况下，主持人伍德拉夫没能质疑阿米对联邦医疗保险发表的言论而表示不满。

"伍德拉夫小姐任凭阿米先生在这些非常重要的事实上撒谎。"一个观众写道。

"我知道出现在节目中的每个人都有权利表达自己的观点，但这并未授予他们说谎的权利，当然也没有授予美国公共广播公司自由处理权，认可嘉宾所说的一切都是事实。"另一个观众写道。

节目执行制片人琳达·温斯洛对格特勒说，观众们提出了一些伍德拉夫无法做到的要求："朱迪是主持人，不是法官。"但是这些观众没有对基尔希表现出的虚伪和夸张感到不满。

然而美国公共广播公司的公众编辑格特勒认为，这里还暴露出了一个更大的问题。"问题不在伍德拉夫个人身上，因为她曾试图反驳或质疑这些观点，"他写道，"相反，问题在于人们对新闻工作者有更高的需求，要求他们质疑和反驳受众了解或怀疑的存在事实错误的观点。"

格特勒核实了阿米关于社会安全局（Social Security Administration）断言的准确性。他了解到联邦医疗保险是一个自愿性计划，这就是说阿米的部分断言是错误的。但是，一个人一旦签署了联邦医疗保险和社会安全计划，那么这两项计划就被绑在了一起。之后，如果你要退出联邦医疗保险，那么你就会失去社会安全计划，因此阿米的部分观点是正确的。

接着，格特勒借用新泽西州普林斯顿一名叫汤姆·托农（Tom Tonon）的观众的话对美国公共广播公司的责任——因为是公司选择了这样一种采访或辩论的模式——给出了独立评估意见，并公之于众。"在这类例子中，"托农写道，"一旦采访者没能对一个不准确或存在误导性的观点提出质疑，那么公共电视台采访者的作用就会成为人们关注的重要问题；也就是说，采访者这一角色是否只能为被采访者提供平台让他们畅所欲言，而不必介意他们的观点是否真实、合理和准确？我个人认为不是这样，相反，采访者必须努力确保以某种方式评估或告知观点是否真实。"

然而观众注意到的是，断言式新闻在证据方面的主要特征是缺乏调查，即未能质疑断言、要求证据和检验证据。

这个例子之所以重要，不是因为它非同寻常、影响恶劣，而是因为它具有普遍性。在我们的新闻文化中，特别是电视新闻文化中，我们每天都能见到类似的甚至更糟糕的案例。伍德拉夫至少试图让她的嘉宾质疑对方的断言，只不过她没有成功，而如今的很多电视采访者甚至都不尝试这么做。《新闻时刻》环节也比大多数电视节目更长、更详细。而且在众多电视新闻机构中，像《新闻时刻》这样设置处理问题的公众编辑，则更为罕见。

"几乎每个人都认为，假如进行有效的治疗失当改革，那么我们可以节省 1000 亿至 2000 亿美元。"亚利桑那州共和党参议员乔恩·凯尔（Jon Kyl）在 2009 年 10 月 2 日对 CNN 的采访者约翰·金（John King）说。

凯尔的断言听起来就荒谬。"几乎每个人都认为"这种说法不准确。限制医疗责任可以节约多少保险费用是一个存在重大争议的问题，金对此应该很了解。而凯尔列举数字的方式是保守派常用的一套说辞，记者对此本不应掉以轻心。但是金没有问凯尔有什么证据可以支持他的这一断言，也没有指出这一数字存在争议。他只是在节目环节结束时说，时间到了。7 天后，国会预算办公室（Congressional Budget Office）发布的一份报告称，第一年节省的实际数字将近 110 亿美元，接下来十年也才达到 540 亿美元。

并不需要像数字那么具体。2009 年 9 月 29 日，共和党参议员奥林·哈奇（Orrin Hatch）认为奥巴马总统推行医疗改革的实际目标是实现美国医疗制度的社会化："他们正在和逐步要做的……就是让我们最终实现社会主义的公费医疗制度"，这会毁掉世界上最伟大的医疗制度。

认为总统私底下想要慢慢地、循序渐进地将美国医疗制度改造成社会主义医疗制度的观点是医疗改革反对者的一个重要说辞和口径。人们可以在各种反对医疗改革计划的网站，比如，共和党全国委员会（Republican National Committee）的网站上看到他们不断重复这一口径。民主党嘲讽这一看法。事实上，参议员哈奇的实际目的是指责总统对美国人民撒谎。

CNN 主持人托尼·哈里斯（Tony Harris）对此作何反应？他询问哈奇有什么证据提出这一断言了吗？他指出这名犹他州参议员实际上是在指责总统不诚实吗？他是否尝试核实过这一说辞？对这一缺乏证据的断言是否表示过怀疑？

像金一样，哈里斯只是用 CNN 标志性的"签名档"结束了讨论："好吧，今天就到这儿。"

当你看到这种听之任之的被动场面时，就要提高警惕了。即使不对政治人物产生怀疑，你也要对记者产生怀疑。这些以主持人、采访者或博主身份出现的记者，没有进行过高质量的核实或者调查。相反，他们更多地充当了渠道和推手。

最糟糕的是，这类断言式新闻是经过导演的，比如脱口秀环节，就是让所邀请的嘉宾表达自己的观点。有些看似分析问题的环节实际上不过是主持人任由嘉宾宣传自己观点、夸夸其谈，除了让节目顺利进行下去外，他们基本上不核实嘉宾所讲的内容，要求提供证据。

> 在断言式新闻中，事实被低估了。它们不是基石而是附属品。当所有事物都未经核实，任何断言，不论其准确与否，都变得毫无区别。

问题是，这类交谈越来越多地是在没有核实事实的前提下进行的。这类交谈构成了公众理解的基础，然而它既可能建立在真实的知识基础之上，也可能不是。在这种文化结构中，事实被低估了。它们不是基石而是附属品。当所有事物都未经核实，任何断言，不论其准确与否，都变得毫无区别。新闻和新闻业变成了一种争论，而不是对事件的准确叙述，然而，争论、辩论和妥协都应建立在对事件的准确叙述之上。

然而，大部分未经质疑的谈话都没有引起人们的注意。它们充斥电视屏幕，被当成另一种类型的新闻为人们所接受。目前，大量电视新闻节目都采用现场直播的访谈形式。[1]

电视记者变得无所作为和断言式新闻占据优势的部分原因是结构性的。尽管人们通常没有意识到，但现代的电视"现场直播"采访存在着严重缺陷，它将采访者对交锋的控制权交给了本应接受采访的人。

第一，新闻机构放弃了编辑能力，所以无法核实任何断言事实的准确性和语境——至少在采访过程中如此。实际上，我们也很少看到新闻机构在节目播出后纠正嘉宾的错误观点。第二，在现场直播的情况下，被采访者更容易控制时间——滔滔不绝地讲提前准备好的说辞、伪装、借口，抛出可疑的数字或断言，或者长篇大论故意拖延时间。这就是为什么大多数政治顾问和公关人员都喜欢让他们的客户接受现场采访的原因。"我们向来喜欢现场采访，特别是有线电视采访，"美国十大公司之一的传播事务副总裁坦率地告诉我们，不过他要求匿名，以免惹怒媒体，"因为这类采访不用后期编辑，我们确实可以以我们想要的方式把讯息传递出去。"连哥伦比亚广播公司的新闻特派记者迈克·华莱士这位被公认为最令人生畏的电视采访者都告诉我们："正如现场直播的新闻发布会一样，现场采访是政治人物最容易控制的事情。"[2]

如今，除了这两个主要的结构性限制条件外，其他因素更是雪上加霜：在全天候电视节目时代，我们看到的大部分现场采访都是仓促安排的，记者只是很有限地参与准备工作。现在，电视机构的基本运作结构是：一群被称为"预约人"的年轻调查员找到嘉宾，进行一定程度的"预采访"，确认嘉宾会说什么，然后为主持人写出可能会涉及的问题与回答。一些电视人借用好莱坞的说法，认为这些节目中有"选角"的意味。预约人根据制片人的指示，寻找扮演某种角色或代表某种立场的嘉宾。这些嘉宾通常在导演安排下进行准辩论，现在即使是有线电视节目，也逐渐按照一定顺序提供冲突双方的观点，单独采访官员和新闻当事人，而不会让对立双方正面交锋。

除了缺乏准备，这些节目的主持人通常连续直播几小时，在整个节目中一个采访接另一个采访，一个话题接另一个话题。他们既是报道所有行业的全能型记者，同时又是主持人。而他们采访的嘉宾通常是本话题的专家。与主持人相比，他们对这类简短的交锋准备得更充分，而且通常在应付媒体方面经验老到。

比如，2008年，《纽约时报》的戴维·巴斯托（David Barstow）写了长篇揭露性报道，详细叙述了五角大楼在布什政府期间组织、训练和控制了大批前军事官员，专门在反恐战争问题上接受媒体采访：

> 对于公众而言，他们是脸熟的同胞兄弟，成千上万次地以"军事分析员"身份出现在电视和广播节目中。长期服役的经历使他们有资格对后9·11世界最紧迫的议题提供权威而大胆的观点。
>
> 然而，隐藏在客观性表象背后的是五角大楼的一个信息部门，它利用这些分析员赢得媒体对政府战时表现的正面报道。

这些"军事分析员"不仅从五角大楼获得专门的情况介绍和发言口径，而且他们中大部分人还与军事承包商有关系，在自己所评论的活动和政策中拥有切身利益。不过，找到他们的新闻机构通常对此并不知情，而且也没有花时间打听其中的冲突与联系。

如今普遍采用的第三方预约人的预采访准备仓促，与之形成鲜明对比的是电视记者曾经从事的预采访。比如，20世纪70年代中期，迈克·华莱士在出镜采访因水门事件获罪的密谋者H. R. 霍尔德曼之前，花了55个小时与霍尔德曼进行先期谈话，倾听他的故事，核实事实，然后准备好质疑他。当时电视新闻不是全天候播出，新闻编辑部还有大量员工，记者有更充分的时间进行调查。在那个时代，电视行业想证明：电视媒介可以与印刷媒体上最受推崇的采访同台竞技。

20世纪五六十年代，在《巴黎评论》（Paris Review）、《花花公子》（Playboy）和《纽约客》（New Yorker）等出版物中，采访成为研究文学、社会和政治各界名人个性的艺术形式。那些长篇采访往往是深入调查和准备后的成果，采访本身是一个过程而不仅仅是呈现。为《花花公子》供稿的作者兼记者亚历克斯·哈利（Alex Haley）习惯于在面对面见到采访对象之前去采访对象的家乡，访问从小就认识被访者的人。曾为《花花公子》采访过前纳粹部长阿尔伯特·斯佩尔的埃里克·诺顿在与采访对象坐下来交谈之前，花了6个星期研究被访人，他们的采访持续了十天十夜。记者罗伯特·希尔在1976年对当时总统候选人吉米·卡特的著名采访，是由三个月中的5次单独会面组成的。

在电视早期，一些分析人士把摄像机想象成心灵"X光"，认为该神奇设备"具有穿透力的凝视"可以揭露被访者的真相。[3]这一想象是哥伦比亚广播公司不眨眼标志（unblinking-eye logo）的灵感来源。尽管如今有线电视或地方早间新闻的现场采访还使用与过去一样的名字——采访，但它们很少进行准备工作，然而正是这些准备工作让"采访"名声大噪。

当代电视现场采访的另一个局限是新闻制造者可以选择对其友好的媒体渠道，或者至少避免不友好的媒体。对于想推广其成果的人，比如分析人士、作者或者其他想要把自己的名字或产品推广出去的人来说，更是如此。对于想传递讯息但又不愿在电视里过度曝光的新闻制造者来说愈加如此。如今，正是因为有这么多的渠道，所以记者经常要与新闻当事人讨价还价，谈条件。很多采访对象由代理律师出面协商采访中的分寸。现在，预约重要人物上电视接受采访称为"捕获"，假如电视特派记者和主持人能够成功施展"捕获"艺术，就可成名，即便有时需要打躬作揖。

比如，可以想象一下当南卡罗来纳州州长马克·桑福德从工作岗位上神秘失踪7天后再次出现在该州时会发生什么，他成为吸引全国媒体的采访对象。这位49岁的州长在社会和财政问题上持保守态度，他是共和党州长协会会长，是有望最终角逐 2012 年总统竞选的候选人之一。但是，当这个身为 4 个儿子父亲的已婚男士召开发布会、承认他曾"在过去的 5 天里在阿根廷哭泣"、想要与阿根廷情妇断绝关系时，他入主国家办公室的机会就烟消云散了，他由此成为电视采访行业最炙手可热的"猎物"。他的故事如此香艳，以致争取独家专访的竞争根本轮不到年轻预约人。州长新闻秘书乔尔·索耶收到了大量一流电视网主持人和特派记者发来的邮件，他们中的有些人向桑福德明示或暗示了交易条件，暴露了电视新闻业中新闻当事人的权力大于新闻报道者的新的权力天平。

2009 年 7 月 15 日，南卡罗来纳州查尔斯顿的《邮报》（*Post and Courier*）依据《信息自由法》提出申请，获得了这些邮件。有些电视特派记者的邮件表明，他们不是靠承诺报道真正的新闻来争取州长接受采访的。

福克斯新闻的格里夫·詹金斯在邮件中暗示将消除争论："假如州长接受我们的采访和它的（原文如此）专访，它将在覆盖全国的电视频道和广播新闻节目中播出……我主要是为黄金时间报道主持人奥赖利（Oreilly）（原文如此）①、汉尼提（Hannity）、格莱塔（Greta）②和贝克（Beck）工作，因此访问很有可能在黄金时间播出，同时还会播出州长消除这一争论的同期声。"

全国广播公司《会见新闻界》的戴维·格雷戈里建议州长可以按他想要的方式来设置谈话内容："看，你们有很多宣传点子……我了解并知道现在形势严峻……所以来《会见新闻界》可以让你们以真正想要的方式设置谈话内容……然后重新开始。你们可以想象一下，你们完成了采访，然后重新开始。"

甚至美国喜剧中心频道的斯蒂芬·科尔伯特也给桑福德发去了邮件，但他的邮件是对现实中记者姿态的戏仿："正如你所知道的，我昨天晚上宣布了我是一个南卡罗来纳州人。我激动了 40 秒后才得知桑福德州长今天回

---

① 此处应为奥赖利（O'Reilly），作者这么写是想表明邮件写得很随意，有多处语法或拼写错误。
② 是指福克斯新闻主持人格莱塔·范·苏斯泰瑞（Greta Van Susteren）。

到了南卡罗来纳州。假如州长正在寻找一个友好的地方将鄙人眼中这件小题大做之事公之于众的话，我很乐意邀请他上我们的节目。亲自前来、电话采访，或者在南卡罗来纳州采访都可以。挺住。斯蒂芬。"

这些邮件本身就是一件丑闻，因为它揭示了现代新闻机构如何向新闻制造者卑躬屈膝，赤裸裸地将现场采访当作诱饵。

或许最重要的，是现场采访中有一些记者不敢轻率跨越的严格界线，因此很难深入挖掘。自20世纪80年代至21世纪，美国广播公司《夜线》（Nightline）节目的主持人、记者特德·科佩尔一直被认为是最有经验的电视采访者之一。20世纪90年代，在他最受欢迎的顶峰时期，科佩尔曾谈到采访者不能越过的界线。他说，观众和主持人之间存在一种你不想破坏的自然亲和力。"最基本的原则是保持观众对你的认同感。你很容易因为无法掌控采访、太具进攻性、太粗鲁，或者没有提出正确的问题而失去那种认同感。"科佩尔解释道。为了保持那种微妙关系，科佩尔认为让受访者在第一或第二个问题上发表自己的意见很重要。假如受访者讲得太多或者回避问题，并且"家里的每个人都看出来了"，此时采访者就获得了观众的许可，可以变得更具进攻性。科佩尔说那就像是闹钟响了，观众在说："特德，进攻。"但是，即使在这个时候，科佩尔还能想到严格的界线。假如采访对象继续规避问题，他说："你所能做的就是让观众觉得这个人就是不想回答问题。"你可以问同一个问题两至三次以示"强调"，科佩尔说，这样就足够了，必须意识到"从那些不想说出实情的人那里挤出真相是不现实的"[4]。

即使在现场采访中不穷追猛打，采访者也必须了解采访对象，具备采访的同时在脑海中编辑采访的能力，而不是让采访对象不停地讲准备好的要点。"新闻的本质是编辑，"科佩尔说，"但是直播的同时进行编辑非常困难。这就意味着倾听对方的同时还要在脑海里筛选不相关的和陈旧的信息，同时还得想着下一个问题。"

假定采访者足够老练，知道什么时候采访对象是在掩饰。又假定采访者经验足够丰富，在现场采访中可以一边听采访对象说话，或许还要通过耳麦听控制室里的人说话，一边进行大脑编辑。即便那样，采访也应获得更多信息，而不只是让采访对象滔滔不绝地讲。卓越新闻项目研究表明，目前有线电视日间新闻节目的平均采访时间是 3 分 30 秒。电视网晨间新闻节目的平均采访时间为 2 分 40 秒。如今电视新闻圈的特例是美国公共广播公司的《新闻时刻》，它的平均采访时间将近 7 分钟。

鉴于以上诸多限制，如编辑的难度、控制采访对象时存在诸多限制、缺乏准备和播出时间，大部分现场采访与其说是具有揭露性的交锋，还不如说是仪式；与其说是记者收集新闻的方法，还不如说是新闻制造者表现自我和传递讯息的方式。10 多年前，美国广播公司的黛安娜·索耶（Diane Sawyer）曾告诉我们："我的丈夫［导演迈克·尼科尔斯（Mike Nichols）］把现场采访称之为'乔装成谈话的表演'。"如今看来，这一说法更加正确。[5]

存在这么多缺陷的节目类型为什么会流行？原因之一是省钱。谈话很廉价，至少比报道新闻便宜。对于电视新闻机构来说，每天需要大量节目填充播出时间，堆砌现场采访远比让特派记者采访、在核实事实的基础上写报道便宜。嘉宾准时抵达现场，主持人浏览一下年轻预约人事先准备好的问题，一段节目就诞生了。

另一个原因是电视节目制作人普遍认为，与录制的节目相比，受众更喜欢现场直播的节目。该原因更多地与经济合理化有关，而不是被证实的受众效果。事实上，录制的节目拥有更大的受众量。比如，最受欢迎的电视杂志《60 分钟》就是由事先精心准备的录制节目组成。在三大商业电视网的晚间新闻报道中，70% 的节目是录制的，它们的受众量远超任何一个有线电视新闻节目。根据尼尔森媒体研究的数据，2010 年收视率最差的哥伦比亚广播公司晚间新闻报道拥有 700 万观众，是最受欢迎的比尔·奥赖利主持的有线电视新闻节目的两倍。三大电视网晚间新闻报道的平均观众量是 2 100 万，是所有有线电视新闻观

> 只要你发现对话者、记者或者内容提供者只是让人们说话，不尝试核实事实、质疑断言和要求证据，那么你就已经进入了一个甚至连其从业者都没有意识到的领域。这就是断言式新闻领域，你所获得的内容不是成品，也不是经过核实的信息评估。这类新闻不能保证记者所放行的信息就是正确的事实。

众总量的 4 倍。

不过，鉴于制作简单和成本低廉，现场采访环节已经成为美国电视新闻领域的一个主要特征。随着受众的日益碎片化，它只会越来越多。

这就是消费者必须看穿这类节目运作方式的重要性所在。

只要你发现对话者、记者或者内容提供者只是让人们说话，不尝试核实事实、质疑断言和要求证据，那么你就已经进入了一个甚至连其从业者都没有意识到的领域。这就是断言式新闻领域，你所获得的内容不是成品，也不是经过核实的信息评估。这类新闻不能保证记者所放行的信息就是正确的事实。

证据与肯定式新闻

断言式新闻的本质特征是缺乏证据核实，但在日益发展的肯定式新闻领域，证据的使用则更为谨慎：肯定式新闻往往预先挑选证据，再用其证明观点。肯定式新闻不通过开放式的调查来筛选信息，而是一种在说服中进行论证的武器和工具。

具有识别能力的消费者只要仔细看表现方式、故事和话题的选择、嘉宾阵容，以及节目环节或采访本身的编排，就能发现这一挑选过程。对证据进行加工是这类新出现的既具有党派倾向又具有市场取向的媒体的本质特征。有时该特征最不容易被察觉，因为这类新闻报道通常经过精心编排。

这一挑选过程有很多种呈现证据的方法，其中四种最常见。假如你能发现它们，你就能知道自己遇见的是什么。即便它看起来像新闻报道并且自称新闻报道，但实际则不是。

精心拣选事实：轶事的使用与误用

第一种方法是精心拣选貌似可以证实问题的事实。这些引用、轶事和数据会以严肃中立的方式呈现，主持人或记者可能从未明确表明他们证实了某个重要观点。又或者在格林·贝克或雷切尔·马多主持的夸夸其谈的节目中，主持人巧妙地将不同事实联系在一起，并大声赋予其邪恶意义——他们所表达的正是观众已经知道的。这类精心拣选的新闻并未全面弄清轶事是否具有代表性，数据是否真的具有某种暗示。它并未试图采访被批评的当事人及其支持者，也无意尝试寻找其他解释或无罪的零假设。原因是这类调查会干扰其观点的表达。

直到 2009 年 9 月，当一些基本条款的细节向社会公开后，关于奥巴马总统提出的医疗立法的全国性讨论才逐渐清晰化。共和党坚决反对该立法，并得到摇摆不定的民主党保守派的支持。这也正是 9 月 24 日爱德·舒尔茨主持的微软全国广播公司（MSNBC）《爱德秀》（*The Ed Show*）的主题。

舒尔茨在开场环节播放了一位妇女在北弗吉尼亚州参加市政会议时发言的视频，这次关于医疗改革的会议是由共和党党鞭（共和党众议院组织秘书）埃里克·坎托（Eric Cantor）主办的。该女士讲述了一个四十岁出头的失业朋友的故事。她的朋友得了肿瘤，必须手术。失业——因此没有保险——令她的朋友处于经济和情绪困境。

坎托对这名女士说，他想进一步了解她朋友的情况："根据目前符合要求的收入门槛和医疗计划，就没有保险的人员来说，目前大约有 23% 或 24% 的失业人员已经有资格申请现有的政府计划。除此之外，还有慈善机构提供的计划，医院也提供慈善医疗。"

视频播放完，爱德·舒尔茨说："朋友们，这是一个典型的例子。你们都听到了吗？那位女士的朋友碰到问题了。她得了癌症，需要立即手术！这太典型了……因为当你向共和党人士和故意妨碍议案通过者陈述一个现实案例时，他们无法回答。"

舒尔茨愈加兴奋："他们还在谈论百分比。你想成为被排除在外的百分比中的一员吗？你只是个倒霉蛋儿。这就是他们的改革。这就是他们的答案。你们知道他们善于攻击社会主义、共产主义、马克思主义等种种'主义'。但他们不能给那名妇女一个回答。她只是在错误的时间出现在了错误的地点，我们必须讨论财富的再分配问题。"

舒尔茨从视频中精心挑选了自己想要的事实。坎托说他需要更多事实从而充分了解并解决那名妇女的问题。为了帮助那名妇女，议员补充说有一些方法可以应对这类紧急情况。即使是在时间有限的视频环节，舒尔茨也有机会向观众提供真实的情况。23%或24%的失业人员有资格申请什么计划？有哪些条件？这类保险效果如何？舒尔茨图省事，忽略了这些可能性，只瞄准了一个可以强化自己观点的说法开火。

政党媒体中的拣选还涉及数字和数据。在这种情况下，证据以隐含着客观性光环的数据形式出现，但它仍然具有倾向性，它提供的是细枝末节的事实而不是整体事实，是零散的数字而不是符合统计显著性检验或有意义的数据。

2009年5月，当时处于奥巴马总统汽车业重组工作组监督之下的克莱斯勒汽车公司宣布，它将取消全国四分之一的经营商的销售资格。一时间，网站上很多博客主开始调查这一决策中是否存在党派政治的黑手。

一个名叫乔伊·史密斯（Joey Smith）的博主吸引了很多人的注意。史密斯拿到了长达40页的计划关闭的经销商名单中的5页，并宣布他要创建一个新网站，"查明幸存下来的经销商是否是因为自2004年以来对民主党和/或奥巴马竞选给予资助而得到补偿"。他发现，前5页关闭名单上的经销商给共和党竞选提供了13万余美元的资助，而给予民主党的只有3.78万美元。在2008年总统竞选中，同样是这些经销商，他们给约翰·麦凯恩提供了总值7 150美元的资助，但一分钱也没有给巴拉克·奥巴马。

史密斯的网站很快成为其他博客主的"链接网站"。其中，道格·罗斯（Doug Ross）把史密斯的行为称为"奥巴马的经销商门"（Obama's Dealergate），并且反问道：假如你是民主党的捐助大户，你可能失去经销商资格吗？他的答案是"看上去介于微乎其微和零之间"。

包括指责奥巴马总统有一个经销商"黑名单"在内的大量谴责性博客很快传到了白宫，新闻秘书罗伯特·吉布斯否认政府参与了这些决定："总统的汽车业工作组没有找个别经销商的茬，"吉布斯说，"工作组没有参与选择关闭哪些工厂……那是汽车公司自己的事情。"

那么，真相是什么？安尼伯格政治事实核实项目（Annenberg Political Fact Check Project）（FactCheck.org）主管布鲁克斯·杰克逊决定调查这些

> 单个数据只能暗示事实，但不能证实事实。用作证据的轶事或零星的数字是危险信号。看见它们时，就得小心了。它们是精心拣选的标志，是肯定式新闻的特征。

指控。作为一个曾为美联社、《华尔街日报》和CNN报道全国性政治新闻三十余年的记者，杰克逊向来对即时判断和快速得出的结论表示怀疑。比如，凭借他多年报道政治新闻的经验，他知道汽车经销商团体一直以来给予共和党候选人的竞选捐款都要多于给予民主党候选人的捐款。同样，杰克逊研究了所有经营克莱斯勒品牌的汽车经销商——包括关闭的和没有关闭的——在2008年的竞选捐款记录。他发现，这些经销商给予参议员麦凯恩的捐款是给予奥巴马的10倍：麦凯恩26 200美元，奥巴马2 700美元。

"这让我们思考，选择关闭哪家克莱斯勒经销商是否完全是随机的，根本不涉及政治强权。我们应该看到，那些关闭和没关闭的经销商给奥巴马提供1美元捐款，就会给麦凯恩近10美元的捐款。"

轶事很重要。它们是有血有肉的故事，为我们理解事物提供了真实感。它们赋予数字以生命。但是，当它们作为某个论点的唯一证据出现时，应该被视为一种警告信号，这意味着一座房子只有一面承重墙。要留意零散孤立的轶事，以及对某一个数字或数据貌似详细的分析。它们不是证据。证据必须由语境和旁证支撑。

严肃的记者经常对劣质的新闻编辑技术表示担忧：你可以找到一个证明任何观点的案例。他们用一句体现怀疑精神的新闻格言来提醒自己：假如你可以找到证明同一观点的三个轶事，你可以写一篇"趋势报道"（trend story）——一种被认为说明更宏观现象的报道，尽管你自己也不知道它是否属实。因此，优秀的新闻工作者会十分警惕，在没有获得其他证据的情况下绝不将轶事当作证据。

在信息时代和自我编辑的新世界，我们也应该一样谨慎。轶事可以用来说明事实，但不能证明任何事实。单个数据只能暗示事实，但不能证实事实。用作证据的轶事或零星的数字是危险信号。看见它们时，就得小心了。它们是精心拣选的标志，是肯定式新闻的特征。

当心恶人谬论

我们在新闻职业生涯中获得的众多最有用的建议中，其中之一简单来说就是："当心恶人谬论"（Beware of the fallacy of evil men）。这是指当你试图理解公共生活中的某种情况时，认为人们做某事是因为他们本质上就是坏人，或本质上就具有邪恶动机，因为从本质上讲他们就是恶人。这种想法往往是错误的。当用它来描述一大群人时就更值得怀疑。把某些人从本质上讲就是坏人当作解释事件的原因，会导致调查停止、信息变成荒诞寓言，比如某某公司 CEO 受贿是因为他是个坏人，或者那个政治人物会有这般下场就因为他是个坏人。人们做事的原因和他们的动机往往更复杂，也更令人感兴趣。那种报道 CEO 受贿时将原因归结为为了公司、为了自己的工作或是为了一项有助于世界的发明，通常都难以成立。好的报道关注的是真实的人，而不是归罪于个人的恶。而且，问题为何如此解决、妥协与同意的关键，这些原因通常就体现在上述细微差别中。认为他这么做仅仅是因为他贪婪和邪恶的观点就像是一维的平面卡通。

归咎于邪恶动机还有另外一个问题。正如我们之前提到的，强调内部元素的新闻——比如一个人在想什么或者他的动机是什么——无疑比处理外部事实，比如那个人说了什么或者其他人看见他做了什么更难证明。因此，旨在处理这类内部信息的报道需要更多而不是更少的证据。然而，正因为动机很难证明，所以不太具有说服力的新闻类型经常通过只提供少量证据的方法加以逃避。说到底，谁又能证明它是错的呢？

肯定式新闻中的恶人谬论案例俯拾皆是。为了肯定和安慰一群容易愤怒的受众的先入之见，脱口秀主持人往往沉迷于这一谬论，以致我们几乎在审阅过的每一篇文字稿中都能发现这一谬论。

"这个国家之所以伟大是因为我们的奠基者承认每个人生来平等，都拥有某些不可剥夺的权利、生命、自由和对幸福的追求，"2009 年 1 月 22 日，拉什·林博告诉主持界同仁肖恩·汉尼提，"你看一下民主党，他们捍卫生命吗？诸位，他们是堕胎党。自由？他们是想方设法要通过法律限制你们去哪里、去那儿做什么、在哪里吃饭、吃什么、吸什么、什么时候不能吸，你有什么样孩子等所有事情的人。寻求幸福？我还没有见过一个快乐的自由派。"

爱德·舒尔茨在结束关于医疗立法、埃里克·坎托的讨论时用了类似的谴责。"共和党撒谎！他们想看见你们死！他们宁可从你们尸体上赚钱。当那位女士得了癌症而他们没有什么可以提供给她时，他们还有点高兴。这样保险公司才能挣钱——他们还可以否认这属于保险赔付范围。"[6]

暗示邪恶动机及其所导致的缺乏尊重的对话根本不能帮助我们理解或分析政治形势。它与事实无关，而只是在肯定受众先入为主的信念。

当心恶人谬论。当你看见这类谬论时，就表明碰到的不是调查式新闻而是基于偏见与怀疑的劝说式媒体。

人身攻击

在肯定式新闻中，或许没有哪种方法会比脱口秀主持人通过攻击发言者而不是讨论观点的方法来削弱嘉宾的观点更常见了。在争吵声以及接踵而至的论战感中，在所谓的新闻节目中看到这类愤怒时所产生的难以言表的震惊，会令我们忽视这其实是典型的错误逻辑。这是每个本科修辞课上的学生都熟知的人身攻击。它也是在调查过程中放弃讨论、转移注意力的方法，通常具有侮辱性。"人身攻击式的争论很容易以指控形式展开，难以驳斥，而且往往在劝说受众摒弃某人的观点上产生非常大的影响……即使支持这一指控的证据很少或没有。"作家道格拉斯·沃尔顿（Douglas Walton）在一篇有关逻辑技巧的文章中这样写道。[7]

在肯定式新闻中，人身攻击通常采取先发制人的方式，在一个观点尚未提出前就证实它是假的。但是，具有意识形态倾向的主持人与不愿意让步的嘉宾交锋过程中，当对话演变成抬杠时，你也可以看到这类人身攻击。福克斯主持人比尔·奥赖利在2009年6月15日就怀孕晚期堕胎采访Salon.com网站主编琼·沃尔什（Joan Walsh）的节目就是一例。节目以实质性问答开场，奥赖利问支持合法性堕胎的沃尔什是否认为"孕晚期胎儿根本不值得保护？"沃尔什回答道，晚期堕胎手术占所有堕胎手术的1%，而且这其中大部分是为了挽救母亲生命，或者婴儿就要胎死腹中了。奥赖利表示认同。

接着，两个人很快就有据可查的堕胎的基本事实争论起来。沃尔什和奥赖利接连打断对方。"喂，你是在故意长篇大论，沃尔什小姐。沃尔什小姐，别再说了，"奥赖利说道。交锋继续，沃尔什拒绝承认某个观点，因为她认为那明显是个陷阱。

奥赖利最终放弃争辩，只是进行攻击。

"你知道谁的手上有血。是你。你不在乎这些婴儿，"奥赖利说。

"这太可笑了，比尔，"沃尔什说。

"这不可笑。你是极端分子，"奥赖利说。

"你在胡搅蛮缠。"沃尔什回答道。

所幸的是，这一环节以一条商业广告结束，但没有提供太多知识。

这类人身攻击不必面对面进行。脱口秀主持人之间的人身侮辱也是肯定式新闻的一个重要组成部分。比如爱德·舒尔茨这样说拉什·林博："很明显，作为瘾君子和失败者的拉什·林博，自认为有很多钱和很多签约电视台，是成功人士。这个家伙听不见是因为他磕了太多药，太没教养，太没性格，这个人现在首先挑衅我了……来吧，你这个胖猪，让我们较量一下。"[8]

比如，2009年10月8日，林博谈论主持界同仁、共和党的乔·斯卡伯勒（Joe Scarborough）说：他是一个"阉割过的温和派雏鸡"。

斯卡伯勒第二天回击林博道："我得小心我是否在过去的8年中把睾丸放在了对乔治·W·布什的盲目信任中了。"

这类刻薄话听上去强硬，能吸引愤怒的受众。但是，当你听到有人在媒体上使用此类妖魔化语言，当众展示男子汉气概时，记住，这类侮辱是转移注意力的方法而不是争论。

另类现实

很多意识形态倾向明显的脱口秀的特质就如犯罪频发地和电视沙龙，主持人和志趣相投的嘉宾把公共事件描述成他们看到的样子或他们希望看到的样子，并想象着受众也想这么看。它的风格是强化受众既有观点，通常利用以上所描述的技巧，劝说听众反对不同意见。广播电台采取的方式通常更极端，主持人充当普通观众拥护者，大谈所受的伤害和委屈，并且指明敌人。同样的元素也出现在电视节目中，但通常更加不易被察觉。在电视上，这些元素很少表现为争吵或嘲笑挖苦，更多地表现为主持人和嘉宾的对话中，他们肯定和鼓励双方共同拥有的、大部分观众也具有的世界观。他们让观众确信这种世界观是正确的。

我们每晚都能在有线电视脱口秀中看到这种方式。比如，2009年2月5日，即奥巴马政府上台后的第三周，肖恩·汉尼提跟固定嘉宾、共和党政治传播专业人士玛丽·马塔林（Mary Matalin）交谈。他希望对方肯定自己的看法，他认为奥巴马总统宣布经济疲软并鼓励国会通过一整套刺激方案使事情变得更糟。"难道不是这个危险的讲话拖垮了经济吗？世界上其他人怎么看？"汉尼提问。

"是的，"马塔林立即赞同道，"经济问题与心理有很大关系。而且……我听你每天都在说这个，肖恩。你应该给予人们更多信心。从现实的角度和心理角度来讲，这种讲话是完全错误的。这不是领导才能。"

一个人如果在同一个晚上收看不同的频道，他会被相互矛盾的不同现实弄得不知所措。

比如2009年11月9日，自由派主持人雷切尔·马多说："自从巴拉克·奥巴马10个月前就任总统以来，民主党在美国参议院的席位由58个增加到了60个。民主党在众议院的席位由257个增加到了现在的258个。这周末，众议院终于抓住了历任总统和历届国会都想要抓住却没能抓住的大好机会——医疗改革。"

同一天晚上，保守派主持人肖恩·汉尼提也说道："周六晚上，自由派在接管各位的医疗计划问题上有了进展。当午夜降临南希-拉姆（Nancy Pelosi and Rahm Emanuel）① 花园时，美国距离全国所有人的梦魇又更近了一步，不是吗？……一些参议员已经说议案行不通。但更重要的是……看起来［众议院议长］佩洛西利用政治压力来赢得支持的举动实际上加剧了民主党内部的战争。"

---

① 这里是指美国参议院议长南希·佩洛西和奥巴马政府白宫办公厅主任拉姆·伊曼纽尔。

节目最后，不论是汉尼提还是马多都不能确定另类现实是否正确。当2009年临近岁末时，事实才开始逐渐显现：美国人对总统越来越失去信心，由于共和党赢得了马萨诸塞州民主党参议员爱德华·肯尼迪（Edward Kennedy）去世后所空出的席位，医疗改革基本失败。但是，该议案得以复议，很大程度上是因为众议院议长南希·佩洛西将众议院的民主党核心小组团结在了一起。

确定无疑的现实感存在一个问题，即一开始就有了一个预先确定的世界观，然后挑选支持这一观点的证据。从本质上来讲，它对证据不感兴趣，除非证据可以成为建构这一世界观的材料或工具，而且它绝不受任何相矛盾的证据的干扰。

以上四种方法在某种程度上是相互关联的，它们都是思考新闻时心灵封闭的表现。

其他方法

拣选事实、归咎于邪恶动机、进行人身攻击以及建构让人放心和封闭的现实只是肯定式新闻最常用的四种方法。我们还必须提防其他方法。注意谁在节目环节结束时说了最后一句话，假如总是让辩论的一方说最后一句话，那就并非偶然了。注意嘉宾阵容，雷切尔·马多和肖恩·汉尼提通常不会邀请持不同观点的嘉宾。此外还有更加不易被察觉的"选角"元素。在电视节目中，制片人考虑谁在戏剧或节目环节中扮演某个角色。假如一方是政党人物，另一方是试图保持中立和具有分析能力的记者，那么这个环节的角色就是有意安排的，其作用是令人不易察觉地表现媒体的意识形态倾向。假如一方的拥护者很有说服力、很上镜，另一方的辩护者语调柔和、不太上镜，那么这通常也是有意安排的。

肯定式新闻是一种劝说，用意识形态忠诚度而非新闻调查来吸引受众。这种传受双方的关系是精心建立起来的。在快节奏、常具任意性的断言式新闻环境中更是如此，因为这类意识形态更强的媒体的制片人对自己所做的事情拥有更大的控制能力。

如何区分观点新闻和肯定式新闻

肯定式新闻从业者和其他带有观点倾向但又秉承准确、确证、公正和开放思维的传统记者在如何使用证据上也存在不同。后者的作品通常出现在《大西洋月刊》(The Atlantic),《国家评论》(The National Review) 和《国家》(The Nation) 等期刊。为报纸写专栏的作者通常被称为观点记者。正如我们在第三章中提到的,由于他们忠诚于传统新闻价值观,他们所写的是确证式新闻。他们进行调查,尽管他们并不标榜自己中立或没有观点。确证式新闻并不意味着中立,这一观点我们在《新闻的十大基本原则》一书中已经做过详细讨论。

看一下《纽约时报》保守派专栏作家戴维·布鲁克斯在巴拉克·奥巴马就任总统后对新一任总统议程的看法。"20 世纪的政治史就是一部带有良好出发点的一群人所做的开头良好但结果很糟的社会工程项目史。其中有像共产主义这样的大错,也有像由最优秀、最聪明的人计划的越南战争这样的小错。"不过,布鲁克斯写道,"我怕他们(奥巴马政府)想立即做好所有事,但终将一事无成……我担心正在做的远远超出了我们的经济知识范围。"布鲁克斯没有将所有邪恶动机归咎于奥巴马。相反,他暗示了善意但误导的动机。他担心总统出错,但又承认自己不能完全肯定。至于证据,他援引了傲慢的政府过去在共产主义和越南问题上所做的努力。他也没有像汉尼提和马塔林那样公开指责刚刚上任的奥巴马无能和危险。

与此形成对比的是右翼电台主持人亚历克斯·琼斯关于美国军队被用于保护匹兹堡 G20 峰会领导人的评论:"我们的军队已经被接管了。这是我们国家的终结……他们想杀 1 万美国人……共和党已经完了。"又如在自己网站上自称是"最受欢迎"评论员的格林·贝克,他在 2008 年大选前夜说:"帮派,这是最后的警告。我的意思是……假如这个人当选,那你们就选择了最傲慢的马克思主义者,没人能阻止这一切,因为他是在完全公开的情况下当选。当我们见到一个马克思主义者时不必假装惊讶,而且我相信他会成为一个法西斯总统。他会成为法西斯,因为他不能理解为什么你会突然间不想成为马克思主义者。"

这是证据和信仰间一直存在的矛盾。布鲁克斯提供证据帮助你理解为什么他认为奥巴马的议程有问题，琼斯和贝克只能提供自己结论正确的信念。

2009年，当威廉·萨菲尔去世时，曾与他一起在《纽约时报》共事过的自由派专栏作家莱斯·盖尔布这样赞赏这位与他意识形态不同的敌人："他总是有备而来，愿意不带仇恨地争论。他愿意表明观点，假如对手的事实和论据充分，他愿意接受观点。他在思想交流中没有掩饰和仇恨。"此外，盖尔布还提到："他一直是个新闻工作者。事实上，他极其努力地搜集事实信息。他不是毫无准备地写专栏，而是让他的观点更有分量。"[9]

2005年1月24日，萨菲尔在《纽约时报》的告别署名评论中给出了12条如何阅读政治评论的秘诀。最后一条秘诀揭示了探讨观点和论据的记者与狂热的煽动者之间的区别。"傲慢地拒绝与其他专栏作家进行交流，"萨菲尔写道，"假装参与辩论，将读者带离充满争议的现实；他们的做法只不过是在给雕塑的上色过程拍照，或者拳击经理之间的一场扔毛巾比赛。专栏作家应坚持只呈现有说服力的真相，而且对煽动者予以坚决打击。"

我们在第三章讨论过为什么说肯定式新闻隶属于我们所谓的"答案文化"新闻。占据这个新领域的脱口秀主持人，他们的部分人格是将自己呈现为文化战士、被遗忘的和受委屈的英雄，以及用各种答案武装起来的战场上的士兵。在这种缺乏谦逊的文化中，你看见的是对证据的漠视，因为检验证据可能会引来对既有观点的质疑。

这就是为什么肯定式新闻往往无法达到我们在检验真实性清单中列出的第五条要求，即探讨其他可能性解释。无所不知的脱口秀主持人唯一感兴趣的其他可能性解释是他们列出来的有待驳倒的稻草人论据。

从两种观点媒体形式，即观点新闻与肯定新闻之间的区别，你可以发现经验主义与宣传、新闻与激进主义之间的不同。在与各自受众的联系方面，两者的区别在于是以理解和调查为诉求，还是以信仰为诉求。

证据与利益集团新闻

　　肯定式新闻使用证据的很多特征同样适用于美国各地日益发展起来的新型利益集团新闻。这一类新闻由政治利益集团和积极分子资助。这类新型新闻机构很多是网络媒体，很多在各州首府运营。它们刚刚兴起，报道方法比较多样，无法一概而论。有些以纯新闻方式全面报道主题。但是，这类网站中有很大一部分很像从事肯定新闻的媒介，本质上具有政治性和党派倾向，而且它们的目的是劝说而不是调查。正如我们在第三章所指出的，明显具有政治性的利益集团新闻源与我们正在讨论的肯定式新闻媒介之间存在重大区别。一般来说，肯定式新闻的提供者吸引受众是为了赚钱，而明显具有政治意图的利益集团新闻网站不将盈利作为其报道的首要动机。这种区别导致的一个结果是更具商业性的肯定式媒体通常具有娱乐性，表现形式甚至有点浮夸。格林·贝克、爱德·舒尔茨、拉什·林博，以及像米歇尔·麦尔金这样经常公然夸夸其谈的博主都是肯定式新闻的中坚力量。但是在老看门狗（Old Dominion Watchdog）这样的网站上却没有这类人，因为他们会起反作用。利益集团式新闻的大部分观点看似平淡、可信，所以它们的报道会被传统媒体注意或选择。

　　因此，具有更明确政治目的的利益集团新闻网站反而会采用我们在肯定式新闻中见过的使用证据的方法。它们精心拣选可以支持其政治目的的报道和信源，大部分内容目标都是传递一致的讯息。它通过贯穿于报道、标题和信源中的潜台词或主导叙事创造一种有限但一致的现实感。主导叙事是这些政治利益集团新闻网站的真正目的所在。比如，在Watchdog.com网站，所有报道都是为了指出政府滥用职权或无能，证明税收的危险，或灌输萨姆-亚当斯联盟是代表保守自由主义利益等观点。宾夕法尼亚州保守派联邦基金会资助的宾夕法尼亚独立项目[①]也有类似的特征。

[①] 宾夕法尼亚独立项目是一项公共新闻项目，旨在以报道宾夕法尼亚联邦机构、政府部门和政治人物等活动的方式来推进建设公开、透明和负责任的州政府。

截至2010年初,我们还不能明确说出由保守派爱达荷州自由基金会资助的广泛报道该州政治的爱达荷报道网站的特征,也无法明确描述全面报道财政预算的财政时报的特征,它是彼得·皮特森基金会资助的关注财政预算的新闻网站。

考察这类网站如何使用证据,特别是考察它们如何选择新闻和信源是一个有效的方式,它能区分一个利益集团资助的新闻机构究竟是真正关注报道主题还是想操纵公众对该主题的认识。目前,这是一个崭新的新闻领域,还没有规则。传统新闻机构仍然想要知道如何应对这类网站,假如可能,如何与它们建立联系。作为消费者,我们主要靠自己,因此必须提高警惕。这类网站上的新闻,在语气和呈现方式上似乎与最传统的电报稿类似。但实际上,它背后的资金来源、目的和想法与通讯社完全不同。

这让我们进入到如何成为更清醒、更谨慎新闻消费者清单的最后一条:如何知道我们的新闻摄入是否健康,我们是否获得了所需信息?这是我们接下来要讨论的内容。

第八章 | 如何找到真正重要的新闻

在新闻碎片化为许多不同的信息包时,我们必须更加依靠自己来决定新闻的重要性。想要有效地找到真正重要的新闻,关键的一步是发现那些自始至终工作出色的媒体和记者。

洛蕾塔·托法尼（Loretta Tofani）一度觉得自己的记者生涯走到了尽头。

托法尼曾因1982年报道马里兰州监狱轮奸案而荣获1983年普利策调查新闻奖，她还在中国当过《费城问询报》（Philadelphia Inquirer）的驻站记者，在同行中享有不错的口碑。过了23年之后，美国报业发生的变化使她有了转行的念头。于是，她接受了《费城问询报》专为雇员提前退休提供的薪金颇丰的买断计划，和家人搬到了犹他州的盐湖城，开始了新的职业：专卖从中国进口的仿古家具。

为了经营家具店，托法尼去中国走访家具工厂和物色供应商。与她当记者时不同的是，她的商人身份少了政府人员的陪同。然而，在工厂里她却亲眼目睹了中国市场化的另一面：在没有排风设备的车间里，在没有防护面具的保护下，工人用喷枪给家具喷含铅的油漆；还有的工人每天吸入浓烈而难闻的烟气，处理材料时身体暴露在许多有毒化学物品中。

出于好奇和警觉，托法尼在一家医院图书馆里翻阅了医学杂志，发现上面登有许多因工作条件恶劣而引起中国工人受伤和死亡的文章。这些发现和亲眼目睹工人们的经历使托法尼强烈地感到自己无意间卷入的是一件不容忽视的事情。随着手中有关生产她卖出的家具的中国工人面临危险的证据增多，她关掉了自己的家具店。

由记者转行成商人的托法尼这时已经变成了一名公民记者。虽然不再从事记者这一行，但她感到自己有义务将这件事公之于世。于是，在调查新闻报道中心的资助下，她收集了类似自己当时做进口生意时的运输记录。这样她就把运到美国的家具与生产那些家具的中国工厂一一对应。有了这些信息，托法尼可以找到生产家具的具体工人，并证明这些家具被美国的消费者所购买。这样，她的调查把美国人的生活与中国工人的不幸遭遇联系了起来。

托法尼回到了中国，通过劳动者权利组织的帮助找到了她要找的工人们。就像当年说服美国马里兰州监狱里的强奸受害者甚至强奸犯开口那样，她解除了工人们的担心，得到了他们有关职业病的口述。同时，她记录了他们的工作地点，身体所接触过的化学药品和工作条件。她还采访了给那些工人们诊断过的医生，并收集了许多可以证明口述内容的材料。在整个过程中，她没有下任何主观的判断。她没有简单地公布事件一方的故事，然后为了平衡观点，加上政府官员和工厂领导对此的看法，最后建议可能存在问题，官方应做进一步调查。

她的调查结果于2007年以《美国进口商品，中国工人死亡》为标题刊登在《盐湖城论坛报》上：

> 每当媒体曝光一次中国制造的玩具被查出含铅时，美国公众会因它可能让儿童中毒而义愤。但是，他们却不知道为美国生产这些玩具及其他数不清的产品的中国工人们日复一日地接触和吸入各种致癌物质：苯、铅、镉、甲苯、镍、汞。
>
> 他们中的许多人正在死亡线上挣扎。他们患有致命的职业病。
>
> 他们大多数人很年轻，在二十和四十多岁之间。但是，他们正在经历缓慢而痛苦的死亡。这种死亡是由他们在为全世界——包括美国生产时所使用的有害物质而引起的。有人说这些中国工人们正在为美国从中国得到的低价产品付出昂贵的代价。
>
> "就对中国社会负责而言，这是美国人的一大问题。"重庆的周立太律师认为。周在法庭上为数以千计的中国工人做过辩护律师。
>
> 在采访工人中我了解到，有毒和有害化学物几乎在每个行业里都有，比如像家具、鞋类、汽车零件、电子产品、首饰、服装、玩具和电池制造业。法律文件、医学期刊文章、医疗记录、进口文件和中国官方报告均证实了我的采访结果。

托法尼的系列报道被许多媒体转载并很快在全球引起了不小的轰动，

> 在今天这个数字新闻时代，在接收和处理新闻时，每个具有信息处理能力、头脑清醒和积极的公民必须问自己这个问题。从许多方面讲，这也是最重要的一个问题：我有必要知道这些信息吗？

连美国国会也做出了反应，准备在今后国际贸易协议里增加新条款，保护为美国生产进口产品的工人的利益。

目前，中国制造的产品在美国以及其他国家人们生活中的普及性和重要性再怎么强调也不为过。每个美国消费者都与中国工人们的安全有联系，而中国产品的安全性几乎会影响到每一个美国人。美国联邦贸易委员会报告显示，2009年美国从中国进口了价值240亿美元的产品，而向中国的出口额仅为40亿美元。

托法尼强烈地感到了她所卷入的事情的重要性，她不惜改变自己的生活也要把它公之于世。

在不公正现象面前，大多数人不会成为调查新闻记者。即便在新闻工作者中，也很少有人具有像托法尼那样的技能和机会进行这种全球性的揭露报道。但是今天，当我们在众多的新闻和信息渠道环境里游览，决定看什么新闻和花多少时间看的时候，我们每个人必须像托法尼那样做出判断，哪怕我们没有她那样锐利的眼光。我们必须了解我们所关注的新闻有多么重要，自己准备花多少时间去把它弄明白，以及如何反应。也就是说，当我们看到新闻的时候，除了需要知道所见所闻是否真实之外，我们还应该多问问自己：我们需要知道它到底有多重要。在对某个题材的许多报道中，我们必须知道自己的所见所闻是不是自己需要知道的。

浏览和选择信息是我们在第三章里给出的六个问题中的最后一个。在今天这个数字新闻时代，在接收和处理新闻时，每个具有信息处理能力、头脑清醒和积极的公民必须问自己这个问题。从许多方面讲，这也是最重要的一个问题：我有必要知道这些信息吗？

我有必要知道这些信息吗？

回答这个问题，需要我们把在前几章里回答前五个问题时所学过的技能综合起来考虑。这正是我们问自己的要点所在：我们是否真的正在了解我们应该知道的——比如，有关我们的社区，孩子们所在的学校，医改的讨论，环境或经济状况，或者海外正在进行的战争？如果不是，那么，我们所缺少的是哪些信息？以及我们应该从哪儿和如何获得我们所缺少的信息？

在过去的年代里，我们无须如此思考问题，因为编辑们早已替我们做了。他们替我们设置、选择并决定了每天报纸头版应该登的六或七条新闻稿件，以及电视新闻应该由哪十条稿件组成。那时，这种事先设置和选择是媒体把关功能的一个重要部分，它们与每条新闻的核实和编辑同样重要，在某些情况下甚至更为重要。

当然，今天新闻工作者仍然选择新闻。但是，他们的选择对我们的影响已不如以前。在数字新闻时代里，网站的首页可以轻而易举地容纳下一百条标题而不是报纸头版的六条。大多数标题按题材分类，供我们选择。我们可以根据自己的兴趣将新闻网站首页的内容个性化。[1] 另外，在大多数时间里，我们不用转向媒体并遵循它们的选择，而是利用网上搜索引擎寻找感兴趣的内容，或者点开朋友发来的链接，或者搜索我们在朋友圈中听到的信息。现在，我们是根据主题和事件阅读或收看新闻，对新闻机构的判断力的依赖程度已小于以前。[2]

当然，一直以来在我们阅读和收看新闻的行为里总有一些选择的因素。报纸每天刊登许多内容，远远多于我们大多数人实际所阅读的。在20世纪的后50年里，当电视成为人们使用最广泛的新闻媒介的时候，我们在选择方面减少了对报纸的依赖。社会科学家们注意到电视还增加了社会共识的程度。突然之间，数以百万计的美国人每晚从三大全国电视网络里收看同样的新闻。在今天的数字新闻时代里，我们重新拥有更多的选择——这次的确是更多。

这个变化使解答"我们每天接触的新闻是不是我们需要知道的"这一问题变得更加重要。那么，我们大多数人认为自己需要知道的究竟是什么呢？

一般说来，我们并不会意识到自己在选择新闻，甚至意识不到自己是如何选择的。我们习惯按兴趣选择，可那又意味着什么呢？许多调研结果显示，人们获得新闻的首要理由（72%的成年人这样认为）是他们喜欢与朋友、家庭成员和同事谈论——视接触新闻为社会行为。这个结果提醒我们，他们会关注自己社交圈子愿意谈论的新闻，无论是有关体育、政治、学校、电影还是其他什么。其次，69%的人说他们关注新闻的理由是因为自己的公民责任感。如此看来，他们会关注那些他们认为会影响自己社区生活的新闻。第三个理由（61%的成年人同意）是为了改善生活——对人们有用的新闻。不到一半的成年人（44%）觉得新闻是逃避或娱乐；还有19%的人说他们是为了工作而关注新闻。在收看当地电视新闻方面，大多数受众调研结果显示，天气预报是最受关注的内容。在早晨，有关交通状况的新闻也非常重要。在人们最可能关注的网上新闻种类方面，天气预报仍然排在第一位，其次为全国新闻、医学新闻、商业新闻、国际新闻和科技新闻。[3]这些科研结果提醒我们，由于人们现在可以更容易地从雅虎和《纽约时报》①等全国和全球性网站，以及像 ESPN.com 那样的专业网站上浏览新闻，所以，互联网在客观上可能淡化了人们对地方新闻的兴趣。在这个网上新闻种类兴趣度顺序表上，有关当地社区的新闻排在第 9 位。

我们经常需要问的是：就某一题材而言，我们如何决定需要的内容？这个问题也可以转换成：如何知道我们获得的是真正重要的新闻？

无疑，美国公众对传统媒体长期自行决定新闻内容重要性的做法也表现出越来越多的质疑。这些质疑既表现在公众对媒体信任度的下降、学者对这一问题研究的文献的增多之中，也表现在普通消费者对媒体"构架"式报道新闻，围绕冲突、负面、戏剧性或者政治利益角度组织报道的觉察之中。[4]在过去的几十年里，人们越来越质疑媒体在一些重大事件报道中是否起到了警钟的作用。比如，媒体是否履行了自己的职责，及时提醒社会注意 20 世纪 90 年代发生的储蓄和信贷危机、20 世纪 90 年代末期科技股泡沫的破灭、2001 年后发动的伊拉克战争以及 2008 年发生的经济崩溃。在美国报业由于收入不断下降而裁员相当厉害的今天，我们有理由询问媒体组

---

① 在两位作者写此书时，《纽约时报》网站的内容是免费的。自 2011 年 3 月 28 日起，《纽约时报》建立了付费墙，只有很小一部分内容继续免费。

织是否还拥有足够的资源，为公众发挥社会监督作用和成为公众全方位的把关人。

随着报纸和其他媒体开始失去读者和观众，许多媒体也放弃了一直以来严格按照重要性组织和编排新闻稿件的做法。20世纪60年代期间，当《纽约时报》高层管理人员每天早上花1个小时在编前会上决定哪些新闻稿件上头版的时候，只有一个问题最重要：在报社当天收到的数以万计字的信息里，哪些新闻（通常为七到八条稿件）对大多数人最重要？那时候，"对大多数人最重要"是讨论桌上的唯一话题。后来，由于电视挖走了更多的报纸读者，加上许多调研结果显示公众信任电视新闻的程度高于报纸，所以，讨论新闻稿件的重点也开始转移。为了与电视新闻竞争，《纽约时报》和其他报纸的编辑们开始强调在写作上多下功夫，要求更醒目一些。版面开始腾出空间给新闻配图。不光是新闻稿件的内容，风格也开始变得比以前重要得多——如此改变是合适的。因为受众在选择新闻方面拥有了更多自由，所以，新闻工作者们开始更多地考虑：我们的新闻有没有让女性读者感兴趣的内容？是否有足够数量的不同题材？是否有"好看的读物"和文笔优美的故事？感情诉求是否强烈？虽然大多数人没有意识到，但作为新闻事件重要性标志的报纸头版早在两代人（50年）以前便开始趋于过时，这也正是民众所愿意看见的。本来，有关公众会同质化地认同一系列新闻事件的重要性的概念是有争议的。然而，具有讽刺意味的是，就在媒体开始为如何取悦受众而绞尽脑汁的同时，受众却开始对媒体的专业性表示怀疑。

在21世纪，新闻机构越来越强调"品牌"的概念，或者向受众提供他们无法从其他信息来源获得的特定题材。从某种意义上说，在收入不断下降和受众逐渐减少的今天，几乎每家媒体都在转化成一种针对特定受众的利基媒体。从媒体经营的角度看，这种发展有它的道理，但却改变了媒体设置信息议程的角色，并且更进一步地要求我们——媒体的消费者——为自己的信息需求做出选择。[5]

也就是说，在新闻碎片化为许多不同的信息包时，我们必须更加依靠

> 想有效地找到真正重要的新闻，关键的一步是发现那些自始至终工作出色的媒体和记者——人们信任或者经常关注的品牌媒体和个人。伟大的新闻工作者知道如何提出更有深度的问题，不断磨砺自己的调查能力并避免以偏概全。

自己来决定新闻的重要性。

接下来的问题是：为此我们该如何做？

寻找优秀记者所使用的方法，以此判断新闻的可靠性

在新闻聚合的时代里，即使人们可以在很短的时间内浏览全球的信息，但大多数人不会去关注所有的媒体。相反，我们常常依赖为数不多的媒体，希望它们能够替我们关注其他媒体。南加州大学安尼伯格传播与新闻学院数字未来中心主任杰夫·科尔在调研中发现，在有线电视和互联网的年代里，大多数美国人平均收看 6 个电视频道和访问 15 个网站——其中包括使用网上银行和网上购物。[6] 皮尤研究中心卓越新闻项目和互联网与美国生活项目的调研结果也显示，大多数人经常用来获取新闻的网站不超过六个。从我们一直在进行的对每周数百万条博客和社交网站信息的研究里，我们发现这个新闻媒体所构成的宇宙中，信息来自和链接的也只是一些数量有限的传统媒体。《纽约时报》、美联社、英国广播公司、路透社和其他常见的传统媒体占了其中的大半。也就是说，即使在 21 世纪，我们在现实中仍然从我们可依赖的权威性媒体里获得新闻和信息——虽然我们可选择的媒体数量每日在增长。

因此，要想有效地找到真正重要的新闻，关键的一步是发现那些自始至终工作出色的媒体和记者——人们信任或者经常关注的品牌媒体和个人。那我们该如何做才能发现他们呢？没有魔术般的公式可以遵循，倒是可以学习一些方法和技能去发现那些一贯表现得非常优秀的媒体和记者。

根据我们的经验，优秀新闻从业者的工作有一种不易察觉的微妙特征。这种特征是伟大的新闻工作者长期以来在报道中有意识使用的，常常是高度个性化的方法或途径。这些杰出的新闻工作者之所以要发展这些方法，原因是它们可以约束其好奇心。凭借这些方法，他们知道如何提出更有深度的问题，不断磨砺自己的调查能力并避免以偏概全。其结果是，他们看见的更多，提的问题更广泛，找到规律性的现象，并能从新闻事件中挖掘出比同行更多的信息。他们更可能写出水平远远高于只是速记式复制事实的报道。由于采用特有的方法，他们的核实也比其他人更深入。他们更有机会摸清事件的来龙去脉，理解其中的原因，从而写出真实而有意义的报道，使我们获得具有真凭实据的新知识，而不是充斥在所谓解释性新闻里的推测或者瞬间感觉和印象。这些都是怀疑式认知法的成果。

即使你不了解一名记者使用的是什么方法，你仍然可以从他的作品中发现端倪。新闻事件里所揭示的细微差别、详细叙述和证据会显示出他使用的方法。它们透射出的是记者有意识使用的方法。寻找这些迹象，这可以成为你在众多互相竞争的信息世界里鉴别真实新闻而形成和发展你自己的方法的第一步。

为了帮助你理解以上所言，我们在此举几位优秀记者的事例，并阐述他们特有的方法。我们的目的并非要去研究这些具体的方法，而是寻找具有某种方法特征的工作，那种高于简单地描述事件，增加新的层次、不可言传但似乎具有更多价值的工作。

社会学家式的记者

在如何报道"条线新闻"（beat，这是新闻界对专门报道某个领域的俗称）方面，在美国历史上恐怕没有一个记者像戴维·伯纳姆（David Burnham）那样全面地研究并且做了新的尝试，或者说让它产生更戏剧性的效果。伯纳姆于1968年至1989年任《纽约时报》记者。他有关纽约市警察的报道导致了历史上著名的纳普委员会的成立，拉开了调查纽约市警察局内部贪污的序幕，并促使政府进行了一系列重大改革。这个事件后来被改编成电影《冲突》（Serpico）（又译作《急先锋横扫罪恶城》）和《城市王子》（Prince of the City）。在《纽约时报》华盛顿分社当记者时，伯纳姆报道了原子能与核监管委员会。正是在去与伯纳姆见面，并向他转交揭露科麦奇公司违规生产燃料棒文件的途中，准备公布真相的女工卡伦·西尔克伍德不幸死于车祸。这件颇有争议的案件后来被拍成了电影《西尔克伍德事件》（Silkwood）。伯纳姆建立了一个名为政府机构活动记录查询中心的调查新闻组织，同时他还报道探讨了公民是否能从联邦调查局、国家税务局甚至司法部获得他们应该得到的信息等问题。

这些工作都是伯纳姆在做条线报道时，运用一系列从杰出的社会学家那里学到的系统化研究方法的结果。他的确是一位真正的"社会学家式的记者"。

在加入《纽约时报》之前，伯纳姆曾在一个由总统任命的调查执法机构和人员的委员会里工作过两年。"那份工作就像是读社会学的硕士学位。"他后来解释说。凭他当时已有的知识，伯纳姆并不认同《纽约时报》有关执法机构和人员的报道。"他们登的都是一些轶事。"他回忆道。[7] 当被问到如果换作他会做什么时，他列出了二十条新闻题目，其思路和报道角度明显受到他在政府工作时结识的社会学家的影响。"这些题目都与执法部门的体系和程序有关。"当他被《纽约时报》聘用后，他向那些专家们请教该如何对待自己的新工作，其中一人是卡内基梅隆大学著名犯罪学家艾尔弗雷德·布卢姆斯坦，他对伯纳姆后来的职业生涯产生了巨大的影响。"他对我说，'你问一下自己，那个［被调查］部门是否正在完成公开声称的目标。如果没有，为什么没有？'"

"我该怎么做？"伯纳姆向布卢姆斯坦咨询。

"假如你研究它的工作结果，"布卢姆斯坦答道，"它自然会告诉你其中的故事。"

这种报道方式成了伯纳姆后来四十年工作的焦点。它包含以下五个清晰步骤：

- 了解你所报道的政府机构公开宣称的目标
- 知道用什么信息（比如，它的工作结果）去鉴别被调查部门是否达标
- 关注该机构的数据和产品所提供的信息
- 将部门预订目标与结果进行比较，如果没有达标，为什么没有，该部门究竟做了什么
- 要求部门对你收集到的证据表明他们的看法

虽然他在以后的报道中从未明确提到过这五个步骤，但伯纳姆所用的

这种系统化方法很快使他从根本上改变了对纽约市执法机构的新闻报道。

他最早写的和最具突破性的作品之一是关于纽约警察"在鸡笼里"——警察之间对执勤时在警车里睡觉的一种俚语表达①的报道。在一次对纽约市警官吉姆·柯伦（Jim Curran）采访时，伯纳姆偶尔听前者说了一句"某人在鸡笼里"。

"别人会不经意地对你用一个词。你最初的反应是点头，看上去听明白了，表示你知道那是什么意思。就好像'在鸡笼里'这个词。但是，你得提醒自己：不要不懂装懂。那会使你与新闻擦肩而过。"伯纳姆说。

"什么是'鸡笼'？"伯纳姆问柯伦。

"你懂的，……那是指某个人在执勤时从午夜一直睡到早上八点。"

经过更多的询问，伯纳姆了解到，每天，数以千计遍及城市各个角落的纽约警察在理应执勤的夜晚其实是在睡觉，只是在有案件发生时才被惊醒。

起初，一位《纽约时报》的编辑告诉伯纳姆他们不做类似的新闻。于是，他找了一个报社送稿员②帮忙，与他一起在人们下班后出去拍照。在午夜，他们开车漫游整个城市——公园、码头、立交桥下，以及其他可能的地点——拍了许多警察在巡逻车里酣睡的照片。

接下来，伯纳姆开始采访警察们，为他收集到的证据增加当事人的看法。根据他的回忆，许多警察告诉他"这是一个大家都认同的老传统"。一位警察还告诉伯纳姆，为了保证巡逻时间，他和他的同伴专门带了一个闹钟在车上。另外，他了解到巡警慈善协会曾力图让纽约州议会通过一项"安睡"法，以保证纽约市警察局在每班至少有三分之一的警力在执勤。那就意味着，在大多数纽约居民睡觉的午夜至早上八点的时间段里，过多的警察在执勤，而在犯罪案件最有可能发生的时间里，警力却不够。"警察在

---

① 在美国警车里，坐在前排的警察与后排的嫌疑犯/罪犯之间有一道网状的金属安全隔栏。纽约警察故将警车称为"鸡笼"。

② 送稿员是美国报纸行业中级别较低的一个工种，其职责是将打好的稿件从报社的一个部门送往另一个部门，一般由年轻人充任，所以称为 copy boy。

鸡笼里"是一个城市政府机构错用资源的结果和颇具戏剧性的例子。

该新闻见报后顿时引起轰动，纽约市警察局专员不得不召开新闻发布会，指责《纽约时报》的报道夸大了纽约警察局少数"败类"的行为。《纽约每日新闻》的一位竞争伙伴在显然因自己错过这条新闻而被编辑狠狠地教训了一顿后，恼羞成怒地找到伯纳姆。"你这个狗娘养的。这他妈的也算是新闻？人人都知道这件事。"他如此对伯纳姆咆哮道。"他说得没错。"伯纳姆事后说。这就是问题的所在：人们都知道警察在执勤时睡觉，但选择了接受事实。这种行为本身是更大的新闻。

从这个报道中所增长的见识奠定了伯纳姆以后报道固定题材方法的基础。在这条新闻见报后的第二天，一位线人打电话给伯纳姆，问他是否敢写一个与警察渎职睡觉略有不同的报道，只是这次的被调查对象是纽约市比警察权力更大的人物——法官。"嘿，伯纳姆，我知道《纽约时报》爱登像爱尔兰警察这类小人物的故事，却不敢碰像犹太人法官那样的上层人物。"那位线人对伯纳姆说。当时，纽约市的许多法官在每周一和周五休息，一周只上三天班。当伯纳姆问他该如何证明这种现象时，他回答说不难：计算出法院在星期一和星期五两天受理的案件平均数，将它与星期二至星期四三天受理的案件平均数做比较便可得知。要研究的又是工作的成果！事实证明那位线人是对的。许多法官每周只工作三日，导致法院系统工作进展缓慢，几千名被告在里克斯岛上①无故等待判决。

经过六个月的努力争取，伯纳姆的报道才上了《纽约时报》。至少对当时的新闻从业者来说，运用定量分析的方法曝光法官习以为常的行为涉及太多的实际问题，不可能改变现实中各机构得以运行的常规。伯纳姆的报道最后发表时，编辑已做了相当的删减。但是，伯纳姆没有停止，而且他的报道确实帮助改进了纽约市的警务工作。他继续使用同样的系统化方法，调查报道了包括司法部、国家税务局和原子能委员会在内的许多政府机构。今天，他仍然在政府机构活动记录查询中心工作，将美国政府司法和其他

---

① 里克斯岛（Rikers Island）为纽约市主要监狱所在地。

许多部门的工作成果做成可检索的数据库,供其他新闻工作者和公民使用。

伯纳姆的报道之所以能够与众不同靠的是他的提问,而不是事件。

聆听未道出的故事

在我们的心目中,黛安娜·K·萨格是全美最优秀的条线记者之一。她不称自己为专家,也不说是从事健康写作的作家,尽管她曾在健康报道方面获得过普利策奖。但是,对于如何报道条线新闻——无论什么条线,她会以自己对新闻的激情和灵感阔谈。

虽然她不用"方法"这个词,但我们可以从她的作品和谈论中看见她所特有的方法;我们称之为"聆听未道出的故事"。

首先,她尽可能不让自己受同行们写的琐碎突发性新闻的影响。"我关心的是我是否恰到好处地报道了自己的条线。"萨格写道。她的意思是要以最适合的方式进行报道。[8]为此,她发现,首先要对自己的条线有大局观——明确该领域中更主要的问题,认定与之相关的信息,舍弃无关的琐碎新闻。

其次,她倾向于写那些自己认为别人不愿写、不容易写但却"召唤"她的故事。她回忆道,她以前的写作老师曾告诉她,"写那些只有你能够写的故事……挖掘你的情感世界。"[9]她也写向读者提供新知识的报道。这需要她敢于写与自己和编辑部既有定见不同的故事。

萨格说她的特殊技能是聆听、对人耐心,真实对待别人以获得别人的信任。她的这种技能使她在自己的职业生涯中获得非同寻常的待遇:接近最容易被伤害和病情严重的病人,让他们为了可能帮助更多的人而道出他们的故事,尽管这么做会公开他们自己的痛苦。她所取得的业绩包括数次以最私人的方式接近极端痛苦中的病人,从他们的故事中挖掘出更大和更重要的故事,并整理成系列报道。

为了获得这些故事,赢得并保持别人的信任,萨格非常清楚,作为一个将事情公之于众的新闻从业者,自己的一举一动也处在公共领域之中。"你的为人如何直接影响到你的工作好坏。"[10]她写道,"记住你是你自己的产品,你自己的品牌。作为一名记者,你的名字就是你所有的一切……你是一名在报道前对事件已有主见,然后将收集到的细节填入事先想好的模式里那样的记者,还是一名聆听采访对象的记者?你是在给世人对我们这个行业所有的最坏成见添砖加瓦,还是凭你的诚信、正直和热情带给人们惊喜?无论何时都不能心存侥幸,以为公众不会马上识破你是什么样的记者并以相应的方式对付你。"

萨格将新闻视为一种充满价值和道德的公共行为,最能集中体现这一思想的莫过于她和摄影记者莫妮卡·洛珀西一起做的名为《天使降临》(The Angels Are Coming)的系列报道。这是一个巴尔的摩的 12 岁男孩 R. J. 沃伊特因患有癌症而濒临死亡的故事。通过第一手材料和令人揪心的描写,该报道探讨了医务人员和家庭在照料濒死儿童时所需要对待的许多问题。

在后来一篇有关这一系列报道采写心得的文章里,萨格说她曾因分不清自己是在报道事件中的人物还是利用他们而感到非常为难。我们认为,知道这个界线并且谨慎地对待它,是区分偷窥式报道和重要的报道、让人阅读消遣的报道与改变人们的生活并帮助医务人员和家庭做出更好选择的报道的关键所在。

"为了把这条报道写得更出色,我在多大程度上利用了 R. J. 和他的家人?"萨格事后自问道,"这条报道会伤害他早已伤心欲绝的母亲吗?其他那些想方设法拯救自己孩子性命的母亲们会怎么想?我有足够的勇气揭示事情的真相吗?我真的知道真相吗?最后,这条报道究竟有多么重要?"

后来,她回忆道自己曾站在约翰·霍普金斯医院的礼堂,下面座无虚席,医生、护士和部门负责人均身着白制服,鸦雀无声,听她讲述自己写这条报道的心得,以及后来她与美国最大的医疗保险公司的首席执行官们的谈话。"从现在起,R. J. 会活在我写的每一条报道里,"她写道,"他永远提醒我:如何尽到我作为记者的职责和如何谨慎对待我写的每一条报道。"

从萨格的报道里,读者们能够轻而易举地感觉到她的非同寻常之处。显然,那是非凡和真诚的谦逊、爱护和关心的产物。她只是比大多数人更加明白自己的职责。你可能不知道她所用的是什么方法,但你能够察觉它的存在。

浸润式报道

著有讲述越南战争的经典力作《出类拔萃之辈》(*The Best and the Brightest*) 的戴维·哈伯斯塔姆经常对年轻同事们说，他一生所追求的最高嘉奖是希望后人记住他是一个总是提问而显得什么都不懂的人，他称之为"浸润式报道"。这是一个从头开始描绘你要写的世界的过程。

每当哈伯斯塔姆完成一个这样的过程，他的报道总带有一种权威和深度，让人深深感到他的文字远远超越了描绘：他的报道里有解释。哈伯斯塔姆具有独特的叙述式风格，他把自己作品的深度清晰地呈现在读者眼前，他对自己所报道事件的根源、原因和含义有着十分深刻的理解，因而能够简单明了地向读者解释自己的所见所闻、事件发生的经过和原因、所处的历史环境和所反映的人类状态。他用事件中人物自己的声音替他的报道作证，但报道的准确性和证据都无可非议。

在那本奠定他作家名声的杰作《出类拔萃之辈》里，他以自己在报道越南战争时产生的一个问题开头："当时被认作是最有能力的政府决策者是如何让美国卷入一场自南北战争以来最糟糕的战事的？"

在1996年，哈伯斯塔姆向一群哈佛大学尼曼基金会研究员们讲述了自己的报道过程：

> 你得自己琢磨谁能够帮助你找到这个答案？于是，你走出去，搞清楚你想知道什么……我想起了一个以前在大学里认识的人。在他刚到越南时，我还向他介绍过情况……他叫丹尼尔·埃尔斯伯格。我和他一起在加州待了三天。我回来后……带了20页单倍行距的笔记……
>
> 接着，我开始挨个儿采访其他人，先询问那些最有可能开口说话的人，耐心与他们相处，并总在采访结束时问他们："我还应该去见谁？我还应该了解些什么？还有谁比较了解情况？还有谁知道？"

他做的这些采访都非常详尽：

> 我试图给我采访过的每个人建立个人传记资料。因此，我问他们：

那天你怎么会在那儿？你的背景是什么？人生哲学又是什么？你处于新闻事件中时每天是怎样过的？谁是领导，谁会退缩，存在什么软肋？总是做好基础的信息收集工作……

有人会说一句，"哦，他看上去反复无常。"作为记者，你得追问："你说的'反复无常'是什么意思？请解释一下。"在具体的语义环境里解释，让他们解释每一句话，让他们把故事说出来。有些人不善于讲故事，但大多数人能，尤其当他们在谈论自己的时候……

对于记者来说，在别人面前摆聪明和让人觉得自己聪明是危险的。你的工作是让别人说话。你得允许别人回到过去，让他们解释，采访进行得缓慢一些没有关系。[11]

哈伯斯塔姆在为写书做调查研究时不知疲倦，所做的笔记之多和采访深度之深是大多数记者都想象不到的。在2007年追悼他的仪式上，几位哈伯斯塔姆生前采访过的人专程前来悼念和颂扬他——一位是他有关朝鲜战争书里的军人，一位是他有关社区消防站书里的消防队员。可见哈伯斯塔姆是多么了解他们。

哈伯斯塔姆的读者们在读他的作品时或许不知道"浸润式报道"这个词，但会感觉到它的存在。

发现能讲故事的声音

对传统媒体和从业者的能力而言，2008年开始的全球金融危机是一个考验。他们面临的挑战是以人们能够理解的方式，把一个与公众利益紧密相关但又复杂且发展迅速的事件交代清楚。当时，人们对全球市场、对冲基金和住房抵押贷款证券化的理解充其量也只是略知一二而已。

与其他广播节目不同，芝加哥公共电台举办的《美国生活》（*This American Life*）每周播出一次，每次一小时，由艾拉·格拉斯主持。它通过不同人物讲述的个人故事来探讨一个话题。这种方法——找到以各自的方式讲述自己故事的人——要有一种自我约束：这个故事会对谁产生影响？如何影响？谁能讲这个故事？

这个节目总是很有趣。有时，它的效果是深远的。

2008年4月，在全球经济陷入危机之前，亚历克斯·布隆伯格和亚当·戴维森制作了一台名为《巨大赌注》（*The Giant Pool of Money*）的节目，作为对以非文学方式讲故事的尝试。通过让身陷金融恐慌中的人讲述自己的故事，他们解决了如何向观众普及次贷危机基础知识的难题。其中，一位房贷持有者、几位华尔街银行家和房贷经营者的亲身经历揭去了全球房贷市场专业术语的神秘外衣。该节目用大多数人能够理解的语言向听众解释了衍生品、评估分层、信贷互换和卖空等概念。

这个节目的播客①在网上一下子走红。美国全国公共广播公司认为，公众对这个节目的反应是他们所见过的最积极的反应。该节目的成功来自于布隆伯格和戴维森用独特的方式，在广播里讲述了一个错综复杂的故事。他们用身处金融危机中真人真事做的这条报道将一个复杂话题变得通俗易懂，整台节目用的是人性和个性化的语言——所有的人物都是真实的，而不是新闻从业者撰拟的模型或模仿。纽约大学新闻学教授和博客网站Press-Think的作者杰伊·罗森说："听完这个节目后，我了解了整个故事：这场危机的经过，为什么会发生，以及我为什么应该关注它。我还进一步了解了那些身处其中各个方面和不同层次的当事人的动机和处境。"该节目深入挖掘了一个错综复杂的、未显露全貌的并充满技术术语的事件，它之所以能够做到这一点，是因为制作人绞尽脑汁地尝试了用新方法来讲述复杂故事。

处于语境中的瞬间

在他四十年的职业生涯里，约翰·基夫纳获得了美国新闻行业里最佳"伞兵"记者之一的名声——他可以一接到通知便立即"降落"在世界任何一个角落，报道突发性新闻。因此，当需要派记者去报道20世纪60年代的动乱、中东的革命活动，或者20世纪90年代爆发的巴尔干地区战事时，《纽约时报》的编辑总会条件反射似的打电话给他。

---

① podcast，或译网播。

基夫纳总是非常关注细微特征和细节。当警察在芝加哥的一个公寓里击毙了黑豹党运动领袖之后，他亲自数了房间里的弹孔，然后就"枪杀到底是如何发生的"向警察的报告提出异议。当国民警卫队说他们是因为受到一名狙击手的袭击后才开火和枪杀了肯特州立大学反战示威学生时，又是他收集整理了细节并对他们的说法表示怀疑。

但是，基夫纳写的报道之所以与众不同，原因在于他对找出事件的语境和意义充满激情，即使对那些被编辑不假思索地派去报道的事件也是如此。"假如你的报道没有反映出事件发生的瞬间以外更宏观的语境的话，那么，它是毫无意义的。我总是要搞明白事件的语境。"他说。

1973年，当他在松岭奥格拉拉苏族保留地报道联邦政府与美国印第安人运动组织发生武装冲突的时候，他找到了自己关注的语境。当时，美国印第安人运动的人占领了一个名为"伤膝河"（Wounded Knee）的小镇。这场冲突发生在早些时候印第安人被联邦警察屠杀的旧址，吸引了全世界的注意。

在每天发稿的同时，基夫纳不断地追问，"他们为什么这样做？这样做有何意义？"他继续挖掘这个事件的深层含意，最后写成了题为《伤膝河：两个世界的碰撞》的长篇报道。

"潜藏在这个故事里的，"基夫纳总结道，"是主张人人自由选择的民主权力被强加于避免自由选择的古老部落权力之上，这二者的冲突导致了沮丧和愤怒的郁积。部落权力是建立在共识上的，而共识是由一群拥有权力的专职酋长们来维持的……伤膝河事件不只是联邦警察与美国印第安人运动之间的武装对峙，而且反映了部落体制统治者的腐化堕落。如果不揭示这个语境的话，这条报道没有任何传播价值。"[12]

为了找出尚处于发展中的事件（通常他还未正式进行报道）的语境和潜在主题，基夫纳有一种方法让自己随时做好充分准备。他广泛阅读日报、书籍和新闻期刊，收集有关正在发生的事件的信息。对于自己有可能随时去报道的类似中东那样的动荡地区，他建立了有关其历史和时事的个人图书馆。因为他一直事先在心里思考问题，所以，他总是准备得很充分。例如，当他突然接到指示登机去伊朗报道时，他的帆布背包里已经装有关于该地区历史和其他情况的书籍。当飞机着陆时，他对应该找哪些当地专家和政府官员从文化和历史的角度分析突发事件已胸有成竹。

读者能够从基夫纳写的报道里感觉到他的方法。请看他于 2006 年 2 月 26 日周末写的报道，试图分析伊拉克政府于 2 月 25 日强制实行的宵禁的真正含义：

> 上星期，伊拉克局势不稳，逼近内战边缘。接着，在星期五，事态至少暂时有所平息〔通过一天的宵禁，政府结束了过去两天的暴力冲突〕……
>
> 这一系列事件导致了对立的种族或宗教派系之间的原有危机加剧——这极易导致内战。这些教会派系有自己的办事节奏。当他们之间的关系紧张到无法容忍的程度时，突然间一切会马上平静下来。
>
> 有时候，一件异常血腥的事件的发生会成为事态的转折点。类似现象曾出现在塞尔维亚包围萨拉热窝期间。1994 年 2 月初，一枚迫击炮弹击中一个波斯尼亚人买卖二手货的露天市场。落在一张堆满了二手五金工具桌子上的炮弹将螺栓、榔头和螺丝刀像榴霰弹片一样四处飞射，造成六十八人死亡和一颗被炸飞的头颅躺在一堆破旧鞋子上的血腥场面。
>
> 国际注意力由此马上转向前南斯拉夫的混乱局面。英国将军迈克尔·罗斯爵士被授权去那里指挥缺乏战斗力的联合国部队。尽管那儿有被宗教和民族进一步激化的百年好战山地传统，他还是颁发了一项最后导致和平协议签署的停火命令。
>
> 然而，在其他许多时候，种族或宗教的紧张关系会升温、消退、再升温，每次的起点会高于上一次。一度几乎不可思议的各种事件——爆炸、枪战甚至屠杀——变成了世俗常事。这种现象是长达十五年之久的黎巴嫩内战期间的家常便饭。

即使从这几段文字里，读者在基夫纳评价宵禁时那种传统而权威的语调中获得真实无误的信息。他对那枚击中堆满二手五金工具桌子的迫击炮弹、被炸飞的头颅和那位现在被人遗忘但对当时停火有功的联合国将军的细节描绘，以及对导致内战的简单陈述——都是那种既有经验又有眼光的记者才能观察到的事件组成部分。人们从这些文字里不仅能够感到基夫纳的才智，而且会发现他不只是在报道，还是在关注规律性的现象、阅读历史和寻找可被总结的教训。所以，他的报道读上去不像是传统的新闻，而是显得更有深度。

以上所列的只是几位我们认为工作成绩突出的记者所用的方法，许多优秀记者在他们的报道中也谈论过其他方法。虽然从一条报道中你也许不会察觉记者所用的具体方法，但从 GlobalPost、GlobalReport 和 GlobalVision 等许多新媒体的探索中你能感觉到它们的采编方法和一种更新的使命感。这些网站和其他新媒体正在尝试如何将新技术的潜在优势和具有公信力的新闻价值观结合在一起。正是因为它们从事的是新的探索，所以与传统媒体相比，这些新媒体对自己的所作所为更加自觉，对新闻采编方法更感兴趣，也比传统的大媒体更透明。随着时间的推移，他们中的佼佼者对信息核实变得更加谨慎。

我们在此想说的是，对于一个事件的重要报道没有固定模式可循，同时我们也不应该仅凭报道中所使用的社会学方法或讲故事的技巧来决定一条新闻是否"重要"。相反，好的报道常常会令人信服地向我们证明，它们的作者已经形成了自己的方法和自觉的报道角度。因此，他们的作品才有非同寻常的深度或力度。这或许体现得比较微妙，你也许看不见他们所用的方法本身。但是，犹如你能感觉到一个演奏音乐家所演奏的微妙音色，或者一个有才华的厨师所做的与众不同的菜肴那样，优秀的报道总有一些能够让人识别之处。这种方法就像签名，表明在浏览新闻时，该记者的工作值得你关注。

优秀的报道具有一个共同点：这些记者带给我们的是一个世界，不只是故事的集合。他们的作品里始终有一个更大的语境。这些故事十分鲜活，有着许多经过仔细观察获得的、具有强烈真实感的细节——从来不用陈词滥调或者显得牵强生硬。这些重要的报道让人产生共鸣并深受启发。这种共鸣来自于新闻从业者为保证报道属实而对大量观察到的现象和收集到的信息所做的仔细核实和严格检审。如果记者严谨的话，它甚至也能够存在于突发性新闻里。我们只需知道如何找到它。

如何履行我们作为新闻消费者的更大职责

了解那些始终坚持生产高质量内容的新闻从业者只是为确保我们有效地消费新闻的一个诀窍而已。但是，这样做并没有回答一个更重要的问题：我们如何知道每天获得的新闻真能帮助我们过上幸福的生活、拥有知情权并参与社会活动？我们如何才能以人们想要的方式使新闻物尽其用——变成一种社会行为、公民行为和能够改善我们生活的行为？

我们获得的新闻是否是我们的所需？回答这个问题同样没有什么公式可用。但是，倒是有一些技巧可以使用。这些技巧是我们根据媒体批评者们、不同媒体的从业者们、有见解的新闻消费者们和支持新闻媒体的人们所反映的意见提炼出来的。读者可以自行决定哪些技巧对自己有用，也可以对这些技巧加以改进，形成自己的方法。同样，我们在以下篇幅里列出的技巧也无须严格遵循，它们只是帮助大家对如何使用新闻有更清楚的认识，就像我们清楚地认识自己的饮食消费一样。第一步是问自己：我从新闻里得到了我需要的信息吗？下面列举的是一些回答这个问题的不同方法。

我能向别人解释这个题材吗？

技巧之一是任意选一个新闻题材，然后问自己三个有关这个题材的问题：

- 我能向一个对此没有关注的人（我的孩子、父母、朋友）解释这个题材吗？
- 如果不能，我还需要知道哪些信息才能做到——或者说，我还有什么地方不明白？
- 我从哪儿能够得到那些信息？

你可以试试看。先确定一个新闻题材，然后在网上花 20 分钟时间寻找关于该题材的任何问题的答案。记住你找到答案的那些网站。当你如此尝试了几个新闻题材以后，你会发现你找到最有用和最可靠信息的网站的方法存在一些规律。

这只不过是记者们用来使自己的报道更简单明了而使用的一种方法。几乎每一个年轻记者都曾从编辑那儿听过这样的建议："如果我写信向我母亲解释这个问题，那我应该告诉她些什么？"那些学会了如何解释的人会变成更好的记者。

列出重要的新闻题材

上面谈到的技巧可以帮助你明白有关某一题材你需要知道什么。但是，哪些新闻题材是你应该去努力发现的呢？你想知道什么样的重要新闻？

回答这个问题的一个办法是开一张列有十个对你最重要的问题或题材的单子。

列出这张单子或许会强迫你去绞尽脑汁。"十"不是一个小数目，将问题或题材按重要性排列也不容易。接下来，请思考：你平时消费这些信息的频度如何？

这个练习会强迫你去思考新闻里的题材。它们或许是正在发生的事件，比如有关以色列与巴勒斯坦冲突的报道，或是你最喜爱的球队的比赛，或许是像电子计算机技术那样的普通题材。

做这个练习的一个好处是，列这张单子能够影响你对新闻的思考。花十分钟时间列出你所认为的重要新闻题材，这可能会在很长一段时间里对你有所帮助。

你得到的新闻是你想要的吗？

技巧之二是调查你如何分配看新闻的时间。先回想一下你今天接触的新闻，然后回答以下问题。

- 我得到的新闻有哪些？是关于哪些题材的？它对我重要吗？我有没有错过我愿意花时间了解的新闻？

- 今天的新闻使我对某个题材有了许多新的了解，还是只报道了一些没有什么意义的、暂时的或数量上的变化？它是速记式地做了笔记，然后将笔记公布于世呢，还是揭示了重要的细节？
- 今天的新闻是给了我新知识、非常重要的信息、让我增进了对它的了解，还是仅仅向我重复了一些我已经知道的细节？
- 就我最担心或者认为重要的事情而言，我从今天的新闻里学到了什么？

假如我们得到的新闻有重要的新信息，超越了对量变的报道和有闻必录式的报道，那么，它至少预示着我们将知道一些有价值的东西。假如我们在自己认为重要的新闻题材里有新的领悟，那么，我们也有所收获。回答以上的问题需要我们再次回到如何鉴别新闻种类的话题上。这只是一条提供新事实的报道，还是具有意义的新闻？如果提供意义的话，那它是在断言还是在论证，就像托法尼写的有关中国进口家具的完整系列报道那样？显然，这些我们都需要。但是，如果我们得到的新闻都是对细枝末节的描述，那我们很有可能并没有获得足够的信息来了解重大事件和问题。如果我们得到的新闻都是分析性文字，而且我们完全同意这些分析，那说明我们还没有远离让自己感到舒适的主观世界。如果我们得到的新闻丝毫没有揭示事件的真相，或者亦未改变我们固有的看法，那么我们必须大胆做进一步的尝试。

这个技巧来自于我们认识的一位聪明的新闻消费者———一名美国参议员。他告诉我们，他用相似的方法检查自己每天的工作，看自己是否对当天经手的每一件事都已竭尽全力。他认为这是他职业生涯成功的关键之一。

令人记忆犹新的新闻

最后，技巧之三是我们过去在从事新闻批评工作时评选最佳记者所使用过的。回想在过去两年里你曾关注过的新闻报道。你是否还记得其中的一些？你从哪儿得到的？谁写的？它们有什么特别之处？

就我们个人经历而言，我们的记忆里总有一些无法忘怀的新闻报道，在本书里已经列举了一些。回忆你对那些报道的喜爱之处能够进一步告诉你，新闻里的哪些内容是你喜欢的，哪些内容是你认为有价值的。

我们并不期望每个人遵循这里所讲的部分或全部技巧，阐述这些技巧的目的是为了让新闻消费者们更加自觉地使用新闻，就像我们有意识地锻炼身体或者健康饮食一样。在21世纪，我们正在转变成新型公民，以新方式对我们自己负责。我们现在拥有更多的信源和信息，在选择新闻和确保自己的知情权方面具有更大的能力。能够充分利用这一优势的人将会在新的学习和成长环境里发奋向前；相反，将会落在后面。在早期互联网年代里，社会批评家们常常担忧人们因为计算机和宽带的使用差距而产生信息沟，这一担忧已被近年来移动互联网和智能手机技术的出现和迅猛普及而消解。其实，真正的信息沟存在于聪明的新闻消费者和那些沉醉于消遣和娱乐的人之间，这是无法靠社会政策或新技术来填补的。

在此，让我们回到在第三章里为培养清醒而谨慎的新闻消费者而提出的以下六个基本问题。

1. 我碰到的是什么新闻内容？
2. 我得到的信息是完整的吗？假如不完整，缺少了什么？
3. 信源是谁/什么？我为什么要相信他们？
4. 提供了什么证据？是怎样检验或核实的？
5. 其他可能性解释或理解是什么？
6. 我有必要知道这些信息吗？

在读完了解答以上问题的前面几章后，你也需要对自己客观一些。新闻聚合时代授予我们每个人自问自答的能力。与此同时，我们应该问自己是否真正地在提问。我们真的是在努力拓展自己的知识吗？我们是否承认自己需要学习、需要改变自己固有看法或者说是对问题的理解呢？我们愿意接受与我们原有看法不同的事实吗？还是只是象征性地提一些问题以确信我们自己是对的？我们只愿意倾听那些与我们道德观相吻合的断言吗？我们是将新闻看成是客观证据，还是根据自己的主观愿望去新闻中寻找证明？

换句话说，我们对自己未知的可能性究竟有多

> 真正的信息沟存在于聪明的新闻消费者和那些沉醉于消遣和娱乐的人之间，这是无法靠社会政策或新技术来填补的。

开放？什么是事实、什么是信仰？从法国和西班牙洞穴壁画中提出的问题开始，在事实和信仰居于两端的知识的光谱里，我们处在什么位置？

如果我们倾向于自我封闭，那我们从新闻里得到的会更少。如果我们在肯定式新闻或娱乐新闻上花太多时间，那我们学到的会更少。如果我们总是原地徘徊，那我们就不会进步。

这将引出更多问题。如果我们成功地提高了自己的新闻消费能力，那我们应该期望新闻工作者做何改变？这是我们接下来要考虑的问题。

第九章 | 我们需要什么样的下一代新闻业

　　媒体需要把公众看作是新闻生产的一个组成部分,而不仅仅是新闻的受众,这是一个新闻工作者和公众互相赋权的过程。

　　新闻业内涵不断扩展,并且更加复杂,正向服务业靠拢,这暗示着,新技术非但不会使新闻降低质量,反而会使它更出色。

或许，20世纪新闻的工作者对于自己角色所作的最有抱负和最理想化的描述来自于报纸专栏评论家、作家沃尔特·李普曼。

作为《新共和》（*New Republic*）杂志合伙创办人和伍德罗·威尔逊总统前助手，李普曼在20世纪20年代为民主的前途感到忧虑。当时，整个世界似乎正在走向分裂。在俄罗斯，他刚刚目睹了以资本主义为死敌的布尔什维克主义的兴起，后者预言民主共和国最终将崩溃。在第一次世界大战期间，他亲眼目睹了将媒体用于政治说服的现代宣传的诞生。通过阅读弗洛伊德等人的科学著作，他开始接受主观性、潜意识、倾向性和认知相对性等新思想，并质疑新闻工作者认知事实的能力。为了民主的继续发展，他认为新闻工作者需要进一步认清自己的角色，并提升自己以履行职责。

于是，李普曼重整思路，写了一本题为《自由与新闻》（*Liberty and the News*）的小册子，对如何完成上述目标做了大致描述。"到达报社编辑部的当日新闻是事实、宣传、谣言、怀疑、线索、希望和恐惧的混合体，其杂乱无章令人难以置信，"他写道，"筛选与排列新闻是民主社会中真正神圣的和具有宗教性的工作。因为报纸是记录民主进程的圣经，是人民行为的依据。"

这段话集中体现了媒体作为公众"把关人"的概念。经过筛选和排列，新闻工作者将含有事实、宣传、谣言和怀疑的混合物转换成真实和可信的新闻。在20世纪的大部分时间里，这个把关人的理念一直影响着美国报纸的新闻编辑部，并向新闻工作者们灌输了公民责任的意识。说到底，还有谁能够为公共知识的大门站岗和把关呢？新闻编辑部是连接公民与新闻制造者和参与者的唯一中介。凡是需要向公众传递信息的人都需要经过专业新闻编辑部的把关。无疑，这是一个理想化的观念，而且连李普曼本人当时也很快对媒体是否能担此重任以及公众是否具有理解新闻的能力表示怀疑。[1]尽管如此,他仍然坚守对新闻事业的上述主张,并始终从事新闻工作,用自己乐观的眼光帮助媒体明确其发展方向。

然而,这种代表公众的唯一把关人的隐喻现在越来越成问题——或者说,甚至过时。今天,在新闻生产者与公众之间存在着众多传播渠道和手段,而媒体只是其中之一而已。在 2008 年美国总统竞选期间,由奥巴马竞选团队制作的视频在奥巴马本人的 YouTube 频道上被观看了十亿多次,大众媒体完全扮演旁观者角色。如今,三分之一的美国人通过他们在社交网站上关注的非新闻工作者们的推荐而获得新闻,几乎一半的美国人观看过或阅读过朋友通过电子邮件发送的新闻,60% 的网民从内容聚合者那里得到新闻,三分之一的网民阅读博客,十人里有六人在 YouTube 等网站上观看视频。这种使公民自己生产内容变得更加容易的技术同样也使政府、公司及其他组织与公众的直接交流变得更加容易。在这样的新环境里,新闻工作者们像是在一个四周没有围墙的大门口站岗。

那么,新闻工作者究竟应该扮演什么样的角色呢?如果公民们自己可以成为编辑,甚至在某些场合可以成为记者的话,那么,我们还需要从媒体那里得到什么呢?未来的新闻采编和传播将会是什么样?将由谁来生产内容?内容将如何被消费?换句话说,我们需要什么样的"下一代新闻业"?

在本章里,我们将展示我们对下一代新闻业的期望,阐述新闻业——无论是传统的还是新的——在数字化时代对公民社会的作用,以及它应该如何改变自己才能做到这一点。

对于这个问题,观察家们已经给出了各种答案。许多人建议,新闻必须变成一种对话,而不是讲授。有些人甚至认为我们不再需要专业新闻工作者,因为今天人人都是新闻工作者,而且成千上万个声音会比几个人的声音更有效地揭示真相——按照这种观点,新闻类似于维基百科,是对一天里所发生事件的实时的和随时变化的记录。还有些人争辩说,

> 在 20 世纪,新闻是由新闻工作者们决定的。今天在决定何为新闻的过程中,公众扮演着更重要的角色。下一代新闻业必须欢迎并且为更具参与性的公民服务。正是从这个意义上说,新闻不再是讲授,它更多的是一种内容更加丰富的对话。

我们应该摈弃那些从未实现过的有关客观性的陈腐想法，它们使新闻工作者错误地以为自己不会被自身倾向性所左右。承认这一点吧。

我们相信答案存在于新旧新闻业二者之间。今天，媒体的把关功能并未完全消失，但它在媒体所提供的服务中的作用会更小，而且它本身不能全面解释媒体的新角色。未来媒体必须发挥出比把关更复杂的各种功能，采用新的报道和传播形式，并且欢迎公众参与新闻生产的过程。媒体仍然具有中介的作用，但它的中介角色将会大为不同且更加复杂，而且在传播渠道不受限制的新环境里做到这一点将会更加困难。在20世纪，新闻是由新闻工作者们决定的。今天在决定何为新闻的过程中，公众扮演着更重要的角色。下一代新闻业必须欢迎并且为更具参与性的公民服务。正是从这个意义上说，新闻不再是讲授，它更多的是一种内容更加丰富的对话。

但是，我们相信传统媒体的一些准则和价值不会随着媒体的变化而变化。如果说有变化的话，那就是它们的重要性变得更加迫切，因为这些价值是公众用来区别可靠信息与其他媒体信息的主要方法。在《新闻的十大基本原则》里，我们列举了一些专业新闻工作者所追求的职业标准。[2] 其中有独立、核实，要求新闻工作首先必须忠于公民，而不是忠于政治派系或商业利益；忠于对事件的报道，而不是忠于追求某种具体结果或政策解决方案。我们还提出：客观性并非中立性。它真正的含义是，媒体应该使用客观、透明的新闻采编和信息核实的方法。在这里，它更接近自然科学里有关"客观性"的定义。我们认为今天这些价值和准则不应当消失。毕竟，它们既不是在20世纪里为了媒体的经济需求才总结出来的，也不是大学的哲学家们或新闻伦理学家们传授给我们的。相反，它们是根据公众对新闻的需求，通过不断试错、摸索而发展提炼出来的。虽然这段历史有些杂乱无章，而且其中也出现过劣质媒体同优质媒体一道共同繁荣的局面，但新闻的发展和它的准则来自于日常生活，来自于新闻工作者们长期以来行之有效且是公众多年来一直认同的实践。在公众被赋予更多权利，而且在选择媒体方面具有更多自由的今天，这些新闻要素的重要性丝毫未减。技术也许能够改变新闻和信息的传播渠道和形式，也许会为那些有志于新闻传播的个人和公司创造不同的机遇，但它不会改变人类对信息的需求这一天性。因此，更迫切的问题是新闻业如何在新时代里与时俱进地保留这些价值。

超越把关人的新隐喻

首先，我们需要了解如今我们获得新闻的新方法。我们早已开始依赖一些新的权威来源告诉我们什么可能更重要：从朋友那里获得电子邮件，从自己在社交网站上关注的非新闻工作者那里得到新闻，阅读博客，通过内容聚合商获得信息等。这些新行为还只是我们所经历的更大变化里的一部分。现在，很少有人从一个主要新闻来源或者一家机构得到所需要的大部分新闻。相反，我们成为"新闻游牧者"，在不同的时间段从多个平台获取新闻。大约只有7%的美国人将一个媒介——比如，电视或互联网——作为自己获取大部分新闻的消息来源，更不消说只从一家媒体组织获得新闻。[3] 近一半的美国人每天从四到五个不同的平台得到新闻。[4] 我们不再像25年前那样在固定的时间段里一次性地接收新闻，而是在全天中零碎地进行。这两大变化——依赖于多个信源和连续新闻消费——代表了一个巨大的转移，并且对公众的知识获取具有深远的影响。与其说在固定的时间内一次性地得到新闻，像浏览报纸或者观看整个新闻节目，我们现在越来越以碎片式的形式，在自己想要的时间里，根据题材并以每次获得一条新闻的方式获取新闻。比如，人们在午饭期间听说了某件事之后，他们会回到办公室去上网阅读有关报道和其他内容。于是，网络新闻流量在午饭后会急剧上升。这意味着新闻已不再和媒体组织捆绑在一起。我们无须像以前那样阅读自己最喜爱的晨报或观看晚间电视新闻，由媒体来告诉我们发生了什么事情。相反，我们看新闻是为了满足我们的好奇心去寻找更多的内容。实际上，我们今天是根据报道的内容，而不是根据媒体组织去主动搜寻新闻。

当我们不再依靠某一个媒体把关人向我们提供一个电视新闻节目或者一份报纸，而是自己去搜寻新闻的时候，新闻消费已经变成了一种主动出击的体验。有人称这种体验为"向前倾",意为我们为满足自身的兴趣和寻找答案而积极查询信息。这样,获取新闻就不再是一种"向后靠"的经历,就像我们习惯于跷起双腿听新闻主持人告诉我们发生了什么事,或者翻阅报纸那样。

这种不再将一个媒体组织看作是主要新闻来源的改变正是把关人角色式微的真正含义所在,但人们还没有抛弃传统媒体的价值和它们的品牌。事实上,许多人可能都不曾预料到,传统媒体如今在网络信息流量里仍然占据统治地位。在 2010 年美国排名前 200 名的新闻网站里,近 80% 是与印刷媒体和电视有关的传统媒体或者是传统新闻媒体的聚合者,它们吸引了 83% 的网络流量。[5] 但是,人们使用这些新闻网站的方法不同于他们读报或看电视。他们经常移动于数个网站之间,而且在每处停留的时间比他们看报或电视新闻要短。不仅如此,排名靠前的新闻网站往往是聚合网站(比如雅虎和美国在线)和让公众有更多选择的半聚合网站(比如 CNN 和 MSNBC)。[6] 同时,人们对新闻的看法并没有像之前估计的那样变得狭窄起来,把大多数精力和时间用来关注提供自己最喜爱内容或者带有党派倾向的新闻网站。小众或专业网站不及综合或多题材网站受欢迎。人们平均登录专业网站的次数不到其他种类网站的一半,而且每次停留时间也只有后者的一半。[7] 仔细研究这些数据可以看出,和之前预测的相反,公众仍然需要传统媒体的价值及其信息来源,仍然需要题材广泛的新闻内容。我们今天只是用不同于以往的方式与新闻来源互动。一种按需消费新闻的文化正在形成,我们在自己需要的时候获取需要的新闻。

新闻的提供者们必须明白这一点,今天的"向前倾"公众需要一种崭新的新闻实践。

宏观地看,未来新闻实践必须从原先提供一个产品——一家媒体组织的新闻或报道议程——转向以解答受众问题并向他们提供各种资源和工具为主的服务。就此而言,新闻工作必须从告诉公众应该了解什么的单一传道授业转变成公共对话,由新闻从业人员提供信息,并且帮助和促进公众讨论。有时候,新闻工作者可以让公众参与新闻采编,但这样做并不意味着专业新闻现在已经过时，或者说传统的报道方式不合时宜，而是意味着在今天的环境里，仅凭这些是不够的。

重要的是，未来媒体应该依靠它们所提供的内容及质量获得诚信，而不是凭借自己是信息的唯一提供者，或者是新闻生产者与公众之间的中介等独一无二的角色。

为了做到这一点，新闻工作者们必须放弃媒体作为唯一把关人的观念，代之以一种更加完善和精致的理念。这种理念应当以受众对新闻——尤其对报道性新闻，而不是评论和讨论——的需求为基础。我们将新型新闻消费者对新闻的需求归纳成八个主要方面或功能，这些功能可以帮助我们从服务或对话的角度定义新闻的概念。其中有些功能并不新颖，过去只是被包括在把关人的理念里，或者被把关人理念所遮蔽。由于新媒体的出现，还有些功能可以通过公民，或者不在传统媒体工作的新媒体从业人员的帮助得以发挥。我们希望读者们进一步完善这八个功能，在此基础上进一步分解或者增加新的功能。下一代新闻业，无论是新媒体还是传统媒体，必须立足于人们使用新闻的方式以及他们对新闻的需求。以下是我们所想到的八个功能。

鉴定者　我们需要媒体帮助我们鉴定哪些事实是真实和可信的。虽然我们不再将新闻从业人员视为是唯一的信息提供者，但我们需要有鉴别信息可信度的方法和解释信息为什么可信的事实根据。在人们拥有众多信源的今天，媒体作为鉴定者的角色比以往任何时候都重要。我们面临来自四面八方各种不同观点和意见，各种宣传性信息，有党派倾向的信源通过断言式和肯定式新闻所描述的现实，以及数量越来越多的大公司和政党自办的媒体，这时我们需要一定的方法筛选出可信和准确的信息。在向公众提供这种鉴定者服务方面，那些比较传统、独立的非党派媒体相对来说处在比较有利的位置。这些媒体通过追求信息准确和公正判断来获取公信力，而不是迎合受众的意识形态或者简单地凭借报道速度和无所不在。然而，发挥这种鉴定者功能需要媒体具有来自新闻实践的更高层次的专业水平，尤其在他们的王牌报道领域和题材方面。它还要求新闻工作者们在发挥鉴定者作用时，提供比以往更多的有关信息来源和方法的记录和透明度。我们不能仅仅因为从报纸或其他媒体里看见某条新闻就认定它是可信的。当媒体在传播信息或获取受众注意力方面不再拥有垄断地位的时候，这种鉴定者的角色对于媒体组织的权威性来说是至关重要的，它是媒体继续发挥其作用的一个重要因素。

释义者　新闻工作者适合扮演这种"释义者"的角色。将新闻放在具体语境里，并且找出它与语境之间的联系，这样消费者才能明白新闻对自己意味着什么。我们在本书里多次提及这一点，而且花了一定的篇幅讨论了什么是有意义的新闻报道。今天，正是因为信息量变得更多，所以，媒体的这个作用变得更加重要，而且必须加以延伸。已有信息的扩展会使知识创造变得愈加困难。理解这一点非常重要。当拥有相当多的信息时，我们在得出结论之前需要筛选大量的信息和数据。所以，产生知识变得更困难。同时，在这一过程当中，我们更容易遇到混乱和不确定，这也多少解释了为什么肯定式新闻近年来变得更流行。但是，强化偏见和重复熟悉的内容是错误的释义方式，也是对接收新知识的一种逃避。为求得对所报道新闻的更有意义的理解，我们需要敞开心扉去欢迎信息，而不是紧闭心门。确证式新闻工作者们必须帮助我们做到这一点，要找到有价值的信息，而不仅是新的信息，并用我们能够理解的方式展现出来。

释义并不等于解释新闻，我们每一个人能为事件赋予自己的意义。释义意味着找到事实之间的联系，帮助我们自己回答问题。它提供信息，说明事情为什么或者如何发生。它还指出新闻的含义和未解答的问题——也就是我们在第四章①里谈到的有关五个 W 和一个 H 之外的第七个要素——帮助我们了解接下来哪些问题将会变得重要。换句话说，释义者并不一定扮演评论员的角色，它是报道性的。它指的是新闻工作者找到事实和信息，并且就像优秀的释义者那样，让它们各就其位。

---

① 原文为"第三章"，有误。现根据本书内容改为"第四章"。

调查者 新闻工作者还必须继续发挥作为公共调查者的功能,也就是许多人称之为"看门狗"的角色。媒体揭露被隐藏的或秘密的不法行为对一个民主政府来说至关重要,不论是对传统的新闻业还是新兴的新闻业,其重要性都不可低估。因为公共调查者的角色是建立在确证式新闻报道的基础上,所以某些新闻就不太可能发挥这种作用。在以速度见长的肯定式新闻中,或者迎合某些党派的以诠释、宣传为特征的断言式新闻里,我们不会看见媒体扮演这样的角色。以发表言论为主的博客也不可能有公共调查者的影子。无论是揭露公共违法乱纪行为,还是唤起公众对时代变迁的注意,媒体都应该发挥自己作为社会各方面的独立检察官的作用,像探照灯一样去发现和影响报道议题,而不是简单地遵循他人的议题。

见证者 并不是媒体洒下的每一束阳光都会揭露错误或不法行为,但媒体的存在和见证事件本身也能悄声无息地发挥关键作用,这便是媒体的监测功能,而不像看门狗或调查功能那样直接起到监察作用。每一个社群都需要有人去观察和监督,如果没有人这么做,那么,政府和一些别有企图的人便会更容易为自己的利益服务,而不考虑公共福祉,滥用职权和违法乱纪随时可能出现。这就像是权力会滋生腐败,或者没有警察犯罪会增加一样的公理。对非政府机构来说,这个道理也适用。媒体出现和在场本身就能发挥重要的作用,它的存在为民主提供了赖以生存的阳光。然而在新时代里,本身力量已不如以前的媒体不可能做到面面俱到。因此,媒体至少应该采取的一个重要步骤是,为了保证公共服务的诚信,找到社群中必须被监控的地方,利用自己的出现和在场,告诉那些拥有权力的人们,他们的言行正在被注视。即使没有资源,媒体也应该创建和组织由新技术和愿意担当哨兵的公民们组成的网络,确保这种监测功能的正常运作。这样做还能使媒体有机会与公民建立新的合作关系和纽带,让社群充满活力。假如媒体不提供帮助,那么,更多出于个人利益的团体就有可能来占领这个空间,控制包含重要内容的信息。因此,媒体不要仅派人去报道早已被争论得不可开交的热点事件,也不要一头挤入充满商业气息的谈话中。这样做当然比较容易。媒体常常愿意去报道人们已经在谈论的事情,而不去关注和挖掘他们忽略的事情，加入到一个现有的话题中要比创造一场新的会话容易得多。但是，为了帮助我们见证一切，我们需要媒体付出专门的努力去采编被我们忽略的新闻，而不是为了提升网站的流量而在现有的合唱中增加一个声音。在这方面，新媒体尤其有用武之地。

赋权者　媒体还应该向公众传授如何获取新的知晓方法。从很大程度上说，这需要媒体把公众看作是新闻生产的一个组成部分，而不仅仅是新闻的受众，这是一个新闻工作者和公众互相赋权的过程。通过与他人——包括新闻工作者——分享经历和知识，公众的能力得以提升。通过吸取自己正式和官方消息来源以外的经历和经验，新闻工作者的能力也得以加强。这种合作打破了媒体依赖有限的信源和观念去架构和推导结论的固定模式，从而使新闻工作者和公众都从中受益。它扩大了双方之间的对话，使互相理解变成了一个过程，而不是一个结果。它从一开始就认定新闻的消费者或公众是新闻生产过程中的重要合作者，是需要被倾听和帮助的伙伴，而不是被教育的对象。这种合作过程也会使新闻工作者变得更加出色，因为它迫使新闻工作者更加努力地思考如何把信息放在对受众有用的语境里，提示他们如何根据信息采取行动，告诉他们如何才能做到这些以及还可以从哪儿获得更多信息。所有这一切应该在新闻事件正在发生的过程中进行，而不是等到它发生之后。这样做的结果是新闻工作者与公众之间持续不断的会话。

这时，处在理解光谱上两端的事实和信仰开始重合。你必须相信信息的力量和用处。新闻工作者必须坚信这一点才能做这样的新闻，公众也必须坚信这一点才能学习并扩大自己的知识面。新闻工作者和公众必须相互尊重。公众必须相信新闻工作者致力于发现事实，并且尽力通过呈现事实帮助公众做出自己的判断。新闻工作者，无论是为传统媒体还是为新媒体工作，都必须尊重公众理解信息和根据信息行动的能力。

我们伟大的朋友和已故新闻学者、哥伦比亚大学吉姆·凯里教授曾写道，传播是对话，而且这种对话的产物是创建共同体。我们这本书的精髓和目的，即"如何知道该相信什么"的精髓和目的都是为了对这一观点建立信心。

聪明的聚合者 我们还需要对网络的力量善加利用。我们需要聪明的聚合者为我们搜寻网络上的信息，发现计算机算法或一般聚合网站所不能提供的内容。未来的新闻媒体应该梳理整个信息领域，为受众监测和获取被忽视的可能有用的信息。那种"有围墙的花园"的理念——一家媒体组织只提供自己的报道已经成为过去。为了真正发挥作用和为"向前倾"的新闻消费者服务，媒体还必须提醒受众注意他们认为有价值的其他网站上的信息。这样网络才能成为更有用的工具。我们应该重视那些能够帮助我们利用网络的新闻来源，这远远不止将谷歌工具栏加到一个网站上那么简单。聪明的聚合者们应该分享各自的消息来源、各自认为具有启发性的新闻报道，以及让他们了解事件的信息。我们在此使用"聪明的聚合者"一词是有原因的。和媒体应当是鉴定者和释义者一样，聪明的聚合者应该帮助人们节省时间，把他们引导至可信的信源。一个计算机算法或许会给你无数条可供选择的信息列表，一个聪明的媒体聚合者可能只向你推荐六条，但它们却包含着一个作为知识来源的新闻人认为最有价值的信息。自由写稿人和博客已经在这样做了，他们起到了新闻工作者的作用。但是，这些作家引用的报道要么是因为其中有他们想谈论的信息，要么是因为它们支持其观点。大型新闻运营商可以通过推荐来源更广的内容聚合信息，为受众提供具有全部新闻功能的内容，从而提供更好的服务。新闻编辑部经常为自己的报道在网络上梳理和搜寻相关信息，现在他们可以把这项工作交给受众去做。内容管理就是一种知识（Curation is knowledge）。

论坛组织者 新闻工作者，尤其是地方新闻工作者，还应该创建便于公民积极参与和对话、交流的公共论坛。报纸创造了这种模式。19世纪的报纸发明了"读者来信"和由非报纸人员撰写的"社论对页版"（op-ed page）。"op-ed"一词是"对立于报纸社论"（opposite the editorials）的缩写，由来自于社区的个人撰写，是不同于报纸编辑部声音的专栏文章，通常出现在报纸正式社论的对页上。我们认为，如果传统报纸放弃这个作用，或者将它让与别人，那对文明社会是有害的，而且可能在财政收入上对新闻公司也是不利的。社区的新闻机构，无论是新的还是旧的，可以起到公共广场的作用，在这里公民们可以监听来自四面八方的声音，而不仅仅是来自于具有相似意识形态的群体的声音。作为公民，拥有一个人人都可以畅所欲言的公共广场，对每个人来说都至关重要。如果新闻工作者将激发公共交流当作自身的奋斗目标的话，那么，媒体组织类似的公共讨论便是一个既符合逻辑而又在情理之中的功能。这种建立在准确性基础上的公共论坛涉及我们每个人的利益。建立在伪事实或流言基础上的讨论没有多大价值，可靠信息是公共论坛的基础，因此从事报道性新闻的媒体是建设公共论坛的恰当人选。

新闻榜样 新兴的新闻媒体，特别是那些与幸存的传统老牌新闻媒体联系紧密的媒体组织，将不可避免地成为那些愿意监督权力并且有时从事公民新闻报道的人们学习的榜样。人们必然会以新闻工作者为标准，并对其行为加以扬弃。有些媒体在这方面已经走得更远，包括为公民新闻工作者们开设课程，把他们编入自己的新闻采编团队。我们为此喝彩。但是我们需要的还远远不止这些。新闻工作者必须懂得，不仅他们写的报道具有公共性，他们的行为也具有公共性。在某种程度上，市场和品牌顾问们还没有意识到这一点，但公众早已从"站在你们一边"和"为你们工作"等媒体口号里察觉到了玩世不恭和迎合。媒体在公众心目中的地位正在下降，这体现在几乎所有娱乐节目和电影对媒体的描绘中，以及过去30年公众对媒体信任度的减少中。在数字化时代的开放世界里，因为公众是以自己对新闻的最大期望来衡量媒体表现的，所以，当媒体达不到宪法对其的要求时，会让人更加失望。

其实，所有这些媒体功能早已存在，但它们今天必须发挥更大的作用。如果在新闻消费方式不断变化的前提下，想让新闻更加有用，那么，职业新闻人必须考虑每条报道或内容对公民有何功能。新闻媒体简单地选出自己认为最重要的题材，每天做一条新闻已远远不够。媒体需要理解每条报道将达到什么目的，提供何种服务，回答什么问题。如果新闻报道没有提供服务，那对今天更加积极和有更多需求的新闻消费者来说，就是资源和时间的浪费。一条价值有限的报道是媒体新闻服务欠缺的象征。

> 新闻工作不会过时，它正在变得更为复杂。

换句话说，新闻工作不会过时，它正在变得更为复杂。

更出色的新闻

新闻业内涵不断扩展，并且更加复杂，正向服务业靠拢，这暗示着新技术非但不会使新闻降低质量，反而会使它更出色。技术在极大地提升了新闻工作者能力的同时，也赋予他们更多的责任。互联网正在创建一种崭新的新闻业，一种报道更有深度、与公众联结更为紧密的和更出色的新闻业。

为了更好地理解技术如何使我们获得的新闻变得更加丰富，我们不妨比较一下传统媒体和数字平台可能会对新闻做出什么反应。

在报道一个事件时，报纸新闻工作者可能会围绕以下六个要素进行：

1. 核心叙述或新闻报道
2. 边栏特写或分析
3. 照片
4. 标题
5. 图表或背景资料框
6. 用稍大字体呈现一段"引语"，一句戏剧性的话，或者事件中原话的复述，以吸引读者对报道内容的注意

在报道同样事件时，网络媒体可使用的表现手段远比报纸丰富多样。在本书的附录里我们一共列举了50种，而且还在增加之中。除了核心叙述、图表和照片之外，一条网络报道还可以使用原始文件，主要新闻人物的个人经历、背景资料，相关报道的档案资料和大量的公众留言和评论等。我们将其中的一些要素列举在此，读者可以继续补充：

1. 用户可根据自己需求自行加工的个性化图表
2. 照片集（由媒体或公众提供）

3. 嵌入报道关键词中的链接，向受众提供定义或详细解释

4. 报道中提及的新闻人物和组织的链接，介绍他们的经历和其他细节

5. 报道中关键事实的链接，包括原始文件或材料

6. 完整的采访记录

7. 采访的视频或音频

8. 记者的履历

9. 与当前新闻相关的大事年表

10. 与报道事件有关的可检索的数据库，有些位于媒体网站，有些位于政府等其他网站上

11. 与报道内容相关的常见问题列表

12. 对同一新闻事件进行报道做出反应的博客的链接

13. 将报道里的材料或者所提出的问题"众包"（crowd-source）——邀请受众补充报道中不完整的要素

14. 为公众提供机会，以便他们告诉媒体自己还需要什么信息

15. 提供背景信息，便于读者根据报道所提出的问题采取行动

16. 设置"分享这条消息"的按钮，方便受众在 Digg 和 Reddit 等社交网站上转发分享

17. 通过对最初报道的删改和补充来修正和更新内容

与印刷媒体的信息环境相比，网络信息环境中的数据更加密集、广泛和深入。互联网具有使新闻报道更丰富、受众更容易理解的潜力。但是，做出这样的报道要面临更多的挑战。即使在报道最重要的新闻时，任何一家消息来源也不可能在自己的报道里体现所有这些要素，受众也不是在任何时候都能完全吸收这些信息。因此，新闻工作者必须更加有智慧，具有更加敏锐的判断力，以决定哪些要素最适合特定题材方。

管理 21 世纪新闻编辑部的优秀主管可能不是该媒体里知名度最高的记者，最吃香的能力也许是判断上述要素哪些最适合在报道中使用的直觉。"报道"新闻的过程中必须充分利用我们在附录里列举的工具。在传统媒体

的新闻编辑部里，记者们通常在早上被派出去"写报道"，回来后，他们则为让自己的报道出现在当天的新闻节目里，或者报纸头版上而竞争。编辑部最后决定每条报道的长短，以及在哪里出现。现在，这个过程已完全不同。在媒体每天持续运转的环境里，编辑和制片人需要不断地就每一个互动图表、数据库、个人传记、公众提供的报道或者其他要素是否有意义做出决定。

从某些角度上看，这些新闻要素各行其是，互不相关。但从另外一个角度上看，这些要素之间的联系赋予了新闻报道更完整的语境。数字化的、相互联络的信息形态吸引人们去浏览和"横向"阅读新闻，而不是线性"垂直地"从头到尾的阅读。网络化的信息还吸引人们参与。互联网充满了各种应用和机遇，鼓励人们分享信息，表达自己对信息的反应，并添加新信息。印刷媒体与其他媒体的联姻使受众可以通过丰富多彩的多媒体平台体验新闻。

这就好比以前新闻工作者只用榔头、锯、螺丝刀和水平仪盖房子，而今天他们则可以自由使用所有陈列在美国家具建材零售商"家得宝"里的电动工具来完成这一工作。

新的新闻编辑部

为了扮演好这些内容不断丰富的新角色，发挥媒体的潜力，未来新闻编辑部还必须完成另一种变革。无论是一家试图适应新媒体环境的传统媒体，还是一家刚刚开始进行网络新闻报道的新媒体，编辑部的组织和操作必须有所变化。简而言之，它必须发展和建立一种更严谨和多元化的文化。

那么，新闻编辑部应如何变革呢？

证明的层次必须更高

如果公众需要新闻工作者帮助他们验证和解释最初从别处得到的信息，那么，媒体所能提供的证明必须要比之前信息的层次更高。以前，由负责医学报道的记者花一个星期所写的有关乳腺癌治疗的最新发展，可能对大多数关注乳腺癌的读者和部分乳腺癌患者来说是全新的信息。今天，任何一位母亲患有乳腺癌的人可能在过去的一年里一直在网上搜寻并了解与之有关的最新科研结果，记者所花的一个星期无法与之相比。现在，那位记者必须采用不同的方法，提供更高级的新证据解释该病是如何发生的。这意味着，我们在本书曾讨论过的证据、核实、肯定消息来源，以及其他有助于新闻报道完整性的要素变得更重要和更具挑战性。

新闻必须更加透明

媒体必须将自己核实新闻的过程更加透明化，这样公众才能清楚他们为什么应该相信媒体，并且形成自己的核实过程。只是为了让受众放心而使用全知全能的新闻叙事方法已不能满足公众的需求。既然媒体已不再是新闻的唯一来源，它的权威必须取决于它如何收集和证明事实。你是怎么知道这件事的？为什么我应该相信？今天的公众会提出这些问题，而新闻工作者必须给予答复。这种公众参与所要求的透明性开始改变新闻工作者与受众之间的动态关系。透明性的意思更接近于过去所谓新闻客观性的原始含义。[8]

在本书里，我们曾间接地涉及透明性这个概念。在《新闻的十大基本原则》里，我们花了相当多的篇幅讨论它。透明性是衡量媒体在提供信息时所具有的自信程度的最佳标准，是一家媒体组织建立公信力的途径。它表现的是媒体在断言什么是真实和什么是虚假之前，在慎思明辨方面所做的努力，以及媒体是否在意它与受教育程度更高的受众之间的关系。

透明性的基本概念很简单：永远不要欺骗你的受众。告诉受众你所知道的和你不知道的；告诉受众你的消息来源，如果你不能指明消息来源，那你得告诉受众消息来源所处的位置是否可能知道真相，以及他们可能具有的偏差或倾向。换句话说，你提供你所知道的所有信息，让公众清楚你是如何得出结论的，从而决定自己的看法。

在这样一个复杂而喧哗的世界里，新闻工作者保持开放的心态十分重要，不仅要对自己的所见所闻保持开放，还要对自己的理解能力保持开放。

新闻工作者不应臆断,应该避免对自己的知识过于自负,要善于提出假设,并尽力去核实。

媒体必须更加专业化

未来媒体应该变得更加专业化,尤其在它们想要立足和发展的领域。在新闻业的新时代里,每个媒体不会在所有方面都做得同样出色。新闻专业化的时代早已开始,不再拥有垄断地位的媒体必须通过提供知识来争取自己的权威地位。

如今,通过新技术形成的信息网络已经大大地提高了我们的能力,在搜寻和分享事实和可靠信息的过程中能够找到更多专家、观点、数据和新闻报道。

美国明尼苏达州"公众洞察新闻"的做法就是一个例子。它帮助明尼苏达州公共广播电台建立了一个由成千上万名听众和投稿者组成的电子邮件网络,每个成员都同意提供一些详细的背景资料和个人信息,该数据库根据职业、地点、年龄、宗教信仰、种族和兴趣等信息对他们进行分类组织。"公众洞察新闻"可以就报道内容征询成员们的意见,审阅他们的答复,挑选那些具有独特视角或者特殊见地的内容,然后将它们融入新闻报道主题里。

通常,分析员和记者团队会根据具体的报道题材启用这个数据库,从中挑选一些可能对报道最有帮助的人。然后,记者与那些被挑选出来的人一起工作,一起完成报道。这种"众包"式的做法常常能够产生具有吸引力的个人故事,而且也能包含来自不同领域和角度的专业意见,它还经常使意想不到的新闻题材成为新闻报道。

2008年美国汽油价格开始上涨。各地媒体关注的是它对周末旅行和度假计划会有什么样的影响。明尼苏达州的"公众洞察新闻"网络的成员却提醒记者注意,汽油价格上涨会影响乡村医疗人员及时治疗病人,从而爆出一条更重要的公共健康新闻,顿时引起了其他媒体对这个问题的关注。[9]

现在,许多媒体正在仿效这种做法。英国《卫报》已经开始使用各种不同的方法吸收公众的集体力量,将其作为自己新闻采集的一部分,它将这种报道方法称为"共同经营"（mutualization）①。这是未来新闻的发展方向。

编辑部必须重组并增加新技能

如果研究一下新闻工作者可以使用的大多数新工具，就会发现当今的新闻远远不限于写故事。如今，信息可以通过统计、图表、音频、视频等各种不同的形态传送。这些技术让消费者和新闻工作者之间能够进行互动，比如他们可以通过新技术提供的平台共同分析一项预算提案。因此，这些技术必须在未来新闻报道里占更大比重。为了更好地使用这些新工具，新闻工作者必须重组编辑部。

一般来说，编辑部的组织一直非常简单，报纸和广播电台的编辑部更是如此。这些编辑部里有写报道的记者和记者出身的管理人员，还有摄影记者、美工以及近年来增加的一些与信息技术有关的职位。然而，在报纸和电台编辑部的文化里，擅长叙事式新闻报道的人居于主导地位，而让摄影记者或者美工凌驾于记者之上、拥有管理实权的现象极为少见。由于画面的中心作用和力量，电视台编辑部的组织一直要复杂得多。它们的编辑部以团队为单位加以组织，在电视网的精英层，那些既不上镜头也不亲自操机的制片人具有相当的影响力，最终决策权通常在节目制片人和位于他们之上的管理层手中。即使这样，编辑部的文化相对来说也很简单：通常说话算数的是主持人、出镜记者和节目制片人。

以上这些媒体的编辑部要实现现代化，必然会变得更加复杂，尊重并容纳比现在更多的技术。需要尊重的技术人才有程序员、数据库管理员、信息管理员（以前称为图书馆员）以及不写稿的信息收集员等。现代化的编辑部里可能需要有一位懂研究方法的职员负责检验数据，告诉记者哪些统计数据有意义，哪些没有意义，哪些统计分析符合逻辑，哪些存在错误。编辑部还应该与当地的历史学家们建立特殊的联系，让他们参加新闻报道会议和参与报道策划。哥伦比亚广播公司的新闻节目曾做过短期实验，把早间新闻决策会在网上向社会公开。在《萨克拉门托蜜蜂报》（*Sacramento*

---

① 原意指建立或组织一个公司，大部分的普通股票由顾客或者雇员持有。

Bee），我们的好朋友和原执行编辑格雷戈里·法弗曾实施过一项计划，让一位公民出席有关各版面头版新闻安排的会议，决定各版的头条上什么新闻。每位公民参与一周的决策。第一天，他们往往很安静。在接下来的几天里，他们则变得非常投入。"我的想法始终是，如果我们不敢与读者交谈，听取他们的意见，那么，无论我们使用什么传播平台，我们都会目光短浅和骄傲自大。如果我们害怕受众，那将一事无成。"法弗如此说。

以往有关编辑部所需技能的定义过于狭窄，造成了一种过于拘谨的编辑部文化。但是，过去十年里的技术进步现在正在摧毁这种文化及其商业模式。

阻碍传统媒体发展的是它不理解具有聚合力量的互联网的真正优势所在。这也证明它确实存在致命弱点。这种对互联网的理解也深入到那些编写计算机代码和程序的人的思想意识里：他们想象的是利用网络的力量，而不是简单地将它当作传播有限原创内容的一个平台。传统媒体组织曾有机会创建（后来还有机会购买）那些摧毁了自己的经济基础的网站，其中包括 eBay、Craigslist、Google、Realtor.com 和 Monster.com。他们眼睁睁地看着这些机会离去，因为他们没有从根本上意识到这些新技术可能具有的价值。当时，这些技术公司并没有为传统的商业媒体增加直接的效益。它们看上去是不同的商业类型。它们的确是。但是，这些传统媒体没有想到，这些技术公司的功能与自己的并没有本质差异。未来的新闻媒体需要重新思考并进一步确定自己最本质和最核心的目标。

新闻的目标不仅是讲故事或提供叙事性报道，也不是在报道新闻的同时传递广告信息。公众所需的知识远远不止这些。假如媒体继续以传统和有限的方式定位自己，看重自己生产的产品，而不是在人们生活中所能发挥的作用，那么，新闻和它代表的价值观的生存机会将会变得比今天更加有限。

> 新闻的目标不仅是讲故事或提供叙事性报道，也不是在报道新闻的同时传递广告信息。公众所需的知识远远不止这些。假如媒体继续以传统和有限的方式定位自己，看重自己生产的产品，而不是在人们生活中所能发挥的作用，那么，新闻和它代表的价值观的生存机会将会变得比今天更加有限。

传统媒体总声称自己在报道公共辩论。实际上，它总是更注重报道那些发生在政府机构的办公楼里和知名专家之间的官方辩论。然而，在报道人们在厨房餐桌旁发生的辩论时，它所能起的作用却非常有限。而新兴的新媒体更擅长于促进这种更为广泛的公共讨论。新媒体已经使公众变得更加真实和强大，这是连接新媒体与传统媒体的桥梁。

编辑的作用更加重要

虽然这种观点对有些人而言似乎违反直觉，但随着新闻工作变得更加复杂，编辑的作用将变得更为重要。首先，编辑们必须做比简单地编辑叙事文字更多的事情，他们必须知道如何从众多的新工具里选用适合表达的新工具。不过，更重要的是，他们必须组织和管理与受众之间越来越多的对话和网络上的信息材料。新媒体的先驱者们懂得这一点。纽约大学的杰伊·罗森创建最早的"开放信源报道"（open-source-reporting）实验之一——NewAssignment.net——网站时，这样解释道："符合集群思维的信息容易受到暴众行为的影响。即使出发点是善意的，志愿者和免费写稿人也可能会在自己未意识到的情况下把偏见带入报道中。通过那些打着'公民'旗号的门户网站，被雇佣的写手也能浑水摸鱼。"[10]为防止类似现象的出现，他提出一系列建议措施，其中包括设立自我监管的用户，使网站信息的核实工作容易操作，以及把信息核实当作编辑工作的一个重要部分。在传统模式里，编辑在很大程度上依靠记者去澄清事实。在新媒体时代里，由于受众作为新闻报道过程的一部分，帮助新闻生产，或者使其在发布后进一步完善，信息确认将在编辑工作里占有更大的比重。"我们正处在海量信息的年代，"记者加里·神谷在Slate.com网站上写道，"编辑的工作就是去粗取精……在杂乱无章的新兴网络世界里，只要编辑工作能让那些令人应接不暇的选择有所减少，那么这种老式的、精英主义的和非民主的信息筛选系统就会日益重要。"[11]

新闻的定义必须改变

最后，新闻媒体这一不断扩展的新角色暗示我们，新闻远比人们一般所了解的要复杂得多。通过讨论不同类型的新闻和采集模式，从提供新事实的突发新闻到"看门狗"式的揭露性报道，我们已经见识过新闻的复杂性。但是，媒体对自己生产的每一条报道或内容所起的作用要有比以往更加清楚的认识。媒体必须反躬自省：公众将如何使用这个内容？它对公众有帮助吗？它有何价值？我们还能做些什么？

能够回答出这些问题的新闻媒体将继续生存，反之，则将走向死亡。

作为知识生产者和传播者的新闻组织

到目前为止，我们在本章里所讨论的都与这样一种观点有关：新闻业若想以某种可识别的形式生存，新闻媒体组织，不论是新的还是传统的，必须认识和明确自己在公众生活里所发挥的实际作用。接下来，我们想再谈一下新闻的基本目的。如果说当年汽车公司和铁路公司不知道自己从事的是运输行业，这犯下了一个致命错误的话，那么，今天媒体组织是否犯了类似的错误？

抛开传播平台、传播技巧和文化，编辑部对所服务的社区具有什么功能？除了产生收入之外，它的基本目的是什么？[12]

答案不是报道新闻，也不是传送新闻，甚至也不是监督政府，尽管它们一直以来都是媒体基本功能的一部分。但是，我们认为媒体的本质功能更为宽泛和抽象，而且新闻业的未来在某种程度上取决于对这个更宽泛的概念的认同。

新闻采集组织是一个积累和综合有关社群知识的地方，并且还会采用各种方法使这种知识具有可用性和互动性。这里所说的社群既可以是地域型的社区，也可以是拥有共同话题和兴趣的社群。

传统广告是这种知识的一种形式。它告诉我们哪些产品和服务正在促销，特别是新产品和服务。娱乐活动通知和布告栏也是一种。另外，还有社群中专家和官员的名字。从某种意义上说，每位记者保留的名片盒或信源名单也是编辑部积累的一种知识，这些资料由记者们各自过滤和控制，决定它们是否能为受众获得。

编辑部还积累和使用各种更为抽象的知识。这些知识可帮助回答以下的问题：市长办公室究竟是如何运作的？在本地你能够相信谁和不相信谁？有关本地经济应该请教哪位可以信任的人？本地有哪些小丑式的人物，谁做了蠢事还不自知？谁因为运气不好受害而值得我们同情？谁值得我们佩服？在哪里可以买到最好的比萨饼？以上都是编辑部积累的知识，它们是存在于集体记忆中的公共知识。编辑部还拥有更多从未用文字记录下来的知识。作为一个抽象实体，编辑部还传播着一种具有严格格式要求的知识——每一条新闻本身。

问题是传统媒体过去完全没有用这样的观念去理解编辑部的角色。那时，他们的经济状况非常好。他们只需继续生产自己多年来一直生产的产品并稍加改进，寻找新的报道方式和新的报道题材。结果，许多由编辑部自己生产和积累起来的知识从未惠及公众，只是保存在档案袋里或记者、编辑的脑子里。媒体通常不用考虑开发新产品或者传播知识的新方式。这种对公民知识的狭隘定义正是媒体后来失去许多商机的原因之一。这导致它当时要么没有及时向搜寻和聚合方面转移，要么眼睁睁地看着别人建立先进的分类广告网站。

要重视编辑部在社群中的作用和扮演的角色，而不是仅把编辑部看成是一群生产新闻产品的人。我们认为，只有理解这个更宽泛的定义，媒体才能知道应该如何发展，包括发现能够赢利的新商机。

在编辑部已经积累的知识里，有哪些还未被充分利用？编辑部还可以开始积累哪些其他的新知识？这些知识的市场在哪里？传播这些知识的途径或方法是什么？以及如何才能将这些知识转换成赢利机会？这是刚起步的硅谷新公司考察新兴市场潜力的方法。媒体面临的挑战是，在一个平台上他们正在下滑，而在另一个平台上一切才刚刚开始。但是，在很大程度上他们的思路还是老套路。在这方面，他们像华尔街那样，按照传统产业的短期节奏运作，而且雇员大都成长于传统文化之中。同时，新的商业机遇和模式才开始浮现：开设虚拟社区零售商场并收取交易费，向付费的目标顾客提供数据库、调研和问题解答的收费服务，针对不同职业的受众开设专业网站，受众调查和咨询，以顾客即时位置为基础的实时广告等。

只有真正理解媒体在人们生活中所发挥功能的新闻业才能把握自己的未来。这就像一位铁路管理人员，他是把自己的工作看成是在铁路上移动东西还是从事交通运输工作，这两者之间存在本质差别。

其他人会提出比我们更完善的定义。我们也希望有人能发现媒体创造公共知识并以此赢利的新方法。但是，新闻业的未来取决于媒体在人们生活中发挥的作用，而不是20世纪编辑部的技巧和实践。

全新的新闻基本单位

如果说新闻在我们生活中所具有的价值是关键所在，而不是新闻过去有过的形态或形式的话，那么，我们自然需要用新的方式来思考如何展现新闻。现在，虽然讲故事和文字不再是新闻的唯一要素，但它们仍然是新闻的核心部分。然而，这并不意味着我们应该固守传统的新闻报道形式。

从许多方面看，每日新闻是19世纪的产物，新闻通过纸张被送到受众手里，而且每天都会生产出全新的新闻。

在互联网时代里，新闻会过时，或者说新闻必须每一天每一天地更新的概念已经过时。新闻也可以被视为一种每天生长的生物。沿这些思路思考时，我们听说了一个特别有启发的想法，虽然毫无疑问还有其他类似的想法。这个想法最初来自于一位硅谷高管——谷歌的玛丽萨·迈耶（Marissa Mayer）①，而不是来自某个新闻编辑部。它不是要改变新闻讲故事的性质，而是认为除了每日新闻之外，还可以创造一种新的"原子单位"。与一条每日新闻相比，它倒更接近于一个维基百科的页面。我们不妨称它为"知识页面"。这种知识页面是媒体对某个题材所掌握的所有信息的流水般的记录，其内容会被不断增补，而不是被取代，相当或接近于一条不断更新的维基百科条目；但与维基百科条目相比，它更丰富和更富有活力；与今日最新报道相比，它更完整。它包括媒体已经积累的所有材料，并以便于受众搜寻和浏览的方式组织起来。另外，这个知识页面还提供一段针对某个话题的中心概况报道或叙述，并不断更新它。这将是一种崭新而非常有效地

---

① 玛丽萨·迈耶原为谷歌副总裁。自2012年7月起，她担任雅虎的CEO。

"报道"新闻、积累和组织公共知识的方法。为了了解某件事情，公众不再需要苦苦翻阅过去的新闻报道或者"剪报"，也不再需要通过揣摩各个报道碎片的字里行间的意思，然后再形成一个更完整的新闻。一个知识页面可以包括提供最新报道的"今日要闻"栏目。但是，它还可以做得更好。通过一个中心概要，再加上一个内容目录，它可以将受众引向媒体所收集的各种资源和工具。从商业角度看，这种知识页面还有一个优势：它不会因为事件的每个最新进展而把受众引到一个不同的 URL 地址或者网页，新闻媒体可以通过一个 URL 地址构成的中心页面吸引更多网络流量，然后通过各种更有效的潜在方法将网络流量转换成经济效益。

在 2009 年下半年，谷歌就以上的想法与《华盛顿邮报》和《纽约时报》合作进行了一项名为"活新闻"（The Living Stories）的实验。这项实验的目的是利用新技术，提供一个以不断跟进和补充的方式持续报道类似医疗改革或全球变暖等重大事件的网页。该项目从 2009 年 12 月持续到 2010 年 2 月。它有许多优点，但也有不少问题。其中一个问题是这个网页被放在谷歌下面。它没有建在《华盛顿邮报》或《纽约时报》的网站下，并按照它们自己的意愿和方式来报道这些正在发展中的重大题材。另一个问题是它过于倚重用图表和技术手段来表现新闻的要素。作为局外人，我们认为，它没有从根本上重新思考如何不让每日报道只生存一天，没有将新闻不断地补充更新变得更连贯、全面和有用。虽然这项实验最后夭折了，但是，我们认为它所包含的理念很重要。这种报道形式应该发扬光大，但媒体须拥有所有权，并把它看作是一种新的报道方式加以尝试，而不仅仅将其作为一种设计和图表方面的创新。

我们还需要在乎传统媒体吗？

最后的一个问题是，我们是否应该关注曾经一直提供新闻的传统媒体是否能够生存？

也许我们无须关注它们。事物吐故纳新，有来有去，打字机便是如此。

许多伟大的报纸也已成为历史。在很大程度上，大城市报纸的竞争年代已经结束。随着生存下来的占有垄断地位的报纸变得更加强大，它们变得更具专业主义和道德责任，尽管人们对它们存在的偏见也不乏诟病。我们没有理由仅仅因为我们所熟悉的事物还有一些可取之处，而对变革心存恐惧或者怀旧心理。

> 我们没有理由仅仅因为我们所熟悉的事物还有一些可取之处，而对变革心存恐惧或者怀旧心理。

历史反复地证明，发明更可能发轫于小角落而不是大机构，它们常诞生在像家庭车库（苹果、惠普计算机）、研究生院的自习室（谷歌）或连创立者都觉得不可思议的地方，而不是在"财富"500强公司的特别工作小组里。

所有这些都是关注和欢迎局外人加入的理由。

但是，我们认为，传统媒体所代表的一些核心新闻价值观是否能够得以生存，对于社会和公民来说利害攸关。如果未来会有一种全新的新闻业问世的话，那么这些新媒体和新型编辑部是否能继承这些核心价值观，将对公共生活产生影响。全球的新闻工作者们正是出于对这些价值观的欣赏，才纷纷来美国研究和取经。

问题是这种崇尚独立和可靠新闻的价值观是否会向未来媒体组织转移，以及转移多少。在思考这个问题时，重要的是做到不怀旧，同时要了解历史。然而并不是所有媒体都对这些核心新闻价值观同样重视。在20世纪后半期，这些价值观中的许多要素变得更完善。有些则出现得很晚，还有些被某些媒体所违背。但是，这些现象的存在不能否定以下事实：表现最好的新闻编辑部最坚定不移地追求这些价值观。仔细考察媒体历史，我们可以看出，谁也无法保证所有的新型编辑部都会采纳和遵循这些核心新闻价值观——即便是那些与知名传统媒体有联系的或者由原知名传统媒体人员创办的编辑部也是如此。在美国，电视新闻开始时遵循的是广播业的传统价值观。但是大约过了一代人后，它逐渐地将其中的许多价值观弃之不顾。以CNN为标志的有线电视新闻在刚出现时也竭力仿效传统晚间电视新闻的做法，在经过一段时间后，它也抛弃了许多。

从策略上讲，这些被我们赞美的基本价值观生存下去的最佳机会，在于让那些守护这些价值观的媒体组织得以生存。但这很难保证。我们在此所做的，是强调和进一步阐明这些基本原则的重要性，希望在新技术、新平台和新形式下，它们才能得到充分理解和发扬光大。

总的来说，按照这些基本原则要求自己的媒体最终会在新闻竞争中获得胜利，而偏离这些基本原则的媒体最终会消失。在面临由数字时代所带来的前所未有的冲击时，仅仅坚持这些价值观是不够的。为了使报道性新闻和促进它发展的核心新闻价值观得以生存，媒体需要找到新的赢利模式，超越那种把 20 世纪风格的展示型广告简单搬到网上的做法。这可能需要创造新的广告形式，同时满足广告商、内容和受众的不同需求；也可能需要创建新的可以出售或者赢利的"知识产品"，以具体和特定的群体为目标，而不是面向所有受众；也可能需要有公共政策方面的解决方案，比如，将新闻获取与网络接入捆绑，或者建立内容聚合商和新闻生产者之间的合作。我们认为，必须重新改造编辑部和扩大新闻的定义。至于由谁来实施，以及其中是否包括一些今天的主要媒体组织等问题则显得无关紧要，重要的是媒体在转型中能否坚持这些核心新闻价值观。我们以为，这种重新发明会来自新的地方，来自那些既懂新技术但又恪守传统核心新闻价值观、同时又不抱残守缺的年轻人，虽然这仅仅是一个猜想。

这与其说是我们的预测，倒不如说是发自我们内心深处的希望。

正如我们在本书开头时所言，我们亲眼目睹了媒体所发生的翻天覆地的变化。然而与导致 19 世纪初出现的独立媒体的变化相比，我们在此所建议的变革并不算大。19 世纪的变化是由电报的发明、南北战争后纸张成本的急剧下降和改革运动的兴起等激发，而我们说的变革一方面是为了实现新闻业的现代化，另一方面也是为了保存值得保留的 20 世纪的新闻价值观。

这些新闻价值观以经验主义和对公共生活现实的理解为基础。它们不可避免地会与操纵和宣传所奉行的价值观相矛盾。虽然它们与关注和思考事件的观点式新闻可能有相似之处，但它们总会与肯定式新闻相冲突，因为后者会出于宣传和合作的需要而偏离事实，其目的是影响结果而不是引发公众对问题的思考。

未来的新闻业依然充满不确定性。电子时代的受众将继续趋于碎片化。公民们将按自己的需求消费新闻，甚至生产自己的内容。更重要的是，在今天的新环境里，以公共利益为出发点的新闻将不得不与更多来自以下信源的以私人利益为目标的信息相竞争：

- 政府机构：它们有能力在公共信息流中插入某些信息，使公众对政府的行为和提案做出"受控的"反应。这些信息经过精心的设计和制作，它们对人类行为的大量隐秘细节进行了深入调查和量化分析，并用最具有说服力的方式加以呈现。
- 社会团体：这些政治团体变得越来越政治化，他们借助自己的传播影响力，不去创建强调宽容的社群，反而通过煽动信仰与独立追求知识之间的冲突，传递它们想要表达的信息。
- 娱乐利益团体：它们与其他传播活动竞争，制造以消极公众为特征的大众文化，而不是满足民主社会拥有知情权的公众的需求。
- 想利用传播中产生的政治共鸣来获得受众的媒体。

在这种新竞争里，最要紧的是我们利用新兴通信技术许给人类的承诺，创建一种由新闻工作者与公众一起为共同探索而努力的新闻业。

我们在这里所提出的下一代新闻业需要认识到，为确保传统新闻基本原则永存，新闻工作者必须调整自己，以适应新的技术所导致的新闻的分配方式和内容组织方式的不可逆的改变。新闻的分配方式将取决于便携性技术和终端用户；内容的组织方式将为服务不同受众的需求而调整；与受众的互动将有助于媒体与公众建立新型的关系，吸引公众参与到创建利益共同体的过程之中。

但是，在诸多的变化中，有一点始终未变，即民主离不开拥有知情权的公众之间的持续对话。这场对话是充满活力还是死气沉沉，取决于它是以宣传和欺诈为基础，还是以一种学习的心态去追求确凿的事实。

> 为确保传统新闻基本原则永存，新闻工作者必须调整自己，以适应新的技术所导致的新闻的分配方式和内容组织方式的不可逆的改变。新闻的分配方式将取决于便携性技术和终端用户；内容的组织方式将为服务不同受众的需求而调整；与受众的互动将有助于媒体与公众建立新型的关系，吸引公众参与到创建利益共同体的过程之中。

尾声 | 新的认知方法

　　一个能让更多人全面参与的媒体不会因为更受欢迎而变得愚蠢。它会更有能力，拥有更多信源、搜集新闻的人和技能。一个将目标只锁定精英群体的媒体，放弃履行宪法所要求的义务和自身的广泛责任，是在逃避问题。它放弃了实现更好的新闻业的梦想。

人们真的可以胜任参与制作新闻的任务吗？新闻媒体真的有能力创造"下一代新闻业"吗？

这两个问题并不是哲学的和学术的问题。假如公众和新闻媒体无法胜任这一任务，那么关于民主能否可行的问题都值得怀疑。

英国哲学家约翰·斯图尔特·密尔曾对真实与自由的关系提出过一个基本观点。密尔写道，在真理与谬误的自由市场中，真理会最终胜出。假如现在密尔错了，真理不再能获胜，因为真实与虚假间的竞争不再公平，那么他将不得不承认：自由不会最终胜出。但或许又像新技术乐观主义者所认为的那样，竞争比以往更公平？

沃尔特·李普曼认为，民主的关键是有一个勇于报道的新闻媒体。"一旦所有新闻报道都来自二手信源，人们将失去对真理的感觉，只对观点作出反应，"他在1920年写道，"人们应对的环境并不是现实本身，而是由新闻报道、流言和猜测构成的拟态环境。思想的整个参照系变成了某些人的断言，而不是现实情况。"广播和电视新闻的先驱爱德华·默罗曾担心准确的报道因为花费时间而经常处于劣势："真相还在穿裤子的时候，谎言都环游世界一周了。"不过，关于技术和人性的这一看法并没有让默罗相信追求真相是徒劳的。相反，这加深了他将人类道德观贯彻于追求真相过程的信念。

近来流行一个观点：大多数人无法区分信息是否可靠，或许并不要紧，精英群体能够区分就够了。精英群体向来容易获得信息。正如杰伊·罗森曾提到的，第一批职业记者是那些被富商雇来以私人信件形式告知其他城邦市场情况的人。因此大企业购买彭博社（Bloomberg）的新闻内容，同时决定彭博社的新闻运营也能让人接受。现在，充分利用新传播技术的精英群体能获得更多信息。而掌握同样传播工具的公众，因为选择其他媒体渠道而不看新闻，或者沉溺于明星八卦而不关注公共生活，放弃了这一机会。对此，我们束手无策。技术已经彻底加快了社会分层的速度。极力劝说也改变不了人性。

然而，公共生活的实际运作规律却并非如此。不论是否关注媒体和接触的媒体质量如何，对公共生活不感兴趣、甚至几乎完全不参与的公民从来不是可有可无的群体。他们依然是公共生活的决定性因素，通过投票（研究显示投票者和不投票者在对许多问题的态度上相差微小）和民意测验数据（针对全美人民的、关于各种议题的、实时的调查）影响公共政策。理查德·尼克松（Richard Nixon）在担任总统时曾把这类被遗忘的广大公众称之为"沉默的大多数"（silent majority）。富兰克林·罗斯福（Franklin Roosevelt）通过他的广播节目关注这个广泛的群体，慢慢地让美国人接受他坚持的必须依靠国际主义来拯救全世界民主的看法。大企业、富有的利益集团、病毒式营销者、政府和强势群体总是想方设法影响并控制对某些议题知之甚少的公众，因为这是一个改变形势的有效方法。民主的重点不是完美的政府，而是自治。因此，新闻业和新闻报道不可避免地要与参与联系在一起。一个能让更多人全面参与的媒体不会因为更受欢迎而变得愚蠢。它会更有能力，拥有更多信源、搜集新闻的人和技能。一个将目标只锁定精英群体的媒体，放弃履行宪法所要求的义务和自身的责任，是在逃避问题。这样做当然更容易，但它放弃了实现更好的新闻业的梦想。

我们在之前曾提出，精英群体概念本身是一个神话（myth）。① 这种观念认为：有些人对所有事情都一无所知，而另一些人了解并对每一件事都感兴趣。但这并不是真实生活的写照。我们认为，对于人们如何与新闻报道互动存在一种更符合实际情况的描述。我们将公众视为一个由不同群体组成的不断变化的混合体，有些人在某一话题上是精英人士，在另一话题上则不是。有些人对某些话题了解得更多、更感兴趣，而另一些人则对其

---

① 见两位作者所写的《新闻的十大基本原则》第一章中的"连锁公众理论"一节。

他话题感兴趣。我们每个人都有自己的专业领域，这与身份、教育等因素无关。一个移民儿童护理员可能是美国政府某些领域的专家。一个只有高中学历的体力劳动者可能是一个对当地河流湖泊及其健康状况、生态环境、野生物种了如指掌的垂钓爱好者。常青藤毕业的法官也许对以上话题一无所知，但本身是个园艺爱好者。我们曾提出"连锁公众"（interlocking public）理论，将公众分为参与、兴趣和知识三种类型。在某一特定话题上，我们可能是参与的公众中的一员，与议题存在直接的个人利害关系而且深刻理解该议题；也可能是感兴趣的公众中的一员，与议题不存在直接联系但承认受其影响并偶尔关注；也可能是一个无关的公众，几乎不关注该议题。这三类群体及其微妙的等级关系构成了丰富多元、动态和不断互动的公众，他们之间相互影响。当这三类不同群体相互融合，贡献不同层次的知识与兴趣时，任何社群都会变得更加明智。由最感兴趣或最不感兴趣的公众单独决定的政策都不会是最好的政策。多元性意味着不仅要平衡公共政策中不同的派系和议程，还要平衡最感兴趣、最愿意参与的公众和最不感兴趣、最不愿参与的公众的关切。

变化的、动态的和差异化的连锁公众观念会对新技术所要求的新公民概念产生什么影响，会对下一代新闻事业提出什么要求？我们所设想的过程比目前已知的更交互和公开。社会的网络化和职业记者的调查将会有组织地相互配合。想象一下人们在周末与家人一起读报的方式，他们通常会大声朗读一篇报道，在某个要点处停下来，与其他家庭成员在早餐桌上评论和讨论。新闻报道是这场讨论的主轴，也是起点。然而信息的处理过程——以及对记者报道和调查的批评——更加动态化。现在，这个过程已经变得公开化，早餐桌变成了互联网。记者必须在众人面前忍受过去公民私下里对其作品的剖析，有时是赞扬，有时是怀疑。

当这些多重动态的对话充满活力，并且涉及某些重大议题时，比如选举、医疗、战争和我们的国家和全球的希望等，新闻媒体和民主的未来，即新的公共广场，就实现了。只有那些积极吸引公众参与而不是把他们排除在外的媒体才能兴盛发达。

假如我们更多地以集体讨论而不是演讲的方式来了解公共生活的话，那么我们必须面对的难题是，这种新的讨论有得亦有失。更深刻、更多样化的新元素增加进来了，与此同时，偏见、错误和操纵也趁机而入。和任何公共讨论一样，有些发人深省，有些则不是。但这正是、并将要成为一种新的学习方法。有两种了解世界的方法：一种是基于事实的经验主义；一种以信仰为导向，会影响我们对事实内涵的意义解读。它们之间的矛盾辩证关系将变得更加紧张，尤其在最近这个阶段更加突出，因为此时新权威尚未诞生，仍然充满着不确定性。

> 21世纪真正的信息鸿沟不是接入互联网的和没有接入互联网的人群之间的差距。它是有能力创造知识的人和只会肯定先入之见、故步自封、不再学习的人之间的差距。这是理性与迷信之间的新鸿沟。新闻素养成为公民素养的组成部分。

21世纪真正的信息鸿沟不是接入互联网的和没有接入互联网的人群之间的差距。它是有能力创造知识的人和只会肯定先入之见、故步自封、不再学习的人之间的差距。这是理性与迷信之间的新鸿沟。

对于公众而言，他们被抛入到自己决定"我可以相信什么？"的过程之中，意味着新的责任和风险。对于参与搜集和报道新闻的人来说，新的或下一代新闻业意味着承担苏格拉底式的教师的新角色。在报道新闻的同时，提供素材甚至进行个别指导，培养人们将素材转变成知识的技能。

此外，我们认为，现在看到的错位和混乱的后果并非不可避免。事物原本可以朝着不同的方向发展，我们只是处于当前混乱的开始阶段。学习的历史就是人类用智慧应对科学技术的历史，不同的文化应对方式造就了不同的学习史，在世界上的不同地方向着不同的方向发展，有些甚至一度消失。正如我们在本书开头时所说，这是一个推与拉的故事，旧模式想办法战胜新模式，有时新模式会进两步退一步，时而还会脱离正轨。

假如现在这一发展过程很大程度上取决于公民自身的技能的话，那么一个关键措施就是必须将公民素养和新闻素养再次引入中学课程。公民素养是一门告诉我们如何成为社群中合格公民的课程，超越了公民学范畴，更强调参与性、苏格拉底式的求知方式和个性化。而新闻素养是公民素养的一个组成部分。我们所提出的"新闻素养"不同于"媒介素养"，后者主要基于左派观点,它教授各种形式的媒介如何代表商业和既有利益操纵我们。我们所说的"新闻素养"是指如何"阅读"新闻报道的技能,即怀疑的认知方法。我们希望本书所概括的观点有助于说明这一方法。但我们不想自诩已经在本书中开创建立了这一课程,这不是我们的初衷。我们只是试图提出,存在着一些可被称为新闻素养的技能。我们希望已经帮读者梳理出了新闻素养的核心观念,列举了一些杰出专业人士如何操作的实例以及如何将其移植到一般应用上的范例。

一个世纪以前,新闻工作者沃尔特·李普曼和哲学家约翰·杜威曾就人们是否有能力享有自由进行了公开辩论。关于20世纪商业媒体的本质方面,李普曼的论证更具说服力。他认为公众不具备成为知情公民的条件。不过他认为新闻媒体比受众也强不了多少,因此他要求精英群体为二者提炼信息。在某种意义上,20世纪下半叶的新闻媒体试图自己扮演这一角色,提供更多解释和分析。关于李普曼对公众和新闻媒体的批判,杜威并无异议,但他认为李普曼把精英主义视为药方没有抓住问题的本质。杜威说,对于新闻媒体来说,唯一合理的角色是帮助教育公众,让他们更有能力参与民主社会。除此之外,新闻媒体没有其他的存在理由。教育也是如此。假如不再相信民主,那么民主就难以拯救。

一个世纪以后,技术条件已经达到了杜威的设想。教育的时机来临了。

后　记

　　我们身处用户主导的媒体时代，受众掌握着前所未有的控制权，这意味着公民自身必须拥有发现正确方向的能力。

2009年至2010年初，当我们写作《真相》原稿时，开篇设想了现代媒体文化会如何报道一场核危机。

我们之所以选择1979年发生在三哩岛核电厂的核事故，是因为有口述史记载了当地居民当时从媒体听到什么信息，还有大量资料反映了当时报道这一危机的记者的所思所想。我们选择这一事件还因为宾夕法尼亚核电厂的局部熔毁事件发生在大媒体（Big Media）①的鼎盛时期。三大商业广播网——NBC、CBS和ABC当时正处于权力巅峰。而对于印刷媒体来说，美国大部分城市的报业大战已经结束，剩下一城一报的垄断局面。获胜的报纸拥有有史以来最高的利润，没有竞争威胁，想要通过正直而自律的新兴新闻来展示自己的力量。总体而言，美国人被迫接受高度同质化的媒体系统所提供的新闻。这些媒体具有许多共性，都有强烈的公民责任感、经营业绩良好和有限地维护既有体制的政治立场。总之，在这个时期，刚刚通过揭露总统理查德·尼克松的公共渎职行为而令其下台的新闻媒体畏惧的是自己的权力。此时距20世纪90年代后期出现的新闻煽情主义与对新闻的滥用尚有时日。当时人们几乎难以想象21世纪第一个十年出现的新闻价值观冲突和新闻政治化现象。

那时我们写这本书只能凭想象描述现在的媒体会如何报道一场核灾难。然而8个月后，也就是2011年春天，我们不再需要想象。3月份侵袭日本的地震和海啸所引发的核危机甚至比宾夕法尼亚的那场核事故更严重。在这个动荡一年的最初几个月，媒体文化还经受了其他惨痛事件的考验——美国图森市发生了令人悲痛的袭击公民和政府官员事件，中东发生了不同

---

① 这里是指当时在美国新闻界占主导地位的几大媒体机构，比如三大商业广播网和《纽约时报》、《华盛顿邮报》等主流报纸。

寻常的公众暴动和革命。这些事件都证明，传播革命既给人希望也带来危险。

在图森事件中，数字技术对速度的要求一定程度上导致世界上最具影响力的几个新闻机构犯下了不可原谅的新闻错误，CNN、全国公共广播电台和《纽约时报》位列其中。这些媒体错误报道了众议员加布里埃尔·吉福德死于图森枪击案，这是没有哪个严肃的记者会为之辩护的一个低级错误。为了迅速发稿，它们轻信了现场一位官员的话而没有找信源核实。此外，由于新闻机构热衷于利用所有新时代工具到达受众、证明其现代化，不止一次做出错误报道，因此错误信息在更大范围内传播，导致更严重的后果。它们通过推特、电子邮件提醒、聚合信息订阅（RSS feeds）和新闻网站重复报道了错误信息。与此同时，技术让公众更容易发现这些错误，或者至少能发现不同新闻机构报道之间的矛盾之处。推特记录便于公众对照并发现错误报道。这些公民监督者进而发布自己的推文（tweets），传播自己所发现的错误。有时，从出错到发现再到纠正，整个过程只需短短15分钟。在这些媒体中，全国公共广播电台和《纽约时报》可能以过去从未有过的速度承认了错误。数字技术和互联网的速度、要求及其效果对上述错误与纠正产生了很大影响。

新时代的另一个标志是传递一手新闻的公民记者的出现。在日本大地震期间，CNN一直依靠自己的"公民记者"（iReporters）。这是一个由目击者和将自己拍摄的视频发给电视网的公民供稿者形成的网络。iReport团队的编辑们坐在CNN新闻编辑部的正中间，只要有吸引人的视频传进来，他们就会告诉电视节目制作人和CNN网站主页的编辑。或许最令人难忘的是由一个名叫瑞恩·麦克唐纳的美国教师拍摄的一段视频。当时，他拿着摄像机走到室外，发现地震的强度超出了他的想象。"哦，我的天哪。楼快倒了！"他大叫。当CNN想要直播采访麦克唐纳时，他在家通过Skype和带麦克风的电脑耳机接受了现场采访。

2011年这个不寻常的冬天充分暴露了数字革命带来的新闻编辑部资源减少所产生的后果。只有三家美国报纸，即《纽约时报》、《华盛顿邮报》

和《华尔街日报》还拥有完整的驻外报道人员。只有一家美国有线电视新闻频道,即CNN还拥有相当数量的驻外记者和机构。三大广播网声称拥有十几个驻外办事处,但它们都不是配备特派记者的完整的驻外机构。一旦遇上紧急时刻,由一人组成的办事处立刻捉襟见肘。当突尼斯、埃及、巴林、利比亚、也门到叙利亚接连发生暴动时,新闻媒体竭力跟进。当抗议进一步推进时,新闻报道尚能应付。我们知道发生在埃及的街头抗议是为了逼迫穆巴拉克下台,但我们不太了解推翻政权所产生的更复杂、不明显却更重要的后果。穆巴拉克一下台,大批游行者就回到了自己的生活中。留下穆斯林兄弟会这些更具组织性的团体和前政府官员操纵并填补权力空缺。对此,新闻没有深入报道,因此人们也知之甚少。

除了像图森报道中很快被人发现的大错误,还有很多其他错误。当日本想要利用海水冷却东北部福岛第一核电站正在熔化的反应堆线圈时,有一天,我们看到一个有线电视新闻频道的报道说这一措施正在起效,第二个频道说已经失败,而第三个频道说结果未知。有线电视新闻强调从现场发回直播报道,但往往让人感觉事实陈旧,而且人们常对采访脱口秀嘉宾时播放的"背景"(wall paper)图片的意思不甚理解。比如,我们在不同的晚上观看了CNN的安德森·库珀从现场发回的富有感情的报道,但是他所提供的事实听上去已经过时了,至少对于那些已经在网上阅读了将出现在第二天早上《纽约时报》上的内容的人来说是如此。《纽约时报》的新闻是由居住在日本的一群记者和专门负责核能报道的记者一起撰写和报道的。接着,CNN又播出了一段海啸画面,似乎是一个星期前拍摄的场景,但是却没有说明,这更令人感到困惑。我们现在看到的是什么?它是什么时候发生的?这些是最新的画面吗?还是因为播放这些画面最能吸引眼球?今天大部分时间里CNN直播采访的这位核能专家真的掌握最新信息吗?这就是CNN——这个在事件现场的报道人员超过其竞争对手的频道——制作的新闻。这让人感觉到它是在过度利用新闻事件而不是在报道新闻事件。

我们还亲眼见证了不同的新闻机构在直播中相互攻击的场面。最没有品味的一幕出现在福克斯新闻频道,一位名叫珍妮弗·格里芬的特派记者声称 CNN 和路透社的记者甘愿被利比亚卡扎菲政府用作人体盾牌来阻挠盟军的空袭。CNN 特派记者尼克·罗伯特森称这一报道"令人愤怒且极其虚伪",并称记者们参加政府资助的战区行目的在于核实事实和避免获得二手信息。"当你来到像利比亚这样的地方,"罗伯特森生气地说道,"你会料到谎言和欺骗出自独裁政府,但你不会料到谎言和欺骗出自其他记者。"他还说,格里芬暗示没有福克斯新闻的记者参加战区报道之行是不真实的,对于这一错误格里芬后来不得不道歉。不过,这还只是开始,福克斯特派记者史蒂夫·哈里根对罗伯特森进行了人身攻击,谴责他"愚蠢",参加了"一次宣传之行",而且他对新闻报道的观点是"一派胡言"。他接着说,罗伯特森最好跟他当面对质,"假如他是个男人的话"。罗伯特森回击哈里根,说:"我在早餐时见他的次数比在外采访时见他的次数多。"太有趣了。令人怀疑的是,这些言论是否会提高任何一方或者整个新闻媒体的可信度。现实情况是战地记者冒着生命危险报道新闻,自己也逐渐成为目标。就在同一个星期,《纽约时报》的 4 名记者在利比亚被卡扎菲部队抓获。优秀的记者知道他们面临着共同的危险,而且意识到他们是为了一个共同目标而工作,那就是获取真相,帮助公众了解事实。

导致新闻业变革的数字技术在最初引发暴动时发挥了重要作用。这些国家的革命很大程度上源于深谙技术的年轻公民利用推特、电子邮件、社交网络和互联网进行的组织和传播。数字工具还帮助他们欺骗那些想要监控和压制传播的当权者,在斗争中占据上风。在埃及,抗议组织者会发出假邮件和推特,让官员们相信他们正在某地集会,而真正的抗议其实是在其他地方进行。

自《真相》平装版出版 8 个月来,几乎对于书中讨论过的每一个新闻事件,我们都收到了相似的问题。归纳来说,这些新技术和工具令获取真相更容易还是更困难?我们是变得更容易知情还是更容易困惑?信息革命在多大程度上与我们公共话语中不断加剧的政治极化和不文明现象有关?我们认为,所有问题的答案都一样。事情究竟变好还是变坏?答案是:两种看

> 我们会比以往获得更多信息,同时也更容易困惑;我们会更容易看见真相,同时真相也更难获得。

法皆对。我们会比以往获得更多信息，同时也更容易困惑；我们会更容易看见真相，同时真相也更难获得。的确，新技术促成了政治极化，但之所以会产生这一后果，完全是因为它加深了原本就存在的分歧。

新的一年所发生的新闻事件更加证实了我们在写作精装版时的观点：任何一种技术都有着与生俱来的优势和弱点。新技术所带来的信源多元化、公民声音的崛起、与受众的相互作用、新闻把关的削弱和相互冲突的新闻价值观更凸显了这种二元性。速度更快，因此错误也更多。这些错误以更快的速度被纠正，但同时也让人更难堪。人们更容易感到困惑，他们也更容易舒服地躲在某个意识形态中容易达成共识的安全地带，从而强化自己的偏见和盲点，而且这种安全地带不只是某个政党或派系的专利。当然，成熟且积极进取的新闻消费者有能力以更快的速度获得更深入的信息。人们所能获得的最好新闻优于以往，尽管目前好新闻的数量可能有所减少。现有的最差新闻也是史上最糟糕的，而且数量可能更多。与此同时，我们之前无法得到的外国媒体、学者、新闻目击者和非媒体领域专家的作品，现在也更容易获得。优者更优，劣者更劣。

我们身处用户主导的媒体时代，受众掌握着前所未有的控制权，这意味着公民自身必须拥有发现正确方向的能力。《真相》就是总结罗列这些技能的最早尝试之一。

当我们与美国各地的读者讨论这本书时，经常听到的另一个问题是：公共广场——这个形成共同知识和共同认识、寻找共识和妥协基础的地方——如果不再受到同质的媒体文化控制，将发生什么变化？我们认为公共空间依然存在。每个人都以有史以来最快的速度了解到日本的这场灾难。没有人对图森或开罗发生的事情一无所知，观看超级碗①的电视观众数量依然庞大。但公共广场的规模可能比以前更小，而且我们在公共广场所达成

---

① 超级碗（Super Bowl）是美国国家橄榄球联盟（National Football League）的年度冠军赛，一般在每年1月的最后一个星期天或2月的第一个星期天举行，当天也被称为超级碗星期天（Super Bowl Sunday）。橄榄球是美国的第一大球类运动，因此超级碗当天的电视转播一直拥有很高的收视率，而超级碗本身也日益加进表演元素，比如开赛前和中场会穿插歌手的演出，更加吸引电视观众。

的共识也更肤浅。我们这么认为是因为我们每个人都在钻研各自感兴趣的话题上花费更多时间，比如阅读自己欣赏的政治评论，阅读自己喜欢的棒球队的博客。我们的时间有限，每个人越是专业，共同之处就越少。这令我们更加多元，也使多元性本身变得更加重要，但这也让我们的公共交流变得越加复杂。

最后，我们还经常从周围人那里听到另一个问题。也就是我们在最后一章所讨论的问题：人们真的能成为称职的为自己服务的编辑吗？他们能够驾驭本书所总结的六个问题吗？自完成本书后，我们比之前更清楚地认识到，我们所列出的这些问题只是门径。有些人可能会用不同的语言表述这些问题，另一些人可能会提出不同的问题。这都无关紧要。重要的是，当遇到新闻和信息时，每个人能够开始就其内容提出一些问题。我们已经训练过高中生和电台听众，还训练过只喜欢看老牌传统媒体的老年人和更熟悉推特和互联网、不太熟悉主流媒体的大学生。提问是解构我们所看到的媒体内容的第一步。批判性思维不是一个公式，而是一段旅程。千里之行，始于足下，我们要做的就是启程。

> 提问是解构我们所看到的媒体内容的第一步。批判性思维不是一个公式，而是一段旅程。千里之行，始于足下，我们要做的就是启程。

附录　新闻事件网络报道工具

1. 主叙事
2. 标题
3. 新闻机构员工制作的图表
4. 可以由使用者操作的定制图表
5. 照片，通常是员工和公民制作的照片集
6. 醒目的引文
7. 工具栏
8. 链接网站等其他地方的背景资料
9. 链接前期的相关报道
10. 链接嵌入报道的关键词，向读者提供定义或解释
11. 链接报道中所提新闻人物和机构的履历和其他细节信息
12. 链接报道中所提企业的股票价格
13. 链接报道中的关键事实，比如原始文件或资料
14. 完整的采访稿
15. 报道本身的视频/音频
16. 关键采访的视频/音频
17. 记者报道时的视频
18. 记者的履历
19. 其他参与报道人员的信息和类似的背景资料
20. 向作者或编辑发邮件的点击按钮
21. 与当前新闻相关的大事年表
22. 与报道相关的可检索的数据库，有些位于新闻机构网站，有些位于

政府等其他网站

23. 报道议题相关的常见问题单

24. 通过关键词或标签云与报道联系起来的相关报道的"社会图表"或"地图"

25. 与报道相关的地点的可点击地图

26. 与地图和图片相关的来自记者和公民的评论和信息"标签"

27. 对同一新闻进行报道或作出回应的博客链接

28. 同一作者的其他报道链接

29. 读者评论报道的机会

30. 将报道或报道所提问题"众包"——邀请受众补充报道中不完整的要素

31. 对新闻机构未来的报道提供指导性意见的机会

32. 读者表达还想知道什么其他信息的机会

33. 为观察者提供发布视频的机会

34. 为观察者提供发布图片的机会

35. 关于报道的有组织的讨论和未经组织的讨论

36. 提供简易信息聚合（RSS），向消费者推送内容而不是只能在新闻机构网站上获取内容

37. 允许信息输出和嵌入其他网站的工具

38. 订阅同一主题其他报道的邮件提醒功能

39. 提供背景信息，便于读者根据报道所提出的问题采取行动

40. 新闻报道网站的三维视频导览

41. 与参与报道的记者和编辑进行网络后续聊天的机会

42. 设置"分享这条消息"的按钮，方便受众在 Digg、Reddit 等社交网站上转发分享

43. 通过对最初报道的删改和补充来修正与更新内容

44. 邀请读者将报道通过邮件发送给朋友

45. 新闻报道在当天"阅读次数最多"和"发邮件次数最多"的报道

列表中的排名

    46. 新闻报道的图片和视频在"浏览次数最多"和"播放次数最多"列表中的排名

    47. 新闻报道在"我的时报"定制页或简易信息聚合页的排名

    48. 定制关于报道主题的邮件提醒和短信的机会

    49. 相关话题和标签的点击式图表,并附带"标签云"

    50. 链接与报道相关的小测验或民意调查

致　谢

我们需要感谢很多人。特别是 Josh Appelbaum，他担任研究员，帮助我们查找信息，参与讨论观点，从整体上提升了我们的对话。对于卓越新闻项目过去和现在的同事，我们也难以用言语表达谢意，在将近 15 年的时间里，他们每天的工作都已经渗透进了我们的思考。我们关于新闻和新闻消费如何变化的观点尤其受益于每年的《新闻媒体现状》(*State of the News Media*) 报告，需要感谢其中的很多撰稿人，比如 Tom Avila, Dante Chinni, Erica Felder, Emily Guskin, Jesse Holcomb, Jon Morgan, Kenny Olmstead, Dana Page, Atiba Pertilla, David Vaina 和 Niki Woodard。此外，与其他朋友和同事不间断的谈话也令我们获益匪浅，纵使列出一长串名单也会挂一漏万，但我们不能不提这些名字：Clark Aldrich, Rick Edmonds, Michael Dimock, Wally Dean, Carroll Dougherty, Paul Hitlin, Hong Ji, Mahvish Kahn, Scott Keeter, Dean Mills, Mike Oreskes, Nora Paul, Lee Rainie, Charles Stamm, Tricia Sartor, Paul Taylor 和 Esther Thorson。John Gomperts, Jon Haber 和 Mark Jurkowitz 是忠实的参谋。我们感谢 John Carroll, Jack Fuller, Don Kimelman 和 Jack Rosenthal 阅读了原稿。我们还要继续感谢 Rebecca Rimel 和皮尤慈善基金会（the Pew Charitable Trusts），让我们可以将白天思考的这场革命在晚上付之于纸上。感谢 Annik LaFarge 认同此书，感谢 Kathy Belden 完善了原稿。我们还要感谢一直默默支持我们的 David Black。

还有两个人尤为值得一提：几乎本书的所有观点都烙有我们出色的同事 Amy Mitchell 的印记。还有，我们可能永远无法回报的、亦师亦友的 Andy Kohut。

此外，对于 Rima 和女儿们，再多的感谢也无以为报。谢谢你们在那么多的夜晚和周末忍受因伏案工作而无法陪伴左右的丈夫和父亲。

最后，我们想要感谢新旧媒体时代的记者和想要成为记者的人。现在很流行去嘲笑那些试图为我们报道和核实新闻的人，但他们会成为英雄，这一点我们深信不疑。

注 释

第一章 如何知道该相信什么

[1] 记录于乔治梅森大学历史与新媒体中心网站, http://echo.gmu.edu/tmi/。

[2] Ibid.

[3] Ibid.

[4] Peter Goldman et al., "In the Shadow of the Tower," *Newsweek*, April 9, 1979, p. 29.

[5] Arlie Schardt et al., "Covering Three Mile Island," *Newsweek*, April 16, 1979, p. 93.

[6] Walter Truett Anderson, *All Connected Now: Life in the First Global Civilization*, Westview Press, Boulder, 2001.

第二章 我们曾经历过

[1] Philip B. Meggs, *A History of Graphic Design*. John Wiley & Sons, 1998, pp. 58–69.

[2] Lester Faigley, "Print and Cultural Change," www.cwrl.utexas.edu/-faigley/word/material_literacy/print.html.

[3] Morris Bishop, *The Middle Ages*. Houghton Mifflin, Boston, 1996, p. 252.

[4] 很多学者将这一结构的诞生归功于一个政治家而非记者。亚伯拉罕·林肯去世后,为了以一种更可信的方式向世人宣布林肯去世的消息,同时又能以一种权威性口吻来安抚惊慌失措的民众,战争部长埃德温·斯坦顿(Edwin Stanton)口述电报,全世界报纸予以刊载。他的公告采用了向另一政府官员发布声明的形式,体现了强有力的事实性结构和口吻。公告以林肯去世的消息开头,辅以支持性证据和接下来可能会发生的细节。David T. Z. Mindich, Just the Facts, New York University Press, 1998, p. 73.

[5]《现在请看》是美国哥伦比亚广播公司的电视节目,由爱德华·默罗(Edward R. Murrow)和弗雷德·弗兰德利(Fred W. Friendly)创立。

[6] Chris Anderson, "The Long Tail," http://www.adtechblog.com/blog/detail/the-long-tail-has-destroyed-mass-media.

[7] Project for Excellence in Journalism, *State of the News Media*, 2009, www.journalism.org.

[8] 马修·辛德曼（Matthew Hindman）在《数字民主的神话》（*Myth of Digital Democracy*）一书中提出了同样的观点，该书由普林斯顿大学出版社2008年出版。

第三章 怀疑性认知方法：确证技术

[1] William Prochnau, "The Wary Chronicler who Inspired a Rebellion," http：//www. aliciapatterson. org/APF1201/Prochnau/prochnau. rtf.

[2] 作者的采访，2007年4月29日。

[3] Homer Bigart, Forward Positions：The War Correspondence of Homer Bigart. University of Arkansas Press, 1991, pp. 192 – 195. 原报道标题为："U. S. Copters Help in Vietnam Raid"，刊登于1962年3月9日《纽约时报》。

[4] 作者的采访，2007年4月29日。

[5] 这一定义来自于豪伊·施耐德（Howie Schneider）在纽约州立大学石溪分校有关新闻素养的研究。

[6] C. John Sommmerville, *The News Revolution in England*. Oxford University Press, New York, 1996, p. 14.

[7] John Lloyd, *What the Media Are Doing to Our Publics*. Constable & Robinson, London, 2004, p. 144.

[8] Bill Kovach and Tom Rosenstiel, *The Elements of Journalism*：*What Newspeople Should Know and the Public Should Expect*. Three Rivers Press, New York, 2007, pp. 38 –39.

[9] Ibid, p. 36.

[10] Reese Schonfeld, *Me and Ted Against the World*：*The Unauthorized Story of the Founding of CNN*. Harper Collins, New York, 2001, p. 5.

[11] 与Tom Rosenstiel的采访，1990年。

[12] 卓越新闻项目最早在2005年的《新闻媒体现状》（*State of the News Media*）年度报告中证实了这一发现及其意义，可查阅www. journalism. org。

[13] 2009年8月16日《会见新闻界》节目。

[14] 美国公共广播公司（PBS）调查官（ombudsman）迈克尔·格特勒（Michael Getler）后来揭露了真相：阿米错了。医疗计划是一项自愿性计划，人们可以在一定条件下退出该计划而不必支付罚金。但是在其他条件下，阿米所说的是对的，即退出该计划有可能导致个人丧失获得每月社会保险支票（Social Security checks）的权利。

[15] Clark Hoyt, "The Public Editor：Reporting in Real Time," *New York Times*, February 8, 2009, p. 10.

[16] Deborah Tannen, *The Argument Culture*：*Moving from Debate to Dialogue*. Random House, New York, 1998, pp. 7, 20.

[17] Katy Bachman, "Radio's Head Rush," *Mediaweek*, August 11, 2003. http：//www. mediawork. com/mw/esearch/article_ display. jsp? vnu_ content_ id = 1953833.

[18] Felix Gillette, "Hard Fall：What Happened to NBC?" *New York Observer*, September 9, 2008.

［19］Committee of Concerned Journalists and the Pew Research Center for the People and the Press, "Striking the Balance: Audience Interests, Business Pressures and Journalists' Values," March 1999, p. 79. www. journalism. org and http：//people-press. org.

第四章　完整性：有什么，少什么？

［1］John Crewdson, "Code Blue: Survival in the Sky," *Chicago Tribune* special report, June 30, 1996.

［2］Debbie Wilgoren and Hamil R. Harris, "Burst Pipe Floods Homes in Disctrict: Water Main Break in Adams Morgan Disrupts Traffic," *Washingtong Post*, May 7, 2009, p. B1.

［3］有关该事件细节的报道出现在同一天报纸的头版。

［4］Amy Harmon, "Genetic Testing + Abortion = ???" *New York Times*, May 13, 2007.

［5］http：//www. propublica. org/feature/economic-guesswork-drives-stimulus-job-targets-090203；http：//www. propublica. org/ion/stimulus/item/sorting-those-job-creation-numbers-0916；http：//www. propublica. org/ion/stimulus/item/tracking-highway-stimulus-jobs-is-no-easy-job-724.

［6］在《新闻的十大基本原则》中，我们提到四类揭露性报道：传统的调查报道、解释性调查报道、对于调查的报道和假的揭露性报道。传统的调查报道是指记者自己对原始信源进行调查。解释性调查报道发现更复杂的信息，为了进行深入解读需要进一步分析，提供其他背景信息。对于调查的报道是指报道其他正在进行中的调查，通常是政府调查。假的揭露性报道看起来像真的，但实际上是报道一些众所周知的问题或现象，比如脏的宾馆床单、廉价清洗地毯的骗局。假的揭露性报道旨在建立受众群，但是对于提高公民的认识价值很有限；这类报道将监督作用演变成了一种娱乐形式。

第五章　信源：这是从哪儿来的？

［1］寻找战争报道的信息来源是新闻工作的难点之一，记者和信息消费者都得小心不被误导。由于军方对战场的控制，记者无法亲眼见证大部分战况，即便是身处阿富汗的卡洛塔·伽尔（Carlotta Gall）和泰莫·沙（Taimoor Shah）也是如此。记者想方设法克服这些限制，在当地的城镇和农村建立人际网，这样通过电话就可以了解这些联络人知道什么或看见什么。对于目击者来说，在混乱的战争情况下准确复述细节有难度。他们不知不觉就会添油加醋，而且细节在口口相传中会被遗漏掉。记者和消费者在判断信息来源的性质和级别时要谨记这一点。对于记者和消费者来说，透明度是最重要的衡量工具。本质上透明、信源的知识水平，以及告知不清楚或不知道什么信息是增强信任与理解的天然盟友。

［2］Krist. V. Eli Lilly and Co. , 897 F. 2d 293 (7th Cr. 1990) 列举了很多关于目击者记忆的心理学研究发现。

［3］Ibid.

［4］*60 Minutes*, "Eyewitness: How Accurate Is Visual Memory?" CBS, March 8, 2009.

［5］Bill Kovach and Tom Rosenstiel, Warp Speed: America in the Age of Mixed Media. Century Press, New York, 1999, p. 29.

［6］1998年对其中一个记者约翰·布罗德（John Broder）的采访。

第六章　证据与确证式新闻

［1］1981年与两位记者的谈话。

［2］赫什的方法虽然细致缜密，但也不是万无一失。被收入《卡默洛特的黑暗面》(The Dark Side of Camelot) 一书的关于约翰·F·肯尼迪性丑闻的文章后来被发现所依据的资料是伪造的。这些资料在该书出版前被发现有假，书中相关信息被删除。这件事给赫什留下了精神创伤，当时也损害了他的声誉。"有时我会出错，"赫什说，"但我会很快改正错误。"

［3］2009年7月29日对作者的采访。

［4］Gabriel García Márquez, One Hundred Years of Solitude. HarperCollins, New York, 1970.

［5］J. Davittt McAteer and Associates, The Sago Mine Disaster: A Preliminary Report to Governor Joe Manchin III, July 2006.

［6］Pew Research Center for the People and the Press, September 13, 2009. "Press Accuracy Rating Hits Two Decade Low: Public Evaluations of the News Media, 1985 – 2009." http://people-press.org/report/543/.

第七章　断言，肯定：证据何在？

［1］现场采访占据了有线电视新闻整整45%的时间，日间所占比例更高，因为需要填补更多的播出时间。全国公共广播公司的《新闻时间》，53%的时间用于现场采访。在早间电视网节目中，即便是每个秀（show）最初30分钟的硬新闻中，也有30%用于现场采访。参见皮尤卓越新闻项目（Pew Project for Excellence in Journalism），《新闻媒体现状》(State of the News Media)，2008年，"有线电视新闻，内容分析，"http://www.stateofthemedia.org/2005/narrative_ cabletv_ contentanalysis.asp?cat=2&media=5.

［2］Tom Rosenstiel, "Yakety-Yak: The Lost Art of Interviewing," Columbia Journalism Review, January-February 1995.

［3］Sig Mickelson, The Electric Mirror: Politics in an Age of Television. Dodd, Mead & Company, New York, 1972, pp. 16 – 44.

［4］Rosentiel, "Yakety-Yak."

［5］Ibid.

［6］The Ed Show, MSNBC, 2009年9月24日。

［7］Douglas Walton, Ad Hominem Arguments. University of Alabama Press, 1998, p. xii.

［8］The Ed Show, MSNBC, 2009年7月17日。

［9］Les Gelb, "Bill Safire," Forbes.com, 2009年9月27日：http://

www. forbes. com/2009/09/27/william-safire-conservative-new-york-times-obituary-opinions-contributors-leslie-h-gelb. html.

第八章　如何找到真正重要的新闻

[1] 2010 年，28% 的网站建立定制新闻页面。Project for Excellence in Journalism and the Pew Internet and American Life Project, Understanding the Participatory News Consumer, March 1, 2010, http://www.journalism.org/analysis_report/how_people_use_news_and_feel_about_news.

[2] 当我们自己寻找方向时，我们选择了解什么信息对于是否能够继续在社群中拥有一个中心公共广场——即便是虚拟的——和共同知识至关重要。我们曾在《新闻的十大基本原则》一书中提到，一般而言，新闻是为社会服务的。它帮助创造共同的词汇、一套共同的关切和对基本事实的共同理解。这种共同理解对解决问题、找到折中点和发现促成民主社会运作的共识至关重要。21 世纪，当技术的发展使得社群更容易根据兴趣而非地理因素来定义时，一个重要的社会议题就是我们该如何选择。

[3] Project for Excellence in Journalism and the Pew Internet and American Life Project, "Understanding the Participatory News Consumer."

[4] Pew Research Center for the People and the Press, "Press Accuracy Rating Hits Two Decade Low: Public Evaluations of the News Media, 1985—2009." September 12, 2009.

[5] 2009 年，研究民主社会中社群信息需求的奈特委员会花了一年多时间，通过公开会议和与专家讨论公众成为公民应该知道什么，从而解决了这个问题。毫无疑问，结论很抽象，不是旨在帮助公民判断什么信息重要。结论提到，人们需要"相关和可信的"信息，他们需要具有与信息互动的"能力"。而个人必须能够与信息互动，这就意味着参与的机会和动力。

[6] 2009 年 11 月 16 日，科尔在明尼阿波利斯由明尼苏达公共广播电台主办的新闻业未来的研讨会上作出了这一总结。

[7] 2008 年 7 月和 2009 年 10 月对作者的采访。

[8] Diana K. Sugg, "Turn the Beat Around," Poynter Online, October 5, 2001, www. poynter. org/content/content_view. asp? id = 85367.

[9] Sugg, "Angels and Ghosts, Anatomy of a Story," Poynter Online, July 15 2005, www. poynter. org/content/content_print. asp? id = 85199.

[10] 同 [8]。

[11] 1996 年对尼曼基金会同仁的讲话。文字稿来源于哈佛大学尼曼基金会档案馆。

[12] 2009 年 10 月对作者的采访。

第九章　我们需要什么样的下一代新闻业

[1] 李普曼在 1922 年《公众意见》一书中建议，由客观的专家组成的政府专门小组挑选新闻，然后由新闻界将这些新闻传播出去。

［2］职业新闻十大原则是：

1. 新闻工作者首先必须做到对真相负责。
2. 新闻工作者首先必须忠于公民。
3. 新闻工作者的本质是用核实加以约束。
4. 新闻从业人员必须独立于被报道对象。
5. 新闻必须成为权力的独立监督者。
6. 新闻必须成为公众批评和妥协的论坛。
7. 新闻必须努力使重要的信息有趣并且和公众息息相关。
8. 新闻必须做到全面均衡。
9. 新闻从业人员有义务根据个人良心行事。
10. 公民对新闻也享有权利和承担义务。

［3］Project for Excellence in Journalism and the Pew Internet and American Life Project，"Understanding the Participatory News Consumer," March 1, 2010, http：//www.journalism.org/analysis_report/understanding_participatory_news_consumer.

［4］当我们想要弄清楚人们通常会访问几个不同的新闻网站时，我们会发现同样的模式。大部分人（几乎是三分之二）没有"特别喜欢的"新闻网站。他们只是浏览少许信任的网站。大部分人访问的新闻网站不会超过6个，只有3%的人会经常访问10个以上网站。

［5］Project for Excellence in Journalism, *State of the News Media*, 2010, "Nielsen Analysis," March 15, 2010, http：//www.stateofthemedia.org/2010/specialreports_nielsen.php.

［6］Ibid. 访问这些网站的平均时间只有2分钟。

［7］Ibid.

［8］关于透明性的详细讨论，请参阅《新闻的十大基本原则（第二版）》。

［9］2009年7月23日作者对Michael Skoler的采访。

［10］Jay Rosen, "Citizen Journalism Expert Jay Rosen Answers Your Questions," October, 3, 2006, http：//interviews.slashdot.org/article.pl?sid=06/10/03/1427254.

［11］Gary Kamiya, "Let Us Now Praise Editors." July 24, 2007, Salon.com, www.salon.com/print/html?URL=/opinion/kamiya/2007/07/24.

［12］关于编辑部功能的问题不同于我们在《新闻的十大基本原则》中所提出的新闻目的问题。在那本书中，我们将新闻的目的定义为为人们提供实现自由和自治所必需的信息。

索 引

（页码为英文原书页码，即本书边码）

accuracy 准确性 43, 49-50, 69-71, 123-125
See also verification 同时参见确证式
Adair, Bill 比尔·阿代尔 69
ad hominem attacks 人身攻击 137-139
advertising decoupled from news 广告与新闻分离 7, 23
affirmation, journalism of 肯定式新闻 34, 45-50, 63-64, 69, 196. See also evidence, in journalism
of affirmation 同时参见肯定式新闻中的证据
aggregation 聚合 52-54, 179-180, 188
Ailes, Roger 罗杰·艾尔斯 46
alternate realities 另类现实 139-140
alternative explanations 其他可能性解释 117, 143
analysis 分析 65-69, 109-115. See also meaning 同时参见意义
Anderson, Chris 克里斯·安德森 23
anecdotes 轶事 133-136
annotative meaning 诠释性意义 113-114
anonymous sourcing 匿名信源 87-89
Answer Culture 答案文化 47, 143
Argument Culture 辩论文化 46-47
Armey, Dick 迪克·阿米 41, 122-124, 219n14
assertion, journalism of 断言式新闻
　　ease and cost 制作简单和成本低廉 131-132
　　facts devalued in culture of 事实被低估了 126
　　incompleteness in 不完整性 63
　　limitations on live TV interviews 电视现场采访的局限 126-131
　　model of 模式 34, 38-45
　　staged formats and failure to challenge 经导演的形式，没有质疑 122-126
Associated Press 联合通讯社 17, 28-29
"atomic unit" of news 新闻的"原子单位" 192-194
Augustine, Saint 圣·奥古斯丁 15

authentication stories 鉴定新闻报道 69-71, 118
authenticator role 鉴定者角色 175-176

Barré-Sinoussi, Françoise 弗朗索瓦丝·巴尔-西诺西 57-58
Barstow, David 戴维·巴斯托 127-128
Beck, Glenn 格伦·贝克 24, 70, 133, 142
Begala, Paul 保罗·贝加拉 86
Bennett, Bill 比尔·贝内特 86
Bernstein, Carl 卡尔·伯恩斯坦 95
bias in sources 信源偏见 92-93
Bigart, Homer 霍默·比加特 26-30, 76
BigGovernment.com "大政府"网站 51
blogging 博客 2, 51, 54-55, 134-135
Blumberg, Alex 亚历克斯·布隆伯格 160-161
Blumstein, Alfred 艾尔弗雷德·布卢姆斯坦 154
Bohrman, David 戴维·博曼 108
Boing Boing 波音波音 55
bookers 预约人 127-128
Bradlee, Benjamin C. 本杰明·C·布拉德利 82
branding 品牌化 151-152
Brazile, Donna 唐娜·布拉齐尔 86
breaking news 突发新闻 100-109
Brinkley, David 戴维·布林克利 19, 20
Brooks, David 戴维·布鲁克斯 142
Burnham, David 戴维·伯纳姆 153-156

cable television 有线电视 21
Cantor, Eric 埃里克·坎托 133-134, 137
Carey, Jim 吉姆·凯里 179
Carter, Jimmy 吉米·卡特 6, 128
Castellanos, Alex 亚历克斯·卡斯特利亚诺斯 86
"casting" "选角" 127, 141
Center for Investigative Reporting 调查新闻报道中心 147
cherry-picking 拣选 63-64, 133-136

citizen journalists 公民记者 147–148
citizenship 公民权
    asking what matters 询问什么重要 148–149
    elitism vs. Democracy 精英主义 vs. 民主 199–201
    involved, interested, and uninterested publics 参与的、感兴趣的、和无关的公众 200
    journalist-citizen partnerships 记者–公民合作 178–179
    Knight Commission on 奈特委员会 222n5
    larger responsibilities as news consumers 作为新闻消费者的更大责任 164–167
    newsroom participation projects 新闻编辑部参与项目 188
    redefinition of 再定义 7–8
    transparency of citizen engagement 公民参与的透明性 185
City News Bureau of Chicago (CNS) 芝加哥城市新闻局 36, 95
civic literacy 公民素养 202
clerkism 办事员作风 27, 30
Clinton, Bill 比尔·克林顿 82–84
CNN (Cable Network News) 美国有线电视新闻网 21, 39, 70, 85–86, 107, 108, 125
coded words 代名词 90–91
Colbert, Stephen 斯蒂芬·科尔伯特 130
Commission on Freedom of the Press 新闻自由委员会 38
Committee of Concerned Journalists 热心新闻工作者委员会 37
community 社群 177–178, 190–191, 222n2
completeness 完整性
    assertion and 断言 63
    authentication stories 鉴定新闻报道 69–71
    breaking news and 突发新闻 101
    Crewdson and 克鲁森 57–60
    five Ws and one H 5W1H 61
    full-coverage standard 全面报道 51–52
    new-paradigm reporting 新范式报道 71–72
    Q (questions raised) Q（提问）62–63
    sense-making news 释义新闻 65–69
    straight news accounts 纯新闻报道 61–64
    types of stories and 报道类型 64–65
    verification and 确证式 37–38
    watchdog reporting 监督报道 72–73
connotative meaning 内涵 113
context 语境 36, 161–164
continuous news. 连续新闻 See 24/7 news culture 参见 24 小时全年无休的新闻文化
Cooper, Anderson 安德森·库珀 107
corroboration 证实 81, 82–84
Coughlin, Charles Edward 查尔斯·爱德华·库格林 18
created news events 制造出来的新闻事件 64
Crewdson, John 约翰·克鲁森 57–60, 71
Crier, Catherine 凯瑟琳·克赖耶 46
Cronkite, Walter 沃尔特·克朗凯特 4, 19, 33
Curran, Jim 吉姆·柯伦 155

Dallas Morning News《达拉斯晨报》84
Davidson, Adam 亚当·戴维森 160–161
Davis, Lanny 兰尼·戴维斯 86
democracy 民主 16, 24, 198, 203, 222n2
democratization 民主化 12–13, 16
denotative meaning 外延意义 113
Dewey, John 约翰·杜威 202–203
disciplined humility 克制的谦逊 115–116
Dobbs, Lou 鲁道柏 47
Doherty, Maureen 莫琳·多尔蒂 1, 3, 4
Dole, Robert 罗伯特·多尔 41
duCille, Michel 米歇尔·杜塞尔 73

editing 编辑 43, 52, 131, 189
editor role in new journalism 新新闻业的编辑作用 189
The Ed Show (MSNBC)《爱德秀》133–134
Eig, Jonathan 乔纳森·艾格 66–67
elitism 精英主义 199–200, 202–203
empowerer role 赋权者 178–179
evidence 证据
    consumer expectations 消费者预期 33
    evolution of truth in face of 真相的发展 32
    Hersh and 赫什 94–98
    implicit conclusions 隐含的结论 99
    inference vs. evidence 推断 vs. 证据 99
    source and 信源 98
    steps in evaluating 评估步骤 99
    sufficiency of 充足 73
    Web sites' use of 网站使用 144–145
evidence, in interest-group journalism 证据, 利益集团新闻 143–145
evidence, in journalism of affirmation 证据, 肯定式新闻
    ad hominem attacks 人身攻击 137–139

alternate realities 另类现实 139–140
anecdotes and cherry-picking facts 轶事和拣选事实 133–136
 fallacy of evil men 恶人谬论 136–137
 opinion journalism, in contrast 观点新闻，相比之下 141–143
 other techniques 其他技巧 141
 selection of 选择 132–133
evidence, in journalism of assertion 证据，断言式新闻 122–132
evidence, in journalism of verification 证据，确证式新闻
 affirmation vs. 肯定 vs. 69
 analysis, meaning, and supposition 分析，意义和假设 109–115
 breaking news and seeing vs. Knowing 突发新闻和看见 vs. 知道 103–109
 breaking news and types of evidence 突发新闻和证据类型 99–103
 consumer open-mindedness and alternative explanations 消费者开放式思维和其他可能性解释 115–119
 evil men, fallacy of 恶人谬论 136–137
experts and expertise 专家和专业技能 77–78, 85–86, 186–187
exposés 揭露 51, 72–73, 219n6. See also watchdog reporting 同时参见监督报道
eyewitnesses 目击
 corroboration of 证实 81, 82–84
 faulty testimony 错误证词 81
 journalists as 记者 76–77
 legal rules on 法律规定 80
 second hand knowledge vs. 二手信息 vs. 79–80
 time and memory of 时间和记忆 80–82
 in train collision story 地铁列车碰撞报道 102

fact and empiricism vs. faith and belief 事实和经验主义 vs. 信仰和信念 13, 14–15, 18, 31, 201
fact checking and vetting 事实核实和检查 39, 43–44, 69–70. See also verification 同时参见确证
FactCheck.org 核实事实网站 69–70, 135
facts 事实 38, 63–64, 97, 113, 126, 175. See also
 evidence; verification 同时参见证据；确证
 fallacy of evil men 恶人谬论 136–137

false omniscience 错误的全知全能 62–63
Franklin Center for Government & Public Policy 富兰克林政府与公共诚信中心 51
faux exposés 错误揭露 219n6
Favre, Gregory 格雷戈里·法弗 188
Filkins, Dexter 德克斯特·费金斯 76–77
firsthand vs. secondhand accounts 一手 vs. 二手叙述 78–80
Fiscal Times《财政时报》144–145
five Ws and one H 5W1H 61
Fleischer, Ari 阿里·弗莱舍 87
forum organizer role 论坛组织者 180–181
Fox News 福克斯新闻 46, 48–49, 129
Frank, Barney 巴尼·弗兰克 48–49, 122
Frankel, Max 马克斯·弗兰克尔 89
freedom and truth 自由与真实 198
Friendly, Fred W. 弗雷德·W·弗兰德利 218n5
funding transparency 资金透明 52
Furnad, Bob 鲍勃·弗纳德 39
future of journalism 新闻业的未来
 overview 概况 170–173
 "atomic unit" of news 新闻的"原子单位" 192–194
 core values, survival of 核心新闻价值观的生存 172–173, 194–195, 196
 definition of news 新闻定义 190
 editor's role 编辑的角色 189
 knowledge creation and dissemination 知识创造和传播 190–192
 new roles or functions 新角色或作用 175–182
 newsroom, changes to 变成新闻编辑部 184–189
 past changes and 过去的变化 195–196
 reliance on multiple sources and continuous news consumption 依赖多信源和连续新闻消费 173–174
future of journalism (*continued*) 新闻业的未来（继续）
 technology and story elements 技术和报道元素 182–184
 uncertainty and new competition 不确定性和新的竞争 196–197

Gallo, Robert 罗伯特·加洛 57–58
Garcia Márquez, Gabriel 加布里埃尔·加西亚·马尔克斯 98
gatekeeper role 把关人角色 7, 171, 173–182
Gelb, Les 莱斯·盖尔布 142–143

Gergen, David 戴维·格根 86
Getler, Michael 迈克尔·格特勒 123-124, 219n14
Gibbs, Robert 罗伯特·吉布斯 108, 135
Gladwell, Malcolm 马尔科姆·格拉德韦尔 71
Glass, Ira 艾拉·格拉斯 160-161
Google 谷歌 193-194
Gregory, David 戴维·格雷戈里 41, 129-130
Gutenberg, Johannes 约翰尼斯·古登堡 15

Halberstam, David 戴维·哈伯斯塔姆 27, 158-160
Haldeman, H. R. H. R. 霍尔德曼 128
Haley, Alex 亚历克斯·哈利 128
Hambali (Riduan Isamuddin) 汉巴利（里杜安·伊萨姆迪）96-97
Hannity, Sean 肖恩·汉尼提 46, 137, 139-140
Hardball (MSNBC)《硬球》87
Harris, Tony 托尼·哈里斯 125
Hatch, Orrin 奥林·哈奇 125
Hearst, William Randolph 威廉·伦道夫·赫斯特 37
Hersh, Seymour 西摩·赫什 92, 94-98, 220n2
history of communication revolutions 传播革命的历史
    cable and CNN 有线电视和美国有线电视新闻网 21
    future changes and 未来的变化 195
    Internet 互联网 21-24
    patterns in 模式 12-13, 24-25
    printing press 印刷媒体 15-16
    radio 广播 17-18
    telegraph 电报 16-17
    television 电视 18-21
    written word 文字 13-15
Hornbuckle, Zan 赞·霍恩巴克尔 66
Howell, Deborah 德博拉·豪厄尔 89
Hoyt, Clark 克拉克·霍伊特 43, 88-89, 113
Hull, Anne 安妮·赫尔 73
Huntley, Chet 切特·亨特利 19
Hutchins Commission 哈钦斯委员会 38
hypothesis testing 假设检验 116-117, 118

Idaho Reporter 爱达荷报道网站 144
ideological reporting 意识形态报道 45-50. *See also*
    affirmation, journalism of 同时参见肯定式新闻

ignorance, portable 随身携带的无知 27
implicit conclusions 隐含的结论 99
incidental news acquisition 偶然的新闻获取 19
independence of the press 新闻界的独立 17
inference vs. evidence 推断 vs. 证据 99
Insight on the News《新闻洞察》70
interest-group journalism model 利益集团新闻模式 34, 50-52, 143-145
Internet and Web sites 互联网和网站 *See also*
    blogging and advertising decoupled from news 同时参见博客和广告与新闻分离 7, 23
    aggregation and 聚合 53-54
    assertion and 断言 42-43
    as communication revolution 随着传播革命 21-24
    evidence and 证据 145-146
    gatekeeper role and 把关人角色 171
    information gap and 信息沟 168
    living stories on 活新闻 192-193
    number of sites visited 访问网站数量 223n4
    power as aggregating force 聚合力量 188
    smart aggregation and 聪明的聚合者 179-180
    tools for online coverage 网络报道工具 181-184, 205-207
interpreting vs. sense making 阐释 vs. 释义 177
interpretive investigations 解释性调查 219n6
investigative reporting 调查报道 72-73, 118-119, 219n6
investigator role in new journalism 新兴的新闻业中的调查者 177
Isamuddin, Riduan (Hambali) 里杜安·伊萨姆迪（汉巴利）96-97
Iseman, Vicki 维基·伊斯曼 111-112

Jackson, Brooks 布鲁克斯·杰克逊 69-70, 71, 135
Jenkins, Griff 格里夫·詹金斯 129
Jobs, Steve 史蒂夫·乔布斯 74-75
Johnson, Samuel 塞缪尔·约翰逊 16
Johnson, Tim 蒂姆·约翰逊 77-78
Jones, Alex 亚历克斯·琼斯 142
journalism 新闻 *See specific topics* 参见特别话题

Kamiya, Gary 加里·神谷 189
Keating, Charles 查尔斯·基廷 110
Keller, Bill 比尔·凯勒 112, 113, 114-115

Kennedy, Edward 爱德华·肯尼迪 140
Kennedy, John F. 约翰·F·肯尼迪 220n2
Kifner, John 约翰·基夫纳 161–164
King, John 约翰·金 40, 123–124
Kirsch, Richard 理查德·基尔希 122–123
Knight Commission 奈特委员会 222n5
knowing vs. seeing 知道 vs. 看见 103–109
knowledge, common body of 共同知识 222n2
knowledge creation and dissemination 知识创造和传播 190–192
"knowledge pages" "知识页面" 193
Koppel, Ted 特德·科佩尔 130–131
Kyl, Jon 乔恩·凯尔 40, 123–124

language, coded and loaded 语言, 指代和倾向 90–92
Larson, John 约翰·拉森 164
"lean forward" vs. "lean back" experience "向前倾" vs. "向后靠"经历 174
Lewinsky, Monica 莫尼卡·莱温斯基 82–84
Liberty and the News (Lippmann)《自由与新闻》(李普曼) 170
Lieberman, Joe 乔·利伯曼 41–42
Limbaugh, Rush 拉什·林博 46, 47, 137, 139
Lincoln, Abraham 亚伯拉罕·林肯 217n4
Lippmann, Walter 沃尔特·李普曼 170–171, 198, 202, 223n1
literacy, civic 公民素养 202
literacy, news 新闻素养 202
live news 直播新闻 39–40, 42, 123–132, 221n1
"Living Story" project "活新闻"项目 193–194
loaded language, repetition of 对特定语言的重复 91–92
Locke, John 约翰·洛克 16
long tail concept 长尾概念 22–23
Lopossay, Monica 莫妮卡·洛珀西 158
Los Angeles Times《洛杉矶时报》21
Luther, Martin 马丁·路德 15–16
Lynch, Jessica 杰茜卡·林奇 66

Maddow, Rachel 雷切尔·马多 40–41, 45, 46, 48, 133, 140
marketplace view of truth 真实的市场观 43–44
Matalin, Mary 玛丽·马塔林 139–140, 142
Matthews, Chris 克里斯·马修斯 47, 87
Mayer, Marissa 玛丽萨·迈耶 192

McCain, Cindy 辛迪·麦凯恩 110
McCain, John 约翰·麦凯恩 109–115, 135
meaning 意义
　evidence and 证据 109–115
　fact vs. 事实 vs. 113
　open mind and 开放式思维 115–117
　semiotic levels of 符号学层面 113–115
　sense making 释义 65–69, 176–177
Meet the Press (NBC)《会见新闻界》40–41, 129–130
memory 记忆 80–82, 167
Meserves, Jeanne 珍妮·梅瑟维斯 108
method 方法 *See* significance, and finding news that matters 参见重要性, 和发现重要新闻
Mill, John Stuart 约翰·斯图尔特·密尔 198
Minnesota Public Radio 明尼苏达州公共广播电台 186–187
Mintz, Morton 莫顿·明茨 72
models of journalism 新闻模式
　overview 概况 33
　aggregation and 聚合 52–54
　blogging and 博客 54–55
　interest-group journalism model 利益集团新闻模式 34, 50–52
　journalism of affirmation model 肯定式新闻模式 34, 45–50
　journalism of assertion model 断言式新闻模式 34, 38–45
　journalism of verification model 确证式新闻模式 34, 36–38
　new hybrid of 新的混合体 55–56
moment in context 处于语境中的瞬间 161–163
monitoring function in new journalism 新新闻主义的监督作用 177–178
Montagnier, Luc 吕克·蒙塔尼尔 57–58
Morning Joe (MSNBC)《早安乔》41
Morse, John 约翰·莫尔斯 17
motives 动机 92–93, 136–137
Moyer, Melanie 梅拉妮·莫耶 1, 3
MSNBC 微软全国广播公司 22, 41, 87, 133–134
multiple sources, new reliance on 新的对多信源的依赖 173–174, 223n4
Murrow, Edward R. 爱德华·R·默罗 198–199, 218n5

Nader, Ralph 拉尔夫·纳德 72

new journalism 新新闻主义 See future of journalism 参见新闻业的未来
new-paradigm reporting 新范式报道 71–72
news, definition of 新闻的定义 64–65, 190
NewsHour (PBS)《新闻时刻》122–124
news literacy 新闻素养 202
newspapers 报纸 See also specific journalism topics 同时参见特殊新闻话题
    clerkism vs. portable ignorance and 办事员作风 vs. 随身携带的无知 26–27
    emergence of 出现 16, 24
    Internet revolution and 互联网革命 23
    newsroom culture in 新闻编辑部文化 187
    radio, impact of 广播的影响 18
    story elements vs. Web 报道元素 vs. 互联网 182–184
    Three Mile island and 三哩岛 3
    TV, impact of 电视的影响 20–21
newsroom, new 新的新闻编辑部 184–190
New York Times《纽约时报》
    Afghanistan airstrikes story 阿富汗空袭报道 67–68, 79–80
    anonymous source rules 匿名信源规则 88–89
    authentication by 鉴定 71
    Bigart and 比加特 26
    Burnham at 伯纳姆 153–156
    Clinton-Lewinsky story and 克林顿–莱温斯基报道 83–84
    "Driven to Distraction" (Richtel)"驾驶中的注意力分散"(里克特尔)71
    Filkins Pakistan hospital story 费金斯巴基斯坦医院报道 76–77
    "Living Story" project "活新闻"项目 193–194
    McCain story 麦凯恩报道 110–115
    types of stories in 报道类型 64
    Web site 网站 42–43
    WWII foreign news and 第二次世界大战外国新闻 37
    "next" journalism. See future of journalism "下一代"新闻业。参见新闻业的未来
niche blogs 利基博客 55
niche news organizations 利基媒体 152
Nichols, Mike 迈克·尼科尔斯 131
Nixon, Richard 理查德·尼克松 199
Norden, Eric 埃里克·诺顿 128
NPR (National Public Radio) 全国公共广播电台 161

null hypothesis 零假设 116–117, 118
Obama, Barack 巴拉克·奥巴马 24, 70–71, 85, 125, 133, 134–135, 139–140, 142
objectivity 客观性 172–173
O'Donnell, Lawrence 劳伦斯·奥唐奈 41
Olbermann, Keith 基思·奥尔伯曼 46, 47
omniscience, false 错误的全知全能 62–63
op-eds 专栏 46, 143, 180
open-mindedness 开放式思维 115–119
open-source reporting 开放信报道 189
opinion journalism 观点新闻 46, 49–50, 141–143
oral language 口语 13
O'Reilly, Bill 比尔·奥赖利 46, 48–49, 90, 132, 138
Oreskes, Mike 迈克·奥雷斯基斯 83–84
original investigations 传统的调查 219n6
output, studying 研究工作结果 154, 156

Palin, Sarah 萨拉·佩林 41
paradigm-shift reporting 范式转变性报道 71–72
participants who are not witnesses 不是目击者的参与者 84
partisanship 党派 45–50
partnerships, citizen-journalist 公民–记者合作 178–179
passivity 被动性 40, 125, 126. See also assertion, journalism of 同时参见断言式新闻
PBS *NewsHour* 全国公共广播电台《新闻时刻》122–124
Pelosi, Nancy 南希·佩洛西 81–82, 140
Pennsylvania Independent 宾夕法尼亚独立项目 144
Peter G. Peterson Foundation 彼得·皮特森基金会 145
Plato 柏拉图 14–15
Playboy《花花公子》128
political partisanship and ideology 政党和意识形态 34, 45–50
politics, nationalization of 政治全国化 19–20
PolitiFact 政治事实 69
portable ignorance 随身携带的无知 27
power ceded to sources 权力让给了信源 42
pre-interviewing 预采访 127–128
Priest, Dana 达娜·普里斯特 73
principles of professional journalism 职业新闻原则

223n2
printing press 印刷媒体 15–16
Prochnau, William 威廉·普罗克诺 27
Project for Excellence in Journalism 卓越新闻项目 40, 83, 131
proof, level of 证据水平 184–185
ProPublica, 70–71
Public Insight Journalism 公众洞察新闻 186–187
public opinion, notion of 公众意见的概念 16
public regard for the press, decline in 公众对媒体信任度减少 181
Pulitzer, Joseph 约瑟夫·普利策 37
purpose of journalism 新闻业的目的 224n12
pyramid, inverted 倒金字塔 17

Q of the story (questions raised) 报道的 Q（提问） 62–63
questions 问题
    answer culture vs. 答案文化 vs. 47
    saturation reporting 浸润式报道 158–160
    Socratic method 苏格拉底式方法 14
    to test news encounters 检验新闻 166–167

radio 广播 17–18, 46, 139, 160–161, 187
reliable news 可信的新闻 See significance, and finding news that matters 参见重要性，和发现重要新闻
reporting on investigations 对于调查的报道 219n6
Reuters 路透社 22, 108
revolutions in communication 传播革命 See history of communication revolutions 参见传播革命的历史
Richtel, Matt 马特·里克特尔 71
Risen, Jim 吉姆·赖森 72–73, 92–93
role model, new press as 作为榜样的新兴新闻 181
Roosevelt, Franklin 富兰克林·罗斯福 18, 199
Roosevelt, Theodore 西奥多·罗斯福 17
Rosen, Jay 杰伊·罗森 161, 189, 199
Ross, Doug 道格·罗斯 135
Sacramento Bee《萨克拉门托蜜蜂报》188
Safire, William 威廉·萨菲尔 142–143
Salt Lake Tribune《盐湖城论坛报》147–148
Sam Adams Alliance 萨姆-亚当斯联盟 51, 144
Sandford, Mark 马克·桑福德 129–130
saturation reporting 浸润式报道 158–160
Sawyer, Diane 黛安娜·索耶 131
Sawyer, Joel 乔尔·索耶 129

Scarborough, Joe 乔·斯卡伯勒 139
Scheer, Robert 罗伯特·希尔 128
Schneider, Howie 豪伊·施耐德 34, 218n5
Schonfeld, Reese 里斯·舍恩菲尔德 39
Schultz, Ed 爱德·舒尔茨 46, 133–134, 137, 139
secondhand vs. firsthand knowledge 二手 vs. 一手知识 79–80. See also sourcing 同时参见信源
seeing vs. knowing 看见 vs. 知道 103–109
See It Now (CBS)《现在请看》218n5
semiotics 符号学 113–115
sense-maker role in new journalism 新兴的新闻业中的释义者 176–177
sense-making news 释义新闻 65–69, 100
Sexton, Joe 乔·塞克斯顿 43
Shafer, Jack 杰克·谢弗 95
Sheehan, Neil 尼尔·希恩 27–29
Shipler, David 戴维·希普勒 116
Showalker, Sue 苏·肖沃克尔 5
significance, and finding news that matters 重要性，和发现重要新闻
    branding and niche news organizations 品牌化和利基媒体 151–152
    choices and selection 选择和挑选 149–151
    citizen journalists 公民记者 146–148
    "Could I explain this to someone?" "我能向别人解释这个题材吗？" 165
    finding the voices that tell the story 发现能讲故事的声音 160–161
    larger responsibilities as news consumers 新闻消费者更大的责任 164–167
    listening for untold stories 聆听未道出的故事 156–158
    listing what matters 列出重要的新闻题材 166
    method, looking for 寻找方法 152–153, 163–164
    moment in context 处于语境中的瞬间 161–163
    questions to test 检验问题 166–167

significance 重要性
    saturation reporting 浸润式报道 158–160
    sociologist as journalist 社会学家式的记者 153–156
Silkwood, Karen 卡伦·西尔克伍德 154
Simmons, Jamal 贾马尔·西蒙斯 86
60 Minutes《60 分钟》132
skeptical way of knowing 怀疑性认知方法

overview 概况 30-33
disciplined humility 规训式谦逊 115-116
evidence and 证据 103
method and 方法 153
seeing vs. knowing 看见 vs. 知道 105, 107
skill sets for modern newsroom 当代新闻编辑部技能组合 187-188
smart aggregator role 聪明的聚合者 179-180
Smith, Joey 乔伊·史密斯 134-135
sociologist as journalist 社会学家式记者 153-156
Socrates 苏格拉底 14
sourcing 信源
  anonymous 匿名 87-89
  audience as witness (sourceless news) 作为目击者的受众（无信源新闻）76
  basis of knowledge, information on 知识基础，信息 78
  consumer expectations of knowing about 消费者对于认知的希望 33
  corroboration 证实 81, 82-84
  evidence linked with 证据相连 98
  expert sources and analysts 专家信源和分析人士 85-86
  firsthand vs. secondhand accounts 一手 vs. 二手叙述 78-80
  journalist as credentialed expert 作为资质专家的记者 77-78
  journalist as witness 作为目击者的记者 76-77
  memory and 记忆 80-82
  motives and bias 动机和偏见 92-93
  name of a source 信源的姓名 78
  participants but not witnesses 参与者而非目击者 84
  power ceded to sources 权力让给了信源 42
  reputation of a source 信源声誉 98
  spokespersons 发言人 84, 100, 102
  talking points, manipulation of 操纵说辞 89-92
  in train collision story 地铁列车碰撞报道 102-103
  two-source rule 双信源规则 82-84
  unclearing identification of 不明确的身份 85-86
  voice of God approach 上帝之声的方法 75-76
  war zones and 战区 220n1
specialization, era of 专业化时代 186
speed 速度 39, 43
spokespersons 发言人 84, 100, 102
St. Petersburg Times《圣彼得堡时报》69

Stahl, Lesley 莱斯利·斯塔尔 81
Stanton, Edwin 埃德温·斯坦顿 217n4
statistics, selective 数据，选择 134-135
Stewart, Jon 乔恩·斯图尔特 91-92
story, daily vs. Living 每日新闻 vs. 活新闻 192-193
storytelling dominance in newsroom culture 新闻编辑部文化中叙事式新闻报道居主导地位 187
straight news accounts 纯新闻报道 61-65, 100-103
Sugg, Diana K. 黛安娜·K·萨格 156-158
Sullivan, Andrew 安德鲁·沙利文 54-55
talking points 说辞 40-42, 89-92
Talking Points Memo 说辞备忘录 55, 90
talk radio 广播脱口秀 46, 139
Tannen, Deborah 德博拉·坦嫩 46-47
technology 技术 39, 182-184. *See also* history of communication revolutions; Internet and Web sites 同时参见传播革命的历史；互联网和网站
telegraph 电报 16-17
television 电视 18-21, 46-49. *See also specific networks, personalities, and types of journalism* 同时参见新闻业的个别网络、名人和类型
television news 电视新闻 3, 19, 21, 102
This American Life《美国生活》160-161
This Week in Education 一周教育时事 55
Thornburgh, Richard L. 理查德·L·索恩伯勒 5
Three Mile Island nuclear incident 三哩岛核事故 1-6
time and memory in eyewitnesses 目击的时间和记忆 80-82
Tofani, Loretta 洛蕾塔·托法尼 146-148
Tonon, Tom 汤姆·托农 124
torture, reporting on 报道酷刑 94, 96-97
Transactional Records Access Clearing-house (TRAC) 政府机构活动记录查询中心 154
transparency 透明性 52, 72, 185-186, 220n1
trust, decline in 信任度减少 181
"trust me" era of news "信我"的新闻时代 33
truth 真实
  about the fact 关于事实 38
  defined 定义 32-33
  freedom and 自由 198
  interviews and 采访 123-125
  marketplace view of 市场观 43-44

Plato on 柏拉图关于 14
verification model and 确证模式 36-37
24/7 news culture 24 小时全年无休的新闻文化 21, 38, 48, 173-174
two-source rule 双信源规则 82-84
two-touch rule 两次接触原则 43
types of news stories 新闻报道类型
    authentication stories 鉴定新闻报道 69-71
    definition of "news" and "新闻"的定义 64-65
    evidence and 证据 100, 117-118
    new-paradigm reporting 新范式报道 71-72
    sense-making news 释义新闻 65-69
    straight news accounts 纯新闻报道 61-64
    watchdog reporting 监督报道 72-73

untold stories, listening for 聆听未道出的故事 156-158
USA Today《今日美国》21

values 价值观 172-173, 174, 194-195, 196
Vause, John 约翰·沃斯 70
verification 确证 31-32, 43-44, 69-71, 185
verification, journalism model of 确证式新闻模式 34, 36-38, 49-52, 69. See also evidence, in journalism of verification 同时参见证据，确证式新闻
Vietnam 越南 26-30, 94-95, 159
voice of God approach 上帝之声的方法 75-76

voices that tell the story, finding 发现能讲故事的声音 160-161
Voigt, R. J. R. J. 沃伊特 158

Wallace, Mike 迈克·华莱士 126, 128
Wall Street Journal《华尔街日报》75, 84
Walsh, Joan 琼·沃尔什 138
Walton, Douglas 道格拉斯·沃尔顿 138
war zones, sourcing stories from 来自战区的信源报道 220n1
Washington Post《华盛顿邮报》43, 61-62, 78, 101-103, 193-194
Watchdog. org "看门狗" 网站 51, 144
watchdog reporting 监督报道 72-73, 100, 118-119
watchdog role in new journalism 新兴的新闻业中的调查者 177
Web. See blogging; Internet and Web sites 万维网。参见博客；互联网和网站
whistleblowers 告密者 87
Williams, Brian 布莱恩·威廉斯 54
Winslow, Linda 琳达·温斯洛 123
witness bearer role 见证者 177-178
witnesses. See sourcing 目击。参见信源
Woodruff, Judy 朱迪·伍德拉夫 122-124
Woodward, Bob 鲍勃·伍德沃德 93, 95
written word 文字 13-15

译后记

2012年初，美国密苏里大学新闻学院高级社会研究中心主任、唐纳德·W·雷诺兹新闻研究院科研副主任孙志刚在看到科瓦奇、罗森斯蒂尔所著《新闻的十大基本原则》中文版后，建议该书译者、中国人民大学新闻学院的刘海龙翻译引进《真相》，并寄来样书。但联系数家出版社，选题均被否定。2012年春，事情出现转机。中国人民大学出版社新上任的新闻传播类选题策划编辑翟江虹女士重新启动了这个选题，并推动它顺利立项。

2012年8月，本书开始翻译。正在美国南加州大学安纳堡传播学院访学的中国人民大学博士生陆佳怡利用课余时间完成了本书1~6章、第9章部分内容、尾声、后记及索引的翻译。孙志刚完成了第7、8章及第9章部分内容的翻译。刘海龙校译了全书。和两位作者相识的孙志刚热心地承担了译校者同原作者之间的沟通工作，解决了不少翻译中的疑问。译事之难，个中人方能体会。我们把"信"字放在首位，为了避免误读，最大限度保留了原文的表达方式。当然，译校者水平有限，尽管力求做到兢兢业业，但错误一定难以避免，希望读者方家不吝指教。

清华大学新闻与传播学院的郭庆光教授一直关心本书的翻译进展，将其作为课堂教学的参考文献，在不同场合大力推荐此书，并提出了许多宝贵意见。中国人民大学新闻学院的陈力丹教授也对本书的翻译工作给予大力支持，在百忙之中抽出时间为本书写了精彩的序言。

另外也感谢许多在微博上不断询问本书出版信息，并为本书的封面设计提出宝贵意见的朋友们。

中国人民大学出版社副编审翟江虹、实习编辑王安丽为本书的后期编辑付出了辛勤的劳动，特表感谢！

对译校者来说，本次译事是一次愉快的合作。希望本书能够对新媒体时代中国的新闻消费者和新闻工作者有所启发。

译者

2014 年 1 月

Blur: How to Know What's True in the Age of Information Overload
By Bill Kovach and Tom Rosenstiel
Copyright © 2010 by Bill Kovach and Tom Rosenstiel.
This translation published by arrangement with Bloomsbury Publishing INC.
All rights reserved.

Simplified Chinese version © 2014 by China Renmin University Press.
All rights reserved.

图书在版编目（CIP）数据

真相/（美）科瓦奇，罗森斯蒂尔著；陆佳怡，孙志刚译．—北京：中国人民大学出版社，2014.2
ISBN 978-7-300-18665-8

Ⅰ.①真… Ⅱ.①科… ②罗… ③陆… ④孙… Ⅲ.①传播媒介-研究 Ⅳ.①G206.2

中国版本图书馆 CIP 数据核字（2014）第 027644 号

真相
信息超载时代如何知道该相信什么
[美] 比尔·科瓦奇 著
　　 汤姆·罗森斯蒂尔
陆佳怡　孙志刚　译
刘海龙　校
Zhenxiang

出版发行	中国人民大学出版社				
社　　址	北京中关村大街 31 号		邮政编码	100080	
电　　话	010-62511242（总编室）		010-62511770（质管部）		
	010-82501766（邮购部）		010-62514148（门市部）		
	010-62515195（发行公司）		010-62515275（盗版举报）		
网　　址	http://www.crup.com.cn				
经　　销	新华书店				
印　　刷	天津中印联印务有限公司				
规　　格	170 mm×240 mm　16 开本		版　　次	2014 年 3 月第 1 版	
印　　张	16.5　插页 2		印　　次	2022 年 12 月第 9 次印刷	
字　　数	222 000		定　　价	49.80 元	

版权所有　　侵权必究　　印装差错　　负责调换